说汉语 谈文化

主　编：吴晓露

副主编：程朝晖

编写人员（按音序排列）

程朝晖　　华　炜　　阚道翠

钱玉莲　　吴晓露　　张美霞

朱　敏

翻译：(英文) 吴亦东

　　　(法文) 陈卫东

北京语言文化大学出版社

First Edition 1994

Fifth Printing 1997

ISBN 7—5619—0276—X/H • 199

Copyright 1994 by Beijing Language and Culture University Press

Published by

Beijing Language and Culture University Press

(15 Xueyuan Road,Beijing 100083,China)

Distributed by

China International Book Trading Corporation

(35 Chegongzhuang Xilu,P. O. Box 399)

Beijing 100044,China

Printed in the People's Republic of China

目　录

前　言

　　这本文化口语教材终于完稿了。从萌发编写意图到最后定稿，花了两年多时间。作为语言文化教材，我们的编写目的有两个：一是在文化方面向学习者系统地介绍汉民族日常交际中表层的文化习俗和与其相关的深层的文化知识；二是在语言方面对学习者进行循序渐进的口语成段表达训练。这两者在目前的对外汉语教学界都处于探索阶段，本书也是一本正在探索中的书，疏漏之处，在所难免。将它奉献于读者，是为了响应目前对外汉语教学界关于语言与文化课教学问题的讨论，并期望得到各位专家同仁的批评指教，以共同丰富和发展我国的语言文化教材和语言文化教学。

　　值此成书之际，我们要感谢南京师范大学留学生部的领导对我们的支持，为教材的编写和试用提供了许多方便。我们也非常感谢国家对外汉语教学领导小组办公室的领导和"汉办"的专家们对本书编写设计的垂青，将它列为对外汉语教学的规划教材。

　　为了完成这本规划教材，我们七位同仁进行了严肃认真的工作。两年间，我们曾为了某一问题而热烈争论，也曾因一个新颖的设想而同感欢乐。教材先后在不同班级（学生来自欧、美、亚、澳等洲的十多个国家）的高级口语课中试用过三遍，经过多次修改，有的章节甚至全部重写。如此反反复复，协调组合，而终成定局。编写分工是这样的：课文、生词和语言部分的练习由吴晓露和程朝晖负责，其中第一至第九课（第四课除外）由程朝晖编写；第四课和第十至二十课由吴晓露编写。文化部分的练习（"文化情景读和说"与"跨文化交际问题讨论"）由课题组全体人员编写，其中阙道翠编写了第六、十一、十三、十五、十八等五课；朱敏编写了第一、五、十、十二、十七等五课；钱玉莲编写了第四、七、十四、十九等四课；华炜编写了第八课和十六课；吴晓露编写了第二课和第二十课；张美霞编写了第三课；程朝晖第九课。全书由吴晓露统稿。

吴晓露　程朝晖

Xiaolu Wu　Zhaohui Cheng

1992 年 11 月于纽约

教学参考指南

　　一本好的教材，并不一定能在教学中发挥预期作用；而一位教学水平高超的教师却能点石成金，将一本不甚理想的教材变得很有效用。因此，在教学中，历来是"八仙过海，各显神通"，无一定规。我们之所以附上这份"教学参考指南"，只是想把本书的编写意图和安排告诉使用此教材的同仁，为您的教学提供一些方便。

一、　教材的编写目的和原则

　　本书是为把汉语作为第二语言学习的成年人而编写的文化、口语教材。编写本书的第一个目的是向学生系统地介绍汉民族表层的日常交际文化和与表层文化相关的深层的心理习惯、思维方式和传统观念等，以使学生不但了解表层的文化交际规约和习俗，同时也明白"为什么"存在这类的规约和习俗；此书的第二个目的是进行口语成段表达训练，并为此设计了若干语段表达框架，以便循序渐进地训练学生的成段口头表达能力。

　　教材所适用的对象是：基本掌握了《汉语水平等级标准和等级大纲》（试行）中乙级词汇和语法点，能够比较熟练地使用汉语简单句式的外国学生。

　　教材的编写原则是：循序渐进地培养、训练学生的成段口头表达能力，而非单纯介绍文化内容。文化知识的提供，既是为了让学生了解汉语交际中他们所不熟悉的文化内涵，也是为了给予一个"说什么"的天地，激发学生的兴趣与表达欲望，从而引导他们学会"怎么说"。

二、 教材的结构框架与教学要点

此教材以语段训练为纲，以文化内容为目。每课共分三大部分：(A) 课文与生词，(B) 语言练习（词、句练习与语段训练），(C) 文化练习（"文化情景读和说"与"跨文化交际问题讨论"）。

课文主要是文化介绍与分析，并提供语段样板，供学生模仿练习。文化本是个复杂的概念，某一文化现象背后也有着种种复杂的因素，教师可以根据自己的理解，对课文内容加以说明、补充、发挥，并鼓励学生提出自己的看法，进行讨论。

生词以《汉语水平等级标准和等级大纲》中的丙级词为主，丙级词以外部分一般都控制在 30%左右。生词的解释力求简单、清楚，让学生易于明白，因此与《现代汉语词典》中的解释略有不同。每一生词后都附有英文、法文注释，目的是进一步帮助学生理解词义。教师应提醒学生注意，这些外文注释与汉语生词的意义和用法可能不完全吻合，要让学生学会从中文的解释与例句中理解词义。另外，教师应讲清每一生词的用法及与某些近义词的区别等等，防止学生错用、乱用。

语言练习中的词、句练习包括词语和语法两类。词语练习是为了帮助学生掌握、巩固生词，并通过构词练习、同义词反义词练习，扩大学生的词汇量。语法一般不单独讲解，而是置于练习中，让学生通过做练习学会实际运用，而不是背语法规则。

语言练习后半部分的语段训练是本教材口语训练的重点，语段框架大体上是由简到难、循序渐进安排的，每两三课一种形式。由于对语段问题的研究尚在摸索、探讨之中，加之课文内容的要求与限制，教材的语段训练步骤安排也许不尽合理。教师可以根据学生的实际情况、汉语水平以及自己的教学经验和研究，作些适当的调整。语段训练要求学生预先考虑、准备，但不要写成文后照读。每一位学生谈完之后，教师应作简要评点，并将错误部分提出，交学生共同修改。语段训练所注重的是学生口语表达的连贯性和协调性，教材虽然规定、提供了谈话内容，但可以不必拘泥于此，教师可以根据情况另给题目，或让学生自己决定说什么。对于来自同一国家和地区的学生，他们所要谈的文化现象可能都差不多，尽管如此，教师也应鼓励每一位同学都发言，哪怕是重复别人的话题。另外，还要注意让学生尽量多用学过的新词，不可有意无意地回避这些词语。

文化练习部分的几篇短文（凡不是自编而是改写的均注明出处）是帮助学生理解课文所谈的文化现象的，以学生自己快速阅读为主。文中特意留有少量生词未曾注明，但一般不会影响阅读理解，目的是让学生学会通过上下文去猜测词义。教师要引导学生分析、理解文中所包含的文化现象，然后回答问题或自由讨论。此部分，教师应视教学情况与安排，灵活掌握，不必篇篇都读。也可以把阅读、讨论和课文结合起来，即教师讲解一段课文，然后让学生阅读相关的某一两篇短文，再提出问题，让学生回答、讨论。这样可以调动学生的主动性，避免在教师讲解课文时，学生只听却不思考，也有利于学生及时理解、消化课文所谈及的文化问题。

本书可供每周 4 学时，每学期 18—20 周的课堂教学使用一年；若每周 8 学时，则可用一学期。若每周课堂教学时间少于 4 学时，可将第三部分的阅读篇章安排学生自学。本书也可供希望学习汉语并了解汉文化习俗的外国朋友自己阅读、学习。书后附有每课的词语、语法练习答案，可供参考。

第一课　客套和礼节

新　朋　友

【Ⅰ】　（麦克尔是美国留学生，刚到中国来学习。今天他有了一位新同屋和新朋——中国学生王大伟。他们刚刚布置完房间。天气很热，两人忙了半天，有点累，便坐下来休息。）

麦克尔：哈，总算完了。你想喝点什么吗？我有茶、咖啡，还有汽水、啤酒。

王大伟：不了，谢谢。

麦克尔：你真的不想喝吗？天气这么热，我想你最好还是喝一点，不要客气。我喝啤酒，你呢？

王大伟：如果不麻烦的话，我就喝点汽水吧，谢谢。

麦克尔：来中国以前，听人说在中国请人喝茶或吃东西，一定要请好几次，中国人才接受。看来还真是这样。

王大伟：你对中国还挺了解的嘛。

麦克尔：哪里，哪里，差得远啦。中国人的习惯、礼节，我了解得很少，恐怕以后会闹笑话或者造成别人的误解。请你以后多多帮助我。

王大伟：没问题，互相帮助嘛。

　　　　（有人敲门）

王大伟：（开门）哟，张立，是你呀，快请进。介绍一下，这是我的同学张立，这是麦克尔。

张　立：你好！（握手）

麦克尔：你好！（握手）

王大伟：请坐吧。来，喝杯汽水。

张　立：好，我自己来。嗯，房间布置得挺不错嘛。

麦克尔：对不起，王大伟，我想问一下，刚才你怎么问也不问就
　　　　给他喝汽水，他怎么也没说："不要，不要"？

王大伟：哈哈，你观察得真仔细。在中国，很好的朋友同事之间
　　　　是不必客气的，说话也比较随便，直截了当。再说，中
　　　　国人招待客人时，一般不问客人是不是想吃什么或是想
　　　　喝什么，而是直接把东西堆到客人面前，请客人挑选。

麦克尔：哦？为什么不问呢？

王大伟：如果主人先问客人的话，客人一般总是谢绝的，这样主
　　　　人就好像并非真心地要招待客人。所以主人一般不问客
　　　　人，而是主动邀请。为了表示自己的心意，主人还会千
　　　　方百计地劝请客人，而客人则要表示礼让，说些："谢
　　　　谢"、"不必麻烦"、"不用了"、"我自己来"等等客气话。
　　　　总之，这都是客套，时间长了就成习惯了。

麦克尔：真是独特的习惯！看来我知道得还太少。

【Ⅱ】

张　立：大伟，我有两张今晚的京剧票，我有事，没时间看，给
　　　　你吧。

王大伟：麦克尔，你想看京剧吗？

麦克尔：当然，我早就想看看京剧是什么样儿。

王大伟：那好，我们今晚去吧。谢谢你，张立。

张·立：我还有点别的事，就告辞了。有空去我那儿玩。

王大伟：好，一定去。再见。

张　立：麦克尔，再见。

麦克尔：再见。欢迎再来。王大伟，张立家远吗？

王大伟：远哪，在苏州。

麦克尔：那么远，那怎么去？

王大伟：他没邀请我们去呀。噢，他刚才说"有空去我那儿玩"也是句客气话，随便说说的。真正邀请时他会主动告诉你时间和地点的。

麦克尔：哈，又是客套。不过，这跟美国差不多。

【Ⅲ】　（傍晚，王大伟和麦克尔两人准备去看京剧。麦克尔开始穿衬衣、西服。）

王大伟：麦克尔，天这么热，你穿那么多干嘛？

麦克尔：看戏应该穿礼服呀。

王大伟：噢，在中国不需要。只要穿戴整齐别太随便就行。我看，你穿件衬衫就够了。

麦克尔：哦，那倒好。（脱下西服）

王大伟：时间不多了，我们得赶快。

麦克尔：好，那我们走吧。

【Ⅳ】　（敲门声）

林梦竹：王大伟在吗？

王大伟：呀，小林，快请进。

林梦竹：听说你搬到这儿来住，我来你这儿串串门。

王大伟：介绍一下，我的同屋麦克尔。这位是我的同学林梦竹小姐。

林梦竹：你好，麦克尔。

麦克尔：（十分焦急，赶忙说）你好！对不起，我和王大伟马上要去看京剧。

林梦竹：噢，那我就不打扰了。

王大伟：这……，嗨，真不巧。

林梦竹：没关系，我改日再来，再见。

麦克尔：我们快走吧。

　　　　（两人走出宿舍大门。王大伟的表情不太高兴）

王大伟：麦克尔，我的同学来玩，你是不是不太欢迎？

麦克尔：什么？没有呀。你为什么这么想？

王大伟：因为你把我的同学赶跑了。

麦克尔：可是我们真的有事，不是吗？她来玩，应该和你约定一个时间。

王大伟：在中国，朋友、同学随便来玩玩，串串门、聊聊天，是不需要预先约定的。如果主人很忙，客人会知趣地自动离开。但不管怎样，主人都应该对客人表示欢迎。再说，她难得来，连坐都没坐就让她走了，这不太礼貌。

麦克尔：我明白了。对不起。你的同学会不会生气？我明天一定向她道歉。

王大伟：那倒不用了。再说你是外国人，她大概也不会见怪的。

麦克尔：哎呀，我的自行车钥匙呢？糟了，一定是忘在那件西服口袋里了。我得回去拿，你等等。

王大伟：唉！真是越急越慢。

生　　词

1. 客套　kètào　（名）　表示客气的话：我们是老朋友了，不用讲～。（polite expression）

　　　　　　　　　　（动）　说客气话：他们互相～了几句。（greet politely）

2. 礼节　lǐjié　（名）　表示尊敬、祝愿等的各种习惯的形式如握手、鞠躬等：中国是很注意～的国家。（courtesy）

3. 闹笑话　（动词性词组）　因粗心大意或不懂某些知识、习惯
　　nào xiào·hua　而发生可笑的错误：我刚到广州时，因为听不懂广州话，常常～。（make a stupid mistake）

4. 误解　　wùjiě　　（动）　理解得不正确：我没这个意思，你
　　　　　　　　　　　　　　　～了。（misunderstand）

5. 同事　　tóngshì　　（名）　在同一单位工作的人：我和他是~~。
　　　　　　　　　　　　　　　（colleague）

6. 直截了当　　　　　　（副）　（言语、行动等）简单、直接、爽
　　zhíjié-liǎodàng　　　　　快：他说话～。（directly）

7. 堆　　　duī　　　（动）　用手或工具把东西放到一起：他把
　　　　　　　　　　　　　　　很多东西～到小房间里。（pile up）

8. 挑选　　tiāoxuǎn　（动）　从一些人或物品中找出合适的：请
　　　　　　　　　　　　　　　你～一件你喜欢的衣服。（select）

9. 谢绝　　xièjué　　（动）　客气地表示不接受、拒绝：～参观。
　　　　　　　　　　　　　　　（refuse in a polite way，decline）

10. 心意　　xīnyì　　（名）　对人的情意、感情：送你一件礼物
　　　　　　　　　　　　　　表示我的～。　　（kind feelings，
　　　　　　　　　　　　　　regard）

11. 千方百计　　　　　（形）　形容想尽或用尽各种办法：他～才
　　qiánfāng-bǎijì　　　　　得到了那份工作。（by every possible
　　　　　　　　　　　　　　means）

12. 礼让　　　　　（动、名）　礼貌地谦让：朋友之间常常互相
　　lǐràng　　　　　　　　　～；他常对朋友表示～。（comity）

13. 总之　　zǒngzhī　　（连）　表示下文是总结性的话：我喜欢看
　　　　　　　　　　　　　　电影，故事片、武打片、戏曲片……
　　　　　　　　　　　　　　～，各种电影都爱看。（in a word，in
　　　　　　　　　　　　　　short，in brief）

14. 独特　　dútè　　　（形）　独有的，特别的：这件衣服的式样
　　　　　　　　　　　　　　很～。（peculiar）

15. 告辞　　gàocí　　　（动）　（向主人）告别辞别：我看他很忙，

在他家坐了一会儿就～了。（say
goodbye to，part with）

16. 西服　　xīfú　　　（名）　西洋式的服装，这里特指男子穿的
　　　　　　　　　　　　　　西式上衣、背心和裤子：他去出席
　　　　　　　　　　　　　　宴会时总是穿～。（western suit）

17. 难得　　nándé　　（副）　不常常（发生）：这样大的雨～碰到。
　　　　　　　　　　（动）　不容易得到或办到：他取得这么好
　　　　　　　　　　　　　　的成绩十分～。（seldom/difficult to
　　　　　　　　　　　　　　do or get sth.）

18. 串门儿　　　　　　（动）　随便到别人家去坐坐，聊聊天，也
　　　chuànmér　　　　　说串串门：他总喜欢在傍晚时去朋
　　　　　　　　　　　　　　友家～。　（drop in，call at sb's
　　　　　　　　　　　　　　home）

19. 焦急　　jiāojí　　（形）　着急：心里～；十分～。（worried）
20. 赶忙　　　　　　　（副）　赶紧、连忙：上课的时间到了，他
　　　gǎnmáng　　　　　　～往教室跑。（hurriedly）
21. 表情　　　　　　　（名）　表现在脸上或动作上的思想感情：
　　　biǎoqíng　　　　　他脸上露出兴奋的～。（expression）
22. 不是吗　　　　　　　　　强调反问，意思是"就是，肯定
　　　búshì·ma　　　　　是"：他今天来，～？（isn't that so?）
23. 预先　　yùxiān　　（副）　事先，在事情发生或进行之前：～
　　　　　　　　　　　　　　通知；～安排。（in advance）
24. 知趣　　zhīqù　　（形）　行为言语较适当，不使人讨厌：他
　　　　　　　　　　　　　　是个～的人。（be sensible，know
　　　　　　　　　　　　　　how to behave in a delicate
　　　　　　　　　　　　　　situation）
25. 行为　　xíngwéi　　（名）　行动，举动：很好的～；不合法的
　　　　　　　　　　　　　　～。（behavior）

26. 再说　　zàishuō　　（连）　表示推进一层：去叫他看戏，已经
　　　　　　　　　　　　　　　　来不及了，～他也不一定有时间。
　　　　　　　　　　　　　　　（besides，what's more）
27. 见怪　　　　　　　（动）　责备，责怪，对……不满意，生气：
　　jiànguài　　　　　　　　　事情没给您办好，请不要～。
　　　　　　　　　　　　　　　（mind，take offense）

练　　习

一、用正确的语气、语调及句重音读出下列句子。

1. 哈，总算完了。

2. 你真的不想喝吗？

3. 哟，张立，是你呀，快请进。

4. 天这么热，你穿那么多干嘛？

5. 看戏应该穿礼服呀。

6. 什么？没有呀。

7. 可是我们真的有事，不是吗？

8. 唉！真是越急越慢。

二、用下列词填空然后再用这个词完成句子。

　误解　串门儿　直截了当　预先　知趣　聊聊　谢绝

　例：做出一些错误的事或者说出一些不合适、不正确的话，使
　　　别人发笑：闹笑话。

　他把盐当作糖放在咖啡里，闹笑话了。

1. 错误地理解别人的意思：_误解_。

　a. 安娜的汉语发音经常有错误，结果别人常常 _误解她的意思_

　b. 由于文化习俗不同，外国人和中国人交往时，
　　会产生误解。

2. 说话和行动很直接、简单、清楚：_直截了当_。

　a. 请你把意思 _～ 的说出来_

— 7 —

b. 不管别人是不是接受，他总是_____。

3. 很客气地表示感谢并拒绝：_____。

    a. 我想请她吃饭，她因为没有空，_____。

    b. 余楠_____决心自己独立完成这项工作。

4. 随便到朋友、熟人的房间或家中去坐坐，聊聊：_____。

    a. 中国人之间很喜欢互相_____。

    b. 听说马志远从西藏回来了，我们_____。

5. 很随便、没有主题地说说话，谈一谈：_____。

    a. 坐火车旅行时，_____。

    b. 他们不是在学习，_____。

6. 在事情发生或进行之前：_____。

    a. 外出旅行，最好_____。

    b. 这次台风，气象台作了预报，所以大家_____。

7. 根据实际情况，知道应该怎么做，不让人讨厌：_____。

    a. 方芳心情不好，而李小哈却不_____地和她开玩笑，结果方芳很生气。

    b. 李明去看望老师，发现老师非常忙。坐了一会儿，李明就_____。

三、找出下列每组词中，哪两个是近义词或同义词：

1. 礼节　　礼仪　　礼貌　　礼物

2. 误解　　错误　　误车　　误会

3. 招待　　接待　　招呼　　对待

4. 赶忙　　赶跑　　赶紧　　赶去

5. 告别　　分别　　告诉　　告辞

6. 首先　　预先　　事先　　领先

7. 责怪　　见怪　　奇怪　　难怪

8. 礼让　　谦让　　退让　　礼节

9. 性急　　焦急　　着急　　紧急

上的表情，终于明白了。

他站了起来："李老师，你们还有事儿，我告辞了。星期天打扰你们，真抱歉。"

真是个知趣的小伙子。我赶忙说："哪里，哪里。今天不巧，下次有空来玩，咱们再好好聊聊。"

回答下面的问题，看看下面的说法是不是正确。

1. 在中国，拜访别人时，可以预约，也可以不预约。当然，最好预约。（对/不对）

2. 如果有客人来了，而主人有事，主人可以直截了当地告诉对方。（对/不对）

宴会上的客套

在中国，宴会开始时要布置座位。方桌，朝南的两个座位，特别是左侧的那个是留给贵客的。入座的时候，主人会再三邀请大家，客人也会为座位互相礼让。

每一道菜上来，主人都要招呼大家吃，"请，请，请"，以后大家才会动筷子，主人常会对大家说"慢慢吃"，"多吃点"。有时候，还会给客人夹菜，在客人的碗里堆满菜。不过，客人一般不会把菜吃完，要是那样的话，主人会很不好意思，觉得自己准备的菜不够。

中餐桌上一般都比较热闹，劝酒、劝菜，客人们可以高声谈笑。中国人喜欢劝酒，总是千方百计劝客人多喝一点。在北方有些地方，还有这样的风俗，认为只有客人喝醉了，才跟主人是真正的好朋友。

宴会结束的时候，先吃完的人，应该跟其他人打招呼"慢慢吃"，"慢用"，而主人，应该是最后一个吃完的，他必须陪着客人。

（一）、讨论并回答：

1. 在中国，吃饭的时候餐桌上的位置是怎样安排的？

2. 主人在餐桌上应该怎么照顾客人？

3. 吃饭时大声谈话会不会被认为是无礼的行为？

4. 如果你请一位中国朋友吃饭，你发现他吃得很少，怎么办？

（二）、仿造此文形式介绍你自己国家的宴会礼节。

送礼的学问

逢年过节，去朋友家作客，空着手去总是不太好意思的事，多少得带点儿礼物。

送礼，也是一门学问。送给谁，送什么都值得考虑。

礼物除了送给朋友本人以外还可以送给朋友家的老人和孩子。因为"老小，老小"，在中国家庭中，老人和孩子常常是最受关心和爱护的，他们是家庭中的特殊人物。所以，把礼物送给他们家的老人或者孩子也一样。给老人买点儿点心；给孩子买点儿吃的、穿的，或者玩的，朋友一定会认为你细心周到。

另外，整个家庭或女主人也可以是送礼对象。如果你能挑选一件独特的礼物送给他们，就像直接送给你的朋友一样使他高兴。当然，如果你是男人，跟你的朋友年龄差不多，那就不要只送礼物给你朋友的妻子。同样，作为女人也不宜只送礼物给女朋友的丈夫。要是没有特别的礼物，买点儿新鲜水果也可以。

动动脑子，你肯定会有更好的主意。总之，礼轻情义重，花钱不在多，主要的是你那点儿心意。

（一）、讨论并回答：

1. 当中国人正式邀请你去做客时，如果你要带点礼物，最好是送给谁的？

2. 根据上文所说的，如果你的朋友家只有夫妻二人，没有老人孩子，你最好为谁买礼物？

（二）、根据此文形式谈一谈你们的送礼习惯。

邀　　请？

刘晓进在校门口碰到两个他认识的法国学生，他们双方都很高兴。

刘晓进：最近好吗？

法国人：很好。你呢？

刘晓进：我也很好。功课忙吗？

法国人：不太忙，我们打算过两天去黄山旅行。

刘晓进：噢，那太好了，黄山很美。好，我还有点事，先走了。有空上我家去玩。

法国人：什么时间？你家住哪儿？

刘晓进：啊——

讨论并回答：

1. 刘晓进为什么回答不出来？

2. 你知道中国人正式的邀请是怎样的吗？

十、跨文化交际问题讨论：

1. 当一个人有别的约会，正要出门时，来了一位客人。这时应该怎么办？

中国人——

你们国家的人——

2. 当一个不太熟悉的朋友请自己吃东西的时候，

中国人常常会——

你自己国家的人会——

3. 当一个十分熟悉的朋友请自己吃东西的时候，

中国人会——

你自己会——

4. 如果去一位朋友家做客，看见他家里人，

中国人——

你自己——

5. 去朋友家吃饭时带的礼物常常是送给谁的？

中国人——

你自己——

6. 作为真正的邀请，应该说明什么？

中国人——

你自己的国家——

中国人：还好。我也好久没旅行了。

讨论并回答：

1. 上面的两个人是什么关系？他们互相很熟悉吗？
2. 中国人关心对方的什么问题？
   - ①想知道他正在为什么事情忙
   - ②想知道他生活得怎么样
   - ③关心他的身体和生活
   - ④不尊重对方所以说他变胖了
3. 中国人说这些是为了表示他对这位外国人的什么感情？
   - ①一般的关心　　　　②讨厌
   - ③亲切友好　　　　　④仅仅是打招呼

火 车 上

莫妮卡：请问，你旁边有人吗？

方小明：没有。请坐。你上哪儿？

莫妮卡：我去上海。你呢？

方小明：我去苏州。开车好久了，你怎么现在才找座位？

莫妮卡：我本来坐在九号车厢。但我旁边的人抽烟。我最讨厌抽烟的人了，只要和烟有关系的人我都讨厌！

方小明：是吗？为什么？

莫妮卡：不为什么，就是讨厌。嗯，苏州很美，你是苏州人吗？

方小明：是的。（她把脸转向窗外，不再与莫妮卡说什么了。因为她正是在一个烟厂工作。）

讨论并回答：

1. 为什么方小明不愿与莫妮卡说话？
2. 莫妮卡为什么会这样说？如果她是个中国人，她会这样说吗？

上　街

玛丽带着她的朋友莲娜上街去玩，碰上了林真和她的朋友常玉芬。

玛　丽：林真，你好！

林　真：你好！上街呀？我们也上街，一起走吧。玛丽，这是我的朋友常玉芬。玉芬，这是玛丽。

玉　芬：你好！玛丽。

玛　丽：你好！认识你很高兴。这是我的朋友莲娜，刚到中国。莲娜，这是林真，常玉芬。

莲　娜：你们好！认识你们很高兴。

林　真：你好，莲娜！

玉　芬：你好！

林　真：你们上街买什么？

莲　娜：买书。你们呢？

林　真：我们也买书。还想给孩子买点玩具。

玉　芬：莲娜，你的汉语说得真棒。你是做什么工作的？

莲　娜：我是教师。

玉　芬：哦，你们教师的工资还可以吧？

莲　娜：工资？（她愣住了）

林　真：玛丽，你想买什么书？

玛　丽：我想买一本汉英—英汉双解词典。莲娜也是。你呢，常玉芬？

玉　芬：我想买几本连环画送给孩子。你呢？要不要买这种书？我看你也有三十来岁了吧？孩子多大了？

玛　丽：我 31 岁，没有孩子，我还没结婚呢。

玉　芬：真的？那你有男朋友了吧？

玛　丽：也没有。

玉　芬：是吗。（有点不好意思了）莲娜，你大概跟玛丽差不
　　　　多大吧？

莲　娜：……

玛　丽：她比我小几岁。

林　真：玉芬，你看看几点了？

玉　芬：三点二十五，莲娜，你有男朋友吗？

莲　娜：我想先去银行。玛丽，你呢？

玛　丽：好吧，我也去。再见！

林　真：再见！

玉　芬：再见！

林　真：玉芬，莲娜生气了。

玉　芬：为什么？我一直在努力地想跟她交谈啊。

讨论并回答：

1. 莲娜是否生气了？为什么？

2. 常玉芬为什么不明白莲娜生气了？

3. 根据这四个人的谈话，举例说明她们各是下面的哪一类
人：

　　　①初到中国的外国人

　　　②比较了解中国人习惯的外国人

　　　③比较了解外国人习惯的中国人

　　　④不了解外国人习惯的中国人

4. 如果你是莲娜，你怎么办？

候 车 室 内

哈　里：你好！我叫哈里，请问您贵姓？

陈　刚：我姓陈，叫陈刚。你去哪儿？

哈　里：去北京。你呢？

陈　刚：我也是。太好了，我们同路。你的汉语说得很棒，你是

哪国人？

哈　里：我是加拿大人。你是北京人吗？

陈　刚：不，我是江苏人，我到北京去开会。你在加拿大是干什么工作的？到中国来玩吗？

哈　里：我是个学生，到中国来学习的。

陈　刚：在哪个大学呀？你才二十多岁吧？

哈　里：在北京语言学院。你也很年轻呀。在什么地方工作？

陈　刚：我已经三十岁了，大学毕业后在工厂当工程师，是学电子计算机的。

哈　里：这工作不错呀。

陈　刚：是的，这工作挣钱可不少，我每月有四五百元呢。当然了，比不上你。

哈　里：那不一定。你看，那些人指指点点围在那儿看什么呢？

陈　刚：别管它，我最不喜欢围观了。哈里，你家里还有什么人？结婚了吗？

哈　里：没有。你一定已经结婚了吧？

陈　刚：是的。我妻子是个医生，我的宝贝儿子对我可亲热了。我对我的家庭很满意。

···········

讨论并回答：

1. 你对这段交谈有什么看法？
2. 你认为哈里的谈话成功吗？为什么？
3. 从这段谈话中你觉得中国人初次见面喜欢谈什么？

九、跨文化交际问题讨论：

1. 在初次见面的时候常见的话题

　　　　中国人是——

　　　　你的国家是——

2. 不熟的人见面打招呼

　　　　中国人一般是——
　　　　你的国家是——
　3. 熟悉的人打招呼
　　　　中国人经常是——
　　　　你的国家经常是——
　4. 为了表示自己的友好和关心，在短短的交谈中的话题
　　　　中国人经常是——
　　　　你的国家经常是——

第三课　自谦和敬人

"拙　　作"

【Ⅰ】　　（晚上，汪天石和米切尔两人在学习。）

米切尔：天石，对不起，打扰一下行吗？

汪天石：什么事？

米切尔：我有一个问题。我在看一篇关于编辑出版的文章。这儿
　　　　有一个词我不太清楚，是读"出作"吗？这是什么意思？

汪天石：噢，不是"chū 作"，是"拙（zhuō）作"。这是作者自己
　　　　说自己的文章。"拙"就是"笨、不好"的意思，"作"指
　　　　"作品"。

米切尔：可是我觉得这篇文章很好，也很有意思，作者为什么要
　　　　自己骂自己呢？

汪天石：那不是骂自己，而是谦词。

米切尔：谦词？

汪天石：就是表示谦虚的意思的词，许多中国人认为，不管自己
　　　　或自己的东西有多么好，也要说成是不好的，不能自己
　　　　夸自己，应当把自己放在比较低的位置；而对别人则要
　　　　用敬词，表示敬意，把对方放在比较高的位置。

米切尔：为什么？

汪天石：因为我们中国人把谦虚看作是人的一种美德。有一句流
　　　　传至今的成语叫"满招损，谦受益"，就是说自满会给人
　　　　带来损失，而谦虚却能带来好处。至于对别人，则要用

敬词，以示礼貌。

【Ⅱ】

米切尔：那你能详细介绍一下谦词和敬词的用法吗？

汪天石：当然可以。比如，为了表示尊敬，称别人的文章要说
　　　　"大作"；称对方要用"您"，问对方姓名要用"贵姓"、
　　　　"尊姓大名"，称对方父母用"令尊"、"令堂"，写信时称
　　　　对方的单位用"贵厂、贵校、贵社"等等。这些都是敬
　　　　词。谦词过去常用的有"鄙人、小人、在下"，等等，但
　　　　现在已经不多见，只在古代书籍和信件中出现。

【Ⅲ】

米切尔：那么除了谦词和敬词，口语中还有没有别的表示谦虚和
　　　　尊敬的说法？

汪天石：有很多啊。你一定也注意到了，中国人听到别人的赞美，
　　　　总是说"哪里，哪里"，"一点也不行"或"一点也不
　　　　好"等等。请客人吃饭，虽然准备了丰盛可口的饭菜，可
　　　　还是要对客人说"没什么菜"，"菜做得不好"。送礼物给
　　　　别人，常说"一点小意思"，"不成敬意"。谈到自己的作
　　　　品时，除了用"拙作"外，还要说些请别人"多多指
　　　　点"一类的话。对别人表示敬意，较多地反映在称呼上。
　　　　比如，对方明明比你大，他却会称你为"兄"；在路上，
　　　　要是有人向你问路，尽管他（她）比你大十几岁甚至几
　　　　十岁，可对方却会称你"大哥"或"大姐"，把对你的称
　　　　呼抬高一辈。总之，在日常交往中，中国人总是以自谦，
　　　　敬人为准则，不能自我吹捧。当然，广告除外。

【Ⅳ】

米切尔：中国人为什么要这样自谦呢？

汪天石：因为中国的交际文化是一种双方互相映照的文化。说自
　　　　己弱就好像在表示别人强；而夸自己强则似乎是在说别

人不行，所以，为了对别人表示礼貌和尊重，中国人认为应该淡化个人的作用，不要突出自己。比如说，分明是作者一个人写的文章，说的也是他个人的观点，但他总是说"我们认为"，用"我们"来代表"我"。明明是自己取得了较大的成绩，他（她）总是说："我没有做什么，大家的功劳。"或者说："在某某的领导下，在同志们的帮助下，我取得了一点点有限的成绩……"总之，不是吹捧自己，而是淡化自己，并把成绩归于领导和集体。

米切尔：这跟我们的习惯不一样。在我国，人们都要尽量表现自己，说自己比别人好。如果要找工作，就必须把自己的优点都说出来，显示自己的优势。不然就没有人会雇用你。当然，我们也必须谦虚，可表达的方式与中国不完全相同。

汪天石：所以东西方文化差别是挺大的。要是一个中国人去西方国家应聘，那恐怕就会遇到麻烦。相反，你要是在中国应聘，如果总是说自己的优点，中国人又会认为你太自满，也不会雇用你。

【Ⅴ】

米切尔：可是在我们国家你要是总说自己不行，人家就会认为你没有自信。

汪天石：哦？可中国人这样说的时候其实心里很自信，当他对你说完自己的意见后，常常说："我的意见可能不对，请你参考参考。"你可千万别以为他真的认为自己的意见可能不对。在大多数情况下，在他认为自己的意见可能不对时，他就不会说出来，他说出来了，往往就认为自己对。要是一个人对一件事情没有自信，没有把握，他往往会拒绝做，而当他很自信的时候，他很可能说："我试试，大概能行，但不知是否能使你满意。"

米切尔：要是不知道这种语言表达上的差别，东西方人在来往时就会产生很大的误会，是不是？我明白了。这真有意思。谢谢你给我介绍了这么多。哦，应该说，鄙人非常感谢。

【Ⅵ】

汪天石：哈哈哈……，我忘了告诉你，朋友之间是直截了当的，不需要这么客气，你对我用"鄙人"这个词自称，反而不好，会让人奇怪而不安的。再说，这个词在现代日常口语中已经很少用了。

米切尔：是吗？那我还得注意谦词和敬词的用法，别用错了。

生　　词

1. 编辑　biānjí　　（动）　对资料或写好的作品进行整理、加工：～部，～工作。(edit)

　　　　　　　　　　（名）　做编辑工作的人。(editor)

2. 谦虚　qiānxū　　（形）　不自满，虚心，肯接受批评：他是个～的人。(modest)

3. 夸　　kuā　　　（动）　夸奖，称赞，赞美：人人都～自己的家乡好。(praise)

4. 敬意　jìngyì　　（名）　尊敬的心情：许多人向他表示～。(respect)

5. 美德　měidé　　（名）　美好的品德：谦虚和尊重别人都是～。(virtue)

6. 流传　liúchuán　（动）　故事、作品等传下来或传播开：那个古代的故事一直～到今天。(spread)

7. 成语　chéngyǔ　（名）　人们长期以来习用的、形式简单、含意丰富、定型的词组或短句。(set phrase)

8. 自满　zìmǎn　（形）　满足于自己已有的成绩：他考上大学后就十分～。(complacent)

9. 鄙　bǐ　（形）　谦辞，旧时用于自称：～人，～意，～见。(my)

10. 贱　jiàn　（形）　谦辞，旧时用来称跟自己有关的事物：您贵姓？～姓王。(my)

11. 书籍　shūjí　（名）　各种书的总称。(book)

12. 赞美　zànměi　（动）　称赞，夸奖：我～长江的伟大。(praise)

13. 丰盛　fēngshèng　（形）　（物质方面）丰富：宴会上准备了～的食品。(abundant)

14. 可口　kěkǒu　（形）　食品的味道好：这家小店的饭菜很～。(delicious)

15. 明明　míngmíng　（副）　确实，分明（下文意思往往转折）：昨天～没有下雨，他却说下了雨。(obviously)

16. 交往　jiāowǎng　（动）　互相来往：我跟他没有～。(associate with)

17. 以…为…　（介词词组）　拿…作为…，把…作为…：以他的话为理由，以产品的质量为标准。(take...as...)
yǐ…wéi…

18. 准则　zhǔnzé　（名）　原则，标准：你的言论的～是什么？(norm)

19. 吹捧　chuīpěng　（动）　把自己或别人的小优点小成绩说成很大的成绩，或把不存在的优点和成绩说成存在的：他最喜欢～他的爸爸。(flatter)

20. 似乎　sìhū　（副）　好像：她脸色不太好，～是病了。
(it seems; as if; seemingly)

21. 淡化　dànhuà　（动）　减轻事情的程度：他尽量～他们的关系，以便使对方忘记自己。
(make... inconspicuous)

22. 功劳　gōngláo　（名）　对事业的贡献：对这条铁路的建设，他的～最大。(contributions, credit)

23. 分明　fēnmíng　（副）　明明，显然：他～朝你来的方向去的，你怎么没看见他？(obviously)

24. 有限　yǒuxiàn　（形）　有一定限度：数量不多：人的生命是～的；数量～；文化水平～。(limited)

25. 归　guī　（动）　返回，还给，属于：他从国外～来；他把功劳和成绩都～于父母的培养。(return)

26. 显示　xiǎnshì　（动）　明显地表现出来：他不喜欢～自己的优点。(show)

27. 优势　yōushì　（名）　能压倒对方的有利形势：这场球赛，上半场主队占～；他的～很明显，公司肯定会雇用他。(dominant position)

28. 雇　gù　（动）　雇用、出钱让人给自己做事：～工、～保姆、～用保姆；出钱使别人用车、船为自己服务：～车、～船。(employ, rent)

29. 差别　chābié　（名）　形式或内容上的不同：他们俩～很大。(difference)

30. 应聘　yìngpìn　（动）　找工作：海通公司聘请的人要求英文水平较高，我认为你的英文水平可以去～。(seek a job)

31. 自信　zìxìn　（动）　相信自己：他～能够做好这件事；
　　　　　　　　（形）　他太～了，听不进别人的意见，总以为自己是对的。((have) self—confident)

32. 参考　cānkǎo　（动）　利用有关材料帮助别人了解情况：我的意见供你～。(refer)

33. 其实　qíshí　（副）　实际情况：他嘴上说"没关系"，～心里很着急。(actually; in fact)

34. 把握　bǎwò　（名）　成功的可靠性（多用于"有"和"没有"后）：这件事情你有没有～？
　　　　　　　　（动）　握，拿：战士～着武器；抓住：～事情的本质。(n. assurance, certainty v. be sure, grasp)

35. 来往　lái·wang　（动）　交际往来：他常和画家们～。(have contacts with)

36. 反而　fǎn'ér　（连）　表示跟上文意思相反或出现没想到的情况：打孩子不但不能使孩子变好，～使他变得更坏；雨不但没停，～越来越大了。(on the contrary)

37. 不安　bù'ān　（形）　不安定，不安宁：他的话使我感到～，似乎还可能发生更坏的事情。(worried, restless, uneasy)

练　　习

一、写出用下列字构成的词：

例如：谦：　谦虚、　谦词、　自谦

敬　美　贵　贱　丰　准

二、说出下列各词的同义词或近义词，然后选择适当的词填空：

不然　　如果　　丰富　　准则

鄙人　　误会　　明明　　显示

例如：夸：　称赞、　赞美

他是一个自满的人，总爱自己夸自己。

1. 你要赶快走，＿＿＿＿＿就赶不上火车了。

2. 商店里的货物很＿＿＿＿＿＿。

3. 每个人都有自己生活的＿＿＿＿＿＿。

4. ＿＿＿＿＿＿明天天气好，我们就去野餐。

5. 她俩原来是好朋友，可是现在却互相不说话了，可能有了点＿＿＿＿＿＿。

6. 许多中国人认为应该淡化个人的作用，不应经常＿＿＿＿＿＿自己的能力和成绩。

7. 以前中国人常自称＿＿＿＿＿＿，表示自谦。

8. 这件事＿＿＿＿＿＿是他错了，他却说是我错了。

三、用下列词语填空：

不是……而是……　竟然　再说　明明　幸亏

我＿＿＿＿＿是充满自信，认为我能做好这件事，所以我说我大概能行。谁知那洋经理听了＿＿＿＿＿＿以为我没有能力做，说不要我做了。＿＿＿＿＿＿副经理是个中国人，＿＿＿＿＿＿他也比较了解我的能力。他向那老外解释，说我＿＿＿＿＿＿不会做，＿＿＿＿＿＿客气。这次我可明白了，对老外说话要直截了当。

四、中国人之间喜欢互相送礼。逢年过节，走亲访友，都要送些礼物。送的礼物要根据对方情况的不同而有所变化。下面请根据 A 组中的不同情况，在 B 组中选择应送的礼物，然后再加上适当的词句，把它们连成一段小短文。

        A   B

1. 节日访亲友   小玩具

2. 对方家中有孩子   鲜花 贺卡

3. 朋友结婚或过生日   水果、烟酒、糕点等

4. 探望病人   对身体合适的食物和补养品

五、汉语口语中的成段表达，往往可不用连词和副词，可以仅仅根据各个句子意义的先后来排列顺序。参见课文〔Ⅲ〕段，并把下列句子用正确的顺序排列成短文，然后给它一个适当的题目：

1. 礼物经过推让收下之后，受礼者一般就把礼物放在旁边，等客人走了以后才打开。

2. 比如"一点小意思，请收下吧"。

3. 当然，在年青人之间，情况已经有了改变，不一定是这样了。

4. 而受礼者往往会推让一番：

5. "让您破费了，真是不好意思，请您下次不要这样了。"

6. 中国人送礼给对方时，常常要说一些客气话。

7. "哎呀，您真是太客气了，礼物您拿回去吧，我们不需要的。"

8. "我的一点心意，请收下。"

六、把 A 组每段课文和 B 组课文的标题用直线连接起来。

        A   B

    〔Ⅰ〕   谦词和敬词的用法

    〔Ⅱ〕   自谦不等于没有自信

七、语段表达

　　模仿课文［Ⅳ］的形式谈谈你对课文中某一个问题的看法。谈话注意按照下表所提示的内容进行。关于下表的说明请参见第二课练习八。

语段框架	句际组合方法
主题句	
举例：1.……2.…… 　　　3.……	比如　比方说　比如说 例如　举例来说……
结束句	
本课新词语： 自满　自信　夸　　明明　显示 其实　把握　来往　反而　似乎	

八、文化情景读和说

　　下面是五段短文，显示自谦和敬人的种种情景。快速阅读，然后讨论并回答短文后边的问题。

《两地书》选

　　鲁迅是中国现代文学史上最伟大的作家之一，许广平是他的妻子。一九二二年，二十四岁的许广平考入北京女子高等师范学校时，鲁迅正在这所学校教书，他给许广平留下了极其深刻的印象。许广平感到鲁迅具有一种极大的吸引力，使她无法离开。在许广平二十七岁的时候，她爱上了鲁迅。

从一九二五年三月十一日起，许广平和鲁迅之间开始通信，到同年七月底，双方书信共有四十多封。这些信，后来编辑成著名的《两地书》。下边的两封信就是从《两地书》中选出来并改写的。

（许广平的信）

鲁迅先生：

十三日早晨得到先生的一封信，我不明白为什么同在京城中，而寄信要三天之久？但当我拆开信封看见信纸第一行上，贱名之下竟紧接着一个"兄"字。先生，请原谅我太愚小了，我值得而且敢当为"兄"么？

……

敬祝著安。

小学生许广平谨上

三月十五日

（鲁迅的信）

广平兄：

这回要先讲"兄"字的意思了。这是我自己制定、沿用下来的例子，就是：旧日或近来所识的朋友，旧同学而至今还在来往的，直接听讲的学生，写信的时候我都称"兄"；此外，如原来是前辈，或较为陌生，较需客气的，就称先生、老爷、太太、少爷、小姐、大人……之类。总之，我这"兄"字的意思，不过比直呼其名略好一点，并不真含有"老哥"的意义。

……

鲁迅

三月十八日

讨论并回答：

1. 鲁迅是中国著名作家，也是文化名人，鲁迅称许广平为

— 44 —

"广平兄",是不是鲁迅比许广平小？

　2. 第一封信里许广平说"贱名之下……"，请问"贱名"是指谁的名字？

　3. 信中的"小学生"是指

　　①年龄小的学生

　　②在小学上学的学生

　　③一种自谦的称呼

　　④女学生

　4. 从鲁迅的信中可以看出，用"兄"称呼别人时，表示

　　①非常客气

　　②开玩笑

　　③比较礼貌，而且带有一点儿朋友式的随便。

　　④没有特别的意思。

开 头 的 话

　王教授是研究中国古代文学的著名专家，他的著作和论文在国内外都有很大影响。最近他到 N 市开会，N 大学便借这个机会请他为中文系的学生开一个讲座，谈一谈古代文学研究方面的问题。一阵热烈的掌声之后，王教授开始了他的讲话：

同学们：

　　你们好，中文系的领导要我来给大家谈谈有关古代文学方面的问题，我感到十分不安。我水平有限，知识浅陋，但我是做老师的，也写过一些东西，平时有些年轻人也常常来问我，我就谈谈自己的经历；在他们遇到困难时也出出主意。今天我就把平时谈的一些东西，也在这里跟你们谈谈，也许可以供同学们参考参考。如果有什么不对的地方，请同学们指正……

讨论并回答：

1. 王教授说他自己"水平有限，知识浅陋"，是真的吗？为什么？

2. 你认为王教授是谦虚还是缺乏自信？

3. 想一想，学生们听了他说的话以后会有什么感觉？

4. 如果教授是你们国家的人，他又会怎么说？

应聘的木工

一名技术很高的木工在应聘，老板问他是否有做木工的经历，他说："我不敢说有过这方面的经历，我只能说干过一些这方面的事。"老板要求他做一件样品，他说："我做得不好，请原谅。"事实上，他做的一张桌子可以说像工艺品一样好。

讨论并回答：

1. 猜猜看，这个木工是哪国人？

2. 如果你是老板，你是不是会听了他说的话以后就请他走开？

3. 如果你是木工，你怎么说？

婚礼上的对话

王强和女朋友谈恋爱谈了一年多，今天就要举行婚礼了。他们请了很多客人，约翰也受到了邀请。约翰跟王强学汉语的时间不长，但他对中国的一切都很感兴趣，能有机会参加中国人的婚礼，他非常高兴。

婚礼开始，客人们纷纷举起酒杯向新郎新娘表示祝贺。约翰也试着用汉语祝他们幸福，并且很有礼貌地赞美新娘，他说："王强，祝贺你，你的新娘非常漂亮。"新娘不好意思地微笑着，新郎高兴地说了声："哪里！哪里！"不料，约翰听了却吓了一跳：想不到赞美中国人还要举例说明，于是便说："新娘的眼睛很漂亮。"

— 46 —

新郎还是回答说："哪里，哪里！"约翰心想，新郎怎么一点儿都不谦虚，只好称赞道："头发、眉毛、耳朵、鼻子、嘴巴都很漂亮。"新娘红了脸，客人们听了却哈哈大笑。

讨论并回答：

    1. 约翰赞美新娘的时候，新娘

      ①很高兴

      ②很生气

      ③很平静

      ④很不好意思

    2. "哪里，哪里"是用来询问地方的吗？在上文表示什么意思？

    3. 王强是不是很希望别人说出新娘所有漂亮的地方？

    4. 客人们是不是也认为王强不太谦虚？他们为什么哈哈大笑？

误　　会

    据说清朝时有一个大官访问美国，有一次他在一家饭店举行宴会，用丰盛的酒菜招待当地官员。在宴会上他说："今天各位光临，我感到非常荣幸。我们简单地准备了一些粗茶淡饭，没有什么特别好吃的东西，只是想借此表示一下心意，希望大家多多原谅。"第二天有一家报纸把他的话翻译成英语登了出来。饭店老板看了非常生气，认为这位大官的话不符合事实。如果他不能具体说出他的饭店的饭菜怎么粗，怎么不可口，那就是故意损害他的饭店，必须道歉。

讨论并回答：

    1. 这家饭店的饭菜是不是真的不好吃？

    2. 那位大官说饭菜不怎么好吃，是不是因为他不喜欢饭店老板？如果不是，那又为什么？

3. 饭店老板为什么生气？

4. 根据你自己国家的习惯，这位官员应该怎么说？

八、跨文化交际问题讨论：

1. 当一个人听到别人说他的字写得很漂亮时，他的回答是：

　　中国人——

　　你们国家的人——

2. 当一个年纪明显比你大的陌生人叫你"大哥"或"大姐"时，他要表示什么意思？

　　中国人——

　　你们国家的人——

3. 当一个人表示他的水平不高，能力不强时，他自己怎么想？听者会怎么想？

　　中国人——

　　你自己——

4. 当一个人表示他水平很高，能力很强时，听者会有什么想法？

　　中国人——

　　你自己——

第四课 人情和关系

内外有别

【Ⅰ】

老　陈：哎，老许，你看，报上说有个小女孩得了白血病，看病
　　　　要花好几万，社会上好多人都在为她捐钱呢。

老　许：哦，我知道。那女孩就跟我儿子在一个小学上学。上星
　　　　期，我儿子回来跟我们说起这事。学校的老师、家长、学
　　　　生都捐钱了。我那宝贝儿子把平时舍不得花的零用钱也
　　　　全拿了出来。我也捐了二十块钱。一方有难大家帮么。

老　陈：是啊。就说我吧，经常在外出差跑采购，我爱人带着孩
　　　　子在家忙里忙外的，挺辛苦，幸亏我的那些邻居帮忙照
　　　　应，照应。真是"远亲不如近邻"啊。

老　许：以前我们住大杂院的时候也一样。邻居们都互相照顾，连
　　　　谁家做了好吃的，也要送点给左邻右舍尝尝。好几家人
　　　　住一个大院里和和气气、热热闹闹的。现在我们搬进了
　　　　楼房，条件是好了，可一关起门来就只有自家人，邻居
　　　　们串门也少了。我还真不习惯呢。

老　陈：可不是。中国人哪，是最看重人情的了。要是人跟人都
　　　　不来往，那多没意思。来，抽根烟。

【Ⅱ】

老　许：哎，你以前不是不抽烟的吗？

老　陈：嗨，没法子。自从调动工作干上采购员，不抽也得抽了。人家老是给你敬烟，不抽太见外，再说干我这个行业的差不多人人抽烟，你不抽也太特别了。还有，跟陌生人打交道，不先敬烟，往往会碰钉子的。

老　许：那倒是。哎，你刚才说中国人挺重人情，可你发现没有，中国人更看重关系。人情更多的也是表现在和自己有关系的人上面。比如，你跟他有"关系"，那么办事就好商量，很难办的事可以变得比较容易；别人办件事要花十天半个月的，而你要是认识人，可能几天就行了。

老　陈：这当然。自己人么，当然要照顾照顾，不然就太没人情了。

老　许：自己人，不错。我们大多数人都有一些自己人的小圈子，从家人、亲戚、朋友、同学、同事、邻居、老乡甚至到朋友的朋友，只要有点关系，就得照顾，哪怕自己吃点亏，也得照顾好这些关系。而关系不一样，交际的方式也不一样，生人和熟人不同，一般认识的人和老朋友也不同。关系越亲密就越随便，不用客气，该说什么说什么，也就越要照顾；而越客套，越一本正经，就说明关系越疏远，也就越不照顾。这大概就叫"内外有别"吧。

老　陈：所以人际交往，最重要的就是搞好关系，把生人变成熟人，把外人变成自己人。"在家靠父母，出门靠朋友"。总之，自己人越多，也就越好办事。

【Ⅱ】

老　许：因为这样，在中国敬烟、请客吃饭、送礼就特别流行。吃饭，你请我，我请你；礼物，我送你，你送我，目的就是为了增进感情，建立关系。

老　陈：还有啊，收了别人的礼，接受了别人的帮助，就得想法回报，在对方需要的时候，照顾照顾，满足对方的要求。

老　许：这就叫投桃报李，"礼尚往来"。"来而不往非礼也"，收
　　　　了礼，就得还礼。所以呀，中国人一方面看重人情，另
　　　　一方面又不可以欠人情。这样也造成了请客、送礼、走
　　　　后门的不良风气，实在需要改革改革。

老　陈：也不完全是这样。送礼风从一方面来说是个经济、人情
　　　　负担，但从另一方面看有时也是一种互助方式。举个例
　　　　子吧，我有一位亲戚中年丧夫，孩子又小，很可怜。办
　　　　丧事的时候，我就亲眼看见，村里的人、亲戚、朋友能
　　　　来的都来了，大家都用送钱送礼的方式表示慰问。最后，
　　　　收到的礼钱总共有两三千元。这对一个丧夫的中年农妇
　　　　来说，可是很大的经济帮助。

老　许：你说的有些道理。像邻居之间互相照应，熟人、朋友、亲
　　　　戚之间互相串串门、吃吃饭，一起高兴高兴，可以增加
　　　　人和人之间的感情。这总比各人只顾自己，跟别人"老
　　　　死不相往来"好。

老　陈：我也这么想。送礼、拉关系成风让人反感、吃不消；可
　　　　大家要是都很少往来，那简直也太糟了。

【Ⅳ】

老　许：就是。人是生活在社会当中的，"关系"就是一个人与别
　　　　人的人际联系，表示一个人在社会上的角色、地位。一
　　　　个人可以同时是父亲、儿子、工作人员、居民，与别人
　　　　有父子关系、同事关系、邻居关系等等。这些关系组成
　　　　了人与人之间的关系网，构成了人的社会关系。有了关
　　　　系就有人情往来，没有关系就要建立关系。送给陌生人
　　　　一枝烟，就是建立关系的开始。关系有亲有疏，交情有
　　　　深有浅，人们就是根据关系的亲疏，交情的深浅来决定
　　　　自己对待别人的态度。你说对吧？

老　陈：的确如此。对了，我这次出差从外地带回两瓶好酒。今

晚去我家吃饭，喝几杯，怎么样？我们俩再好好聊聊。

生　　词

1. 人情　　rénqíng　　（名）①情面：托～。②友情恩惠：做个
　　　　　　　　　　　　　～。③礼物：送～。(human relation-
　　　　　　　　　　　　　ship，favour，gift)

2. 白血病　　　　　　　（名）一种血液病，又名"血癌"。
　　báixuèbìng　　　　　(leukaemia)

3. 捐　　juān　　　　（动）把钱、物拿出来帮助困难的人：夏
　　　　　　　　　　　　天，中国一些地方遭受水灾，很多
　　　　　　　　　　　　人都为灾区～钱，～物。(contribute
　　　　　　　　　　　　(money)，offer (financial or materi-
　　　　　　　　　　　　al assistance))

4. 采购　　cǎigòu　　（动）（为机关或企业)选择购买：～货物；
　　　　　　　　　　　　～一批机器设备。(purchase)

5. 照应　　　　　　（动）照顾、帮助：医生细心地～病人。请
　　zhàoyìng　　　　　帮我～一下孩子。(look after)

6. 和气　　hé·qi　　（形）①朋友、同事、邻居等之间感情好：
　　　　　　　　　　　　同事之间彼此很～。②态度温和：他
　　　　　　　　　　　　说 话 很 ～。　(harmony /gentle，
　　　　　　　　　　　　polite)

7. 调动　　　　　　（动）变动（位置、用途)：～人员；～工
　　diàodòng　　　　　作。(transfer，shift，remove)

8. 见外　　jiànwài　（动）当外人看待：你对我这样客气就有
　　　　　　　　　　　　点～了。请不要～。(regard sb. as
　　　　　　　　　　　　an outsider)

9. 行业　　hángyè　（名）工商业中的类别，也泛指职业：木
　　　　　　　　　　　　工是一种～，医生也是一种～。有

时只说"行"：同～；干一～爱一～。
（trade，occupation）

10. 陌生　　　　　（形）　不熟悉，生疏：他是一个～人。我
　　mòshēng　　　　　　　对这工作很～。　（strange，
　　　　　　　　　　　　　unfamiliar）

11. 打交道　　　　（动）　交际，来往不愿意跟他～。（deal
　　dǎ jiāo·dao　　　　　with）

12. 碰钉子　（动词短语）　比喻遭到拒绝：昨天我想请假，却
　　pèng dīng·zī　　　　在领导那儿～了。(be refused，meet
　　　　　　　　　　　　with a rebuff)

13. 老乡　　　　　（名）　出生在同一地方的人（在外地说）：
　　lǎoxiāng　　　　　　小张和小李都是四川人，他们是～。
　　　　　　　　　　　　(a person from the same place (vil-
　　　　　　　　　　　　lage，town，etc.))

14. 甚至　shènzhì　（连）　提出一个突出的例子，有进一层的
　　　　　　　　　　　　意思：这个地方五六十岁～七十多
　　　　　　　　　　　　岁的老人都天天练气功。（even）

15. 吃亏　chīkuī　（动）　受损失：不能让朋友～。他买这东
　　　　　　　　　　　　西多花了钱，吃了一点亏。（suffer
　　　　　　　　　　　　losses）

16. 亲密　qīnmì　（形）　感情好，关系密切：他和父亲关系
　　　　　　　　　　　　～，经常在一起说说心里话。(close，
　　　　　　　　　　　　intimate)

17. 礼尚往来　　　（短语）　在礼节上讲究有来有往，有时也指
　　lǐ shàng wǎng lái　　你对我怎么样，我也对你怎么样：你
　　　　　　　　　　　　请我吃饭，我当然也要回请，～嘛。
　　　　　　　　　　　　(courtesy demands reciprocity，to
　　　　　　　　　　　　pay back in his own coin)

18. 走后门　　　（短语）　通过不公开的方法、途径去做一件
　　　zǒu hòumén　　　　事：他～托朋友搞到一套房子。(get
　　　　　　　　　　　　　in by the back door; secure advan-
　　　　　　　　　　　　　tages through pull or influence)

19. 风气　fēngqì　　（名）　社会上或集体中流行的爱好或习
　　　　　　　　　　　　　惯：学校里学习的～很浓。有时用
　　　　　　　　　　　　　单音词"风"：请客～；送礼～。
　　　　　　　　　　　　　(general mood, common practice)

20. 负担　fùdān　　（动）　承担（责任、工作、费用等）：我要
　　　　　　　　　　　　　～他上大学的全部费用。

　　　　　　　　　　（名）　承受的压力、责任、费用等：他的
　　　　　　　　　　　　　家庭～很重，因为孩子多。工作～；
　　　　　　　　　　　　　思想～。(burden)

21. 丧　　sàng　　（动）　失去，死亡：老年～子是很大的不
　　　　　　　　　　　　　幸。

　　　　　sāng　　（名）　跟死了人有关的（事情）：～事；～
　　　　　　　　　　　　　服。(lose/funeral, mourning).

22. 亲眼　qīnyǎn　（副）　用自己的眼睛（看）：我～看见了长
　　　　　　　　　　　　　城，真高兴。(with one's own eyes)

23. 总共　zǒnggòng（副）　一共：全班～有十六个学生。(in all,
　　　　　　　　　　　　　altogether)

24. 吃不消　　　（短语）　受不了，支持不住：最近太累了，身
　　　chī · bu xiāo　　　体～。请客花钱太多，我～。(be un-
　　　　　　　　　　　　　able to stand)

25. 简直　jiǎnzhí　（副）　表示完全如此，语气夸张：屋里热
　　　　　　　　　　　　　得～呆不住。他说起话来～没个完。
　　　　　　　　　　　　　(simply)

26.	糟	zāo	（形）	坏，不好：～了，我的房间钥匙不见了。(too bad)
27.	人际	rénjì	（名）	人与人之间：处理好～关系。(inter-personal)
28.	角色	juésè	（名）	戏剧或电影中,演员扮演的剧中人：他在这个戏中扮演一个重要～。(role)
29.	居民	jūmín	（名）	固定住在某一城镇中的人：那个城市不太大，～人口不太多。(inhabi-tant，resident)
30.	组成 zǔchéng		（动）	（个体、部分）组合成为（整体）：这个班由英国、法国、日本、澳大利亚几国留学生～。(comprise of)
31.	亲	qīn	（形）	关系近，感情好：女儿跟妈妈最～。(close)
32.	疏	shū	（形）	关系远，不熟悉，不亲热：误会使他们关系～远了许多。(distant)
33.	交情 jiāo‧qing		（名）	人与人之间互相交往而产生的感情：他们俩很少来往，没什么～。(friendly relations)

练　习

一、把 A、B 两组的同义词或反义词用直线连接起来。

A	B
生人	疏远
亲	陌生
交情	吃得消
打交道	友情

熟悉	熟人
亲密	构成
吃不消	交往
组成	疏

二、下面的每组词语中，有两个具有同义近义关系，把它与其他没有同义近义关系的词语找出来：

① 没意思　　没意义　　没情趣

② 打交道　　交往　　打招呼

③ 好商量　　可以商量　　商量得很好

④ 反感　　反对　　讨厌

⑤ 吃不消　　吃不了　　受不了

三、用下列汉字组词，越多越好。

人　情　亲　熟　生　不

四、用下列词语填空（有的可用数次）

对……来说，……甚至……，一方面……，另一方面……，在……看来，再加上

1. ＿＿＿＿＿中国人＿＿＿＿＿，要是一个人没有朋友，他就是个非常孤单的人，＿＿＿＿＿是个不幸福的人。

2. ＿＿＿＿＿我＿＿＿＿＿，抽烟是一种坏事，＿＿＿＿＿他＿＿＿＿＿却是件好事，＿＿＿＿＿是快乐的事。

3. 你说那部电影好看，我不这么认为，＿＿＿＿＿因为它的故事太紧张，使人看了不舒服，＿＿＿＿＿因为它不太真实，＿＿＿＿＿它太长了，要看 6 小时，我不喜欢看这么长的电影。

五、把下面几个句子按正确的语序排成语段：

1. 如果朋友送了一件衣服给你，你也马上买一件差不多价钱的衣服送给他，那就太"见外"了。

2. 中国人讲究"礼尚往来"。

3. 只有对关系一般的人才会赶紧找个机会还礼。

4. 如果是关系很好的朋友，在别人给了你好处以后，要记在心里，等到一个适当的机会再还情。

5. 不过，还礼还情的方式可有讲究。

六、A组是每段课文的序号，请用直线和B组课文的标题连接起来。

A	B
〔Ⅰ〕	内外有别
〔Ⅱ〕	一方有难大家帮
〔Ⅲ〕	"关系"的形成
〔Ⅳ〕	礼尚往来

七、语段表达

用下表提示的内容谈谈"人情与关系"的问题，并举例比较有关系和没有关系的差别。

语段框架	句际组合方法
主题句	
举例：A_1……A_2……A_3…… B_1……B_2……B_3……	比如（说）、比方说 例如、举个例子来说……
结束句	总之、总而言之、由此看来 总的来说、总之一句话……
本课新词语： 人情　关系　陌生　打交道　碰钉子 交情　甚至　吃亏　吃不消　风气	

八、文化情景读和说

下面是五篇短文，显示人情和关系的种种情景。快速阅读，然后讨论并回答短文后边的问题。

他们比 11 个儿子还要亲

4 月 1 日下午，无锡市某食品商店水果柜台（counter）前来了 11 位男子汉。"营业员同志，给我来五斤苹果""给我来二斤香蕉""给我来四斤葡萄"……这些人买了水果，又来到了茶点柜台。手里没提水果的几位指着茶点柜台内的各种各样的营养品买这买那，这个商店的水果虽然新鲜但是价钱贵，买的人也很少，可今天却突然一下子来这么多人，买了这么多的水果和营养品，女营业员好奇地问道："买这么多补品是不是给人祝寿？""不是，是看病人去。"这时，一位营业员认出了其中一个人："啊，这不是友谊宾馆的赵经理吗？怎么，你们单位哪来这么多病人？"一位营业员指着一位胖胖的中年人说。这位被营业员认出来的赵经理微笑地答道："哪里，是邻居老太病倒了。"他指着身旁的同伴说："我们都是住在一个大院里的邻居，隔壁老太平时对我们可好了。现在她病了，我们也得好好表表心意。"一句话引出了这群男子汉的话题。从他们的谈话中我们才知道，这位老太是个很平常的人，可她对人非常热情，经常主动照顾这个大院里的 11 户人家。谁家的炉子灭了，她帮着生火；谁家的孩子午饭没人做，她把孩子接到她自己家里吃午饭；刮风下雨时，老太会把大家晒在外面的衣服收回来；谁家来了客人，老太还会帮着一起做饭烧菜。这 11 户人家也都把老太当作自己的家人对待，平时外出或有什么事都放心地把自家房门的钥匙交给她。这回老太病倒了，大家为她求医送药，细心照顾，并瞒着老太商量后决定，每家出 25 元钱，给老太买最好的水果和营养品。

柜台里的营业员望着眼前这些朴素的男子汉激动地说："真是远亲不如近邻哪。"

（改写自王好丽《他们比 11 个儿子还要亲》，见《扬子晚报》

1991 年 4 月 10 日第 2 版）

讨论并回答：

    1. 这 11 个男子汉买东西送给谁，为什么要送给她？

    2. 中国人有什么样的邻里关系，这种关系又是怎么产生的？

    3. 请谈一谈在你们国家，邻里关系是怎样的，请用上下列词语：

      人情   关系   亲密   疏远   照顾

城镇"送礼风"刮走 12 亿元

    从省城调查队一项调查中可以知道：去年全省城镇居民送礼费用达 12.5 亿元，每户平均花费达 303 元，是 5 年前的两倍多。

    根据对 2220 户的调查分析，现在送礼，种类复杂，花费很大。仅在春节期间，全省城镇居民用于人情花费就达 3.6 亿元，其中宜兴、南通、镇江、苏州送礼最厉害。镇江有一户居民，送礼花费高达 3820 元。送礼也从传统的生日满月、婚丧大事，不断产生出各种各样的名目（items），如搬家、开业、升学、就业、提职、换工作、调单位、求医问药、买紧俏商品、拿公车私用等等。"送礼风"不仅增加了大家的负担，而且与精神文明不相符合，对社会风气产生不好的影响，应当给予正确的指导。

    （改写自成柱等《城镇"送礼风"刮走 12 亿元》，见《扬子晚报》1991 年 5 月 7 日第 1 版）

讨论并回答：

    1. 最初城镇送礼的原因有哪些？现在大概有哪些？

    2. 从本篇课文中你能否发现中国的送礼风有何特点？作者对这种送礼风持什么态度？

    3. 现在中国人的生活并不富裕，为什么送礼越送越多？你能说一说其中的原因吗？请用上下列词语：

      礼尚往来   关系   人情   风气

烟 的 作 用

烟虽然是有害的，在中国还是有不少"烟民"，我的同学小王，他向我谈了他学会抽烟的经历，他说："有一年春节我到亲戚家做客，一位未见过面的表叔递过一支烟，请我抽。我连说：'不会，不会。'表叔没缩回手，只是从头到脚看了我一眼，问：'不会?!你多大啦?''十八啦!'我答道：'唉——十八岁大人了，连烟也不会抽，像什么话，再说学会了抽烟好处多着呢，来，抽! 抽!'第一次见面我不好意思拒绝他，又想表明自己已经长大，便伸出手去接烟，从此我也学会了抽烟。学会了抽烟，好处还真不少。俗话说：'抽了烟，好办事'。烟成了人们的交际工具。有一次我有急事要去上海，跑到火车站售票厅去买火车票。没想到排队买票的人都排到了厅外，人这么多，怎么办? 急中生智，我走到排在第四位的一位男同志身旁，向他递了一支烟，跟他谈了几句，问他能否替我买一张去上海的票，他二话没说就满足了我的要求。一支烟才抽了一半，票已到手，我赶上了最早的一列火车去了上海。"

在中国会抽烟的人，彼此互相敬烟，本也是一种习惯和礼貌，但有些人把它庸俗化了，成为不良社会风气的工具，小王的例子正好说明这种情况。

（改写自何焕洪《烟话连篇》，见《周末》1991 年 5 月 4 日第 2 版）

讨论并回答：

1. 小王一开始不会抽烟，可"表叔"递烟给他，他就开始抽了，为什么?

2. 小王是怎样用烟与陌生人打交道的?他的做法说明了什么?

和美国人作邻居

我是 1956 年从台湾移民到美国的，工作了三年后，有了一些钱，就用分期付款的方式买了一幢住宅。

我的住宅是21号。住26号的劳莱·派特生，曾到过中国，旁边23号的房主爱里亚的妻子是外国来的，所以派特生和爱里亚两家和我们之间比其他的邻居亲密得多。

住了几个月后，家具逐渐买齐了。我们有了新的餐桌和椅子后，就邀请爱里亚和派特生夫妇四位来我家吃饭。这是我们买了房子后第一次正式邀请美国邻居来家做客。当然，他们吃得很高兴。但是，尽管我们住在那里十多年，他们却从来没有请我们到他们家里吃过饭，派特生家的大门我们甚至没有进去过。

后来我因工作变动，到了纽荷兰镇。那是一个新建的住宅区，房地产的价钱比较贵，所以住户的地位也高一些。我们的新邻居，房地产公司的一位经理，他家当然是很有钱的，对人的确很客气，也很有礼貌，但我们请他们上饭店吃了饭，还喝了酒，他却始终没有回请过我们，也从没有请我们到他家里去坐过。在这十年内，他们也从不来拜访我们家。

我在美国生活了三十多年，曾先后与各种美国人作过邻居。最后，我终于明白绝大多数的美国人是不愿意为朋友花费一分钱的，在我看来，真可以说是"人情薄如纸"。

（改写自顾英彬《邻居、同事和亲家》，见《采风》1991年第5期）

讨论并回答：

1. 作者为什么说"人情薄如纸"？他认为他的美国邻居应该怎样做？

2. 如果作者的邻居是中国人，那么他的中国邻居会怎样做？

502产房

我真难忘跟我住同一产房的女同胞们。不知她们现在怎么样了？她们的孩子又怎么样了？看着自己的孩子一天天长大，我常常会想起产房里的人和事。

我们一个产房有六个人，都是以床号相称。大家都互相照料，助人为乐。记得9床剖腹产，生了个胖儿子，不能走动，她丈夫天天要上班，因此大部分时间9床的身边没人。7床比9床早几天生孩子，已能下地活动，她便帮助9床买饭菜，给9床倒水、洗脸、擦身。12床正在输血，她也生了个胖儿子，丈夫回家报喜去了，11床就帮助照应12床，一口一口地喂她喝水、吃饭。8床晚上才进产房，看他们夫妻俩的衣服就知道是从农村来的，看上去他们的心情很不好。后来，我们才知道，他们的孩子刚生下来就死了。医院有规定，晚上七点以后照顾产妇的家属必须离开医院。而8床夫妻俩从很远的地方来，在南京也没有亲戚、朋友，丈夫也不想离开躺在病床上的妻子。我们商量了一个办法，让8床的丈夫在医生查病房时躲到阳台上去，等医生走了，再进产房来。就这样，他留在病房的妻子身旁，陪伴了一夜。大家都劝他们夫妻俩不要伤心，好好养身体，孩子会有的。在我们的安慰下，他们的心情终于好些了。

7床要出院了，大家纷纷帮她整理衣物，还教她怎样照料孩子，怎样给孩子洗澡。她的丈夫抱着出生六天的宝宝，一床一床地向大家告别。小宝宝好像也不愿意离开这温暖的产房，哇哇哇地哭起来。……

现在，我的女儿已经一岁多了，一想起产房的点点滴滴，我的心里就好温暖好温暖。

回答问题：

1. 502产房发生了什么事？
2. 9床有什么困难？7床为什么要帮助9床？
3. 你认为502产房的人让8床的丈夫留在病房里好不好？为什么？
4. 你知道"助人为乐"是什么意思吗？

5. 在你自己的国家，住在一起的病友们是不是互相帮助？

九、跨文化问题讨论：

1. 下列词语短句是什么意思？你同意这些话吗？

①远亲不如近邻　　②在家靠父母，出门靠朋友

③礼尚往来　　　　④来而不往非礼也

2. 为什么中国人常常给别人敬烟？在你自己的国家能这样吗？

3. 熟悉的人之间用"鄙人"为什么不合适？中国人往往如何称呼？在你自己的国家如何称呼？

4. 当自己得到别人很大的帮助时会怎么做？

中国人——

你自己国家的人——

5. 如果姐妹的儿子结婚请自己去赴宴会，应该怎么办？

中国人——

你自己——

6. 如果同事的儿子结婚请你去赴宴会，应该怎么办？如果都送礼，礼物的轻重与亲戚结婚时有没有不同？

中国人——

你自己——

7. 有人向自己敬烟，你自己心里会怎么想？

中国人——

你自己——

8. 自己不怎么能喝酒，但在宴会上有很多人向自己敬酒，这时你心里会怎么想，应该怎么做？

中国人——

你自己——

第五课　含蓄的人们

怎样表达感情？

【Ⅰ】（这是一节讨论课，留学生们正和教师一起讨论："中国人如何表达感情？中国人的情感世界是怎样的？"）

马　丁：我喜欢看电视，新闻片、电视剧什么的我都爱看。我发现，在电视上，中国的领导人或普通干部一般都比较严肃、平静，无论碰到多么快乐或多么痛苦的事情，他们都很少开怀大笑或是激动万分。我常为他们的神情感到惊讶，难以理解。

老　师：关于这个问题，我可以先给你们讲个小故事。中国古时候有一位将军指挥一场大战。制定好作战方案以后，他就一边与人下棋，一边十分焦急地等候战斗的结果，可在表面上他却显得非常镇静，若无其事。不久，前方来信，告诉他胜利了。这位将军看完信，就把它丢到一旁，继续下棋。同他一起下棋的客人问他："信上说了什么？"他平静地回答："没什么，孩子们打仗打赢了。"可是客人一走，将军就顿时忍不住奔了出去，为了迎接胜利归来的军队，不知不觉连鞋子都跑丢了。从这个故事中你们能了解到什么吗？

麦克尔：我想，中国人大概认为，在别人面前应当尽量控制自己的感情，特别是领导者。

老　师：对，也就是说，在感情的表达上，中国人比较讲究含蓄，他们一向认为应该"喜怒哀乐不形于色",也就是不应把自己的喜悦、愤怒、悲哀和欢乐都明显地表现在脸上。人们在感情表达上欣赏一种含蓄的美,在大庭广众之中大笑大哭通常为人们所避免,认为这样就失掉了风度。因为中国人自己不随便大笑大哭,所以看到别人激动万分,暴露感情时也会觉得不妥当。另外,在与别人的交往中,人们往往根据对方与自己的不同关系,表现着不同程度的含蓄。

安　娜:难道含蓄也是内外有别的吗?

老　师:是的。对最好的朋友、亲人,人们往往能够坦率地表现自己的喜怒哀乐;对一般的熟人则较为含蓄,大多不愿意暴露自己的感情,特别是不会明显地表现自己对对方的不满和愤怒;对陌生人则不怎么含蓄,有时甚至为自行车相撞这类小事也会吵起架来。

西　蒙:这也和你们的映照性文化特点有关吧?

老　师:对,这种文化特点使我们在表达感情时不但要考虑对方与自己的关系,同时还要考虑听者的反应,注意不要伤害对方的自尊心。

索　菲:是啊,在表达感情方面我们是太不相同了。有一次我去一位中国朋友家,我的朋友和她的家人非常热情地招待我。告别的时候,为了表达我的感激,我就一一拥抱了他们。可是,我发现他们好像不太愿意这么做。后来,我才明白,是他们不习惯我这种热烈的表达方式。我的朋友告诉我,中国人之间很少拥抱,她的父母很少拥抱她,也很少对她说爱她,但她从父母的目光和行动中知道他们确实非常爱自己。

【Ⅱ】

史蒂文:中国人的含蓄也表现在其他方面,比如,中国的年轻人谈恋爱，好像也比我们含蓄。我很少看到中国的年轻人在公开场合拥抱或者接吻。（众笑）真的。有一次我在飞机场看见一对年轻人正在告别，他们没有说话，没有拥抱，就这么手拉着手，互相看着，依依不舍。

老　师：是呀。中国的小伙子爱上一位姑娘后，很少会直截了当地对她说我喜欢你或者我爱你，而是用其他方式，用自己的行动表示对她的特别的关心和照顾，等到觉得有点把握了，才会写封信去试一下对方的心。因此年轻人给异性写信常意味着求爱。

马　丁：哟，谈恋爱这么不容易呀！（众笑）

西　蒙：不过，我在公园里看见过年轻男女在一起拥抱，有时在公共汽车上也见到过。

老　师：西蒙观察得很仔细。你见到的一定是正在谈恋爱的人，没有恋爱关系的青年男女决不会拥抱，甚至他们的手都很少会碰到一起。像你们同学之间在互相长久地分别之前那样拥抱或吻一吻对方，在中国是不可能的。西蒙，如果你在 20 年前来，就不会在公开场合看到这种现象，现在情况虽然有了变化，也只限于恋人之间。

【Ⅲ】

安　娜：我觉得中国人的含蓄还表现在穿戴方面。我很少看见中国姑娘穿袒胸露背的衣服。也很少看见中年以上的妇女穿色彩鲜艳、式样独特的衣服，他们好像不愿意表现自己，不愿意被人注意。这是否也是一种含蓄呢？

【Ⅳ】

麦克尔：老师，您看我这么比喻对不对。我认为，中国人的性格就像一个深湖。湖中有很多东西，但在表面上却是那么宁静，不起大波大浪。

马　丁：我倒认为，中国人的内心更像中国的房子，经常用围墙围着，门不常开，别人不容易知道里面到底有什么。

老　师：你们的比喻都挺有趣，不过只要你们真诚地和中国人交
　　　　朋友，你们会发现走进中国人的内心世界还是比较容易
　　　　的。对待真正的朋友，中国人都很真诚，他们讲究"以
　　　　心换心"。中国人有含蓄的一面，也有真诚的一面，虽然
　　　　他们不习惯拥抱，不喜欢暴露自己的感情，但是你却能
　　　　够从他们的微笑，他们的关怀，他们的行动中感觉到友
　　　　情。

生　　词

1. 含蓄　hánxù　（形）不随便表现（思想、感情）：他是个
　　　　　　　　　　　　　～的人。

　　　　　　　　　（动）（言语、诗文）意思不明显：他的话
　　　　　　　　　　　　　很～，但我能明白他的意思。(con-
　　　　　　　　　　　　　tain, implicit)

2. 情感　qínggǎn　（名）一种心理反应，如喜欢、愤怒、悲
　　　　　　　　　　　　　伤、厌恶等：小丁对小王始终怀着
　　　　　　　　　　　　　一种爱慕的～。(emotion)

3. 开怀　kāihuái　（形）心情十分欢快：～大笑；～畅饮。
　　　　　　　　　　　　　(to one's heart's content)

4. 神情　shénqíng　（名）人脸上显露的内心活动：他脸上露
　　　　　　　　　　　　　出愉快的～。(facial expressions)

5. 惊讶　jīngyà　（形）惊奇、惊异，感到吃惊：他那不平
　　　　　　　　　　　　　常的行动使人们感到十分～。(sur-
　　　　　　　　　　　　　prising)

6. 难以　nányǐ　（形）难于，很难（做某事）：～形容；～
　　　　　　　　　　　　　相信。(difficult to, hard to)

7. 将军　jiāngjūn　（名）将级军官。(n. general)

8. 作战　zuòzhàn　（动）　打仗：当他的父亲还在～的时候，他出生了。(fight, conduct operation)

9. 下棋　xiàqí　（动）　玩棋：夏天的晚上，我总是与别人一块儿～。(play chess)

10. 等候　děnghòu　（动）　等待：～消息；～命令。(wait)

11. 镇静　zhènjìng　（形）　稳定平静：着火了，别人很慌乱，他却十分～。(calm)

12. 若　ruò　（副）　好像、如同、似乎：～有～无。(like, seem, as if)

13. 前方　qiánfāng　（名）　①前面：左～；他一直看着～；②接近打仗的地区（跟"后方"相对）：支援～；他要去～打仗。(in front of, battle front)

14. 一旁　yìpáng　（名）　旁边：他把自己的事放到～，只注意厂里的工作。(side)

15. 打仗　dǎzhàng　（动）　作战，进行战斗，进行战争：这两个国家又～了。(fight, battle)

16. 顿时　dùnshí　（副）　立刻（只用于说过去的事情）：听到这个好消息，他～高兴起来。(suddenly)

17. 忍不住
   rěn bú zhù　　不能忍住：他的话使大家～哈哈大笑。(can't help, unable to bear)

18. 奔　bēn　（动）　急跑：他一路狂～；那车～驰而去。(rush, run)

19. 不知不觉
   bùzhī—bùjué　　不知道，不觉得：他们边走边谈，～就走了很远的路。(unconsciously, unwittingly)

20. 一向	yíxiàng	（副）	表示从过去到现在：他～喜欢游泳。(always，up to now)
21. 喜悦	xǐyuè	（形）	高兴，愉快：～的心情；这是一个令人～的消息。(glad)
22. 悲哀	bēi'āi	（形）	悲伤，伤心：我为他的死感到～。(sad，sorrowful)
23. 欢乐	huānlè	（形）	高兴快乐：～的人们；这孩子给父母带来了～。(happy，joyous)
24. 欣赏	xīnshǎng	（动）	①享受美好的事物和其中的乐趣：他站在窗前，～黄山的雪景；②认为好，喜欢：在这些服装中他最～这一套。(appreciate，enjoy，like)
25. 为……所……	wéi……suǒ…… （介词词组）		被…所…：～我～用；京剧～广大群众～喜爱。(be…by… (used to indicate passive voice))
26. 失掉	shīdiào	（动）	原有的不再具有，没有了：在这次事故中他～了一只手；～作用、～联系。(lose)
27. 风度	fēngdù	（名）	美好的行动的姿态：有～；她的～很吸引人。(demeanor，poise)
28. 暴露	bàolù	（动）	显露，显示（原先不明显的事物、矛盾、缺点、问题等）：这个试验把产品的质量问题给～出来了。(expose，poise)
29. 妥当	tuǒdàng	（形）	稳当，适当：他办事情总是很～；你这话说得不太～。(appropriate)
30. 坦率	tǎnshuài	（形）	直率，直接明白地说出自己的想法：他很～，怎么想就怎么说。(candid；

frank; straightforward)

31. 不满　　bùmǎn　　（形）　对某人或某件事不满意,有意见:小
李欺骗了小王,小王对小李很～。
(discontent; disatisfied)

32. 吵架　　chǎojià　　（动）　激烈地争吵,互相指责:公共汽车
很挤,有两个年青人为了抢座位,～
了。(quarrel; have a row)

33. 伤害　　shānghài　　（形）　使身体或思想感情受到损害:过度
疲劳会～身体;不要说～别人的话。
(injure; harm; hurt)

34. 一一　　yīyī　　（副）　一个一个地:他向她～介绍自己的
朋友。(one by one)

35. 目光
mùguāng　　（名）　眼光:看见了她心爱的人后,她的
～变得特别明亮。 (vision, gaze,
eyes)

36. 场合　　chǎnghé　　（名）　一定的时间、地点、情况:公开～;
在严肃的～不应开玩笑。(occasion,
situation)

37. 吻　　wěn　　（名）　嘴唇;接～。
（动）　用嘴唇接触人或物,表示喜爱:他
～了一下他的儿子。(kiss)

38. 依依不舍
yīyī—bùshě　　（形）　形容不愿意分离:出国前他与妻子
和孩子～地在机场道别。(reluctant
to part with)

39. 意味着
yìwèi·zhe　　（动）　含有某种意义:他的话～不同意我
的意见。(mean, indicate)

40. 色彩　　sècǎi　　（名）　颜色:～鲜明;～丰富。(color)

41. 鲜艳　　xiānyàn　　（形）　鲜明而美丽:～的红旗;～的花衣

服。(bright and pretty)

42. 式样　shìyàng　（名）　人造的物体的形状：那幢房子的～
很美观。(style, type)

43. 比喻　bǐyù　（动）　打比方：人们常常把孩子的笑脸～
为花儿。　(metaphor, figure of
speech)

44. 宁静　níngjìng　（形）　（环境、心情）安静：夜晚，公园十
分～。(quiet)

45. 波浪　bōlàng　（名）　江湖海洋上起伏不平的水面：一只
小船在～中前进，(也可分开说)劈
波斩浪。(wave)

46. 围墙　wéiqiáng　（名）　围绕房屋、园林、院子等拦挡用的
墙：～把学校和大街分开了，人们
只能从两个门进出。(enclosure, en-
closing wall)

47. 真诚　　　　　（形）　真实诚恳，没有一点儿假意；～的
zhēnchéng　　　　朋友；～地对待别人。(sincere)

48. 友情　yǒuqíng　（名）　朋友之间的友好感情；友谊：中国
人很重～。(friendly sentiments)

练　习

一、通过上下文的线索猜测生词：

1. 通过课文［Ⅰ］段的上下文猜测"喜怒哀乐不形于色"中
的六个生词的意思：

喜：　　　怒：　　　哀：

乐：　　　形：　　　色：

2. 汉语中有许多同义词对称着使用，如"千方百计"，"满招
损，谦受益"等，你能根据这个规律猜猜［Ⅲ］段中"袒胸露

背"的"祖（tǎn)"是什么意思吗？

3. 根据"喜怒哀乐不形于色"和"祖胸露背"的意思猜测下面三个成语的意思：

　　　　　①喜形于色

　　　　　②怒形于色

　　　　　③抛头露面

二、汉语中有些双音节词是由两个意思相同或相近的单音节词构成的，例如：

　含　蓄→含蓄　　　沙　漠→沙漠　　　泥　土→泥土

　请在下列词语中找出这类结构的词：

　失掉　　等候　　波浪　　悲哀　　愤怒　　围墙

三、把下列画线部分换成其他的词，例如：

　戏剧→京剧　　歌剧　　话剧　　电视剧……

　开怀大笑　　激动万分　　作战方案　　前方　　镇静

　新闻片

四、选择下列词语填空：

　尽管　　甚至　　连……也　　尽量　　特别是

　也就是说

1. 南京的夏天非常热，＿＿＿＿＿＿七八月份，就像在火炉里一样，气温＿＿＿＿＿高达 39、40℃。

2. ＿＿＿＿＿＿《红楼梦》很难读懂，苏珊还是决定借来看看。

3. 彼得希望利用在中国学习的机会，＿＿＿＿＿多了解中国，＿＿＿＿＿中国的文化。

4. 美惠子看小说看得入迷了，＿＿＿＿＿ ＿＿＿＿＿饭＿＿＿＿＿忘了吃。

5. 乔治原来打算明天去北京，可是他没有买到明天的火车票，＿＿＿＿＿他必须改变计划。

6. ＿＿＿＿＿路易斯听不懂上海话，可他还是＿＿＿＿＿从对方的表情和手势中去猜他的意思。

五、A组是每段课文的序号，请用直线和B组课文的标题连接起来。

A	B
〔Ⅰ〕	恋爱中的含蓄
〔Ⅱ〕	穿戴中的含蓄
〔Ⅲ〕	含蓄里面有真诚
〔Ⅳ〕	感情表达的含蓄

六、语段表达

模仿课文〔Ⅰ〕的形式，用下表提示的内容说一段话，比较中国人和你们国家的人在表达感情方面有什么不同。

语段框架		句际组合方法
主题句	①提起话题 ②说明观点	关于×××，我先讲一个故事（先举一个例子……先谈谈我的看法……听说……先介绍……不同意……）
举例：	A₁、B₁ A₂、B₂ A₃、B₃ ……	
结束句		总之　总而言之　总的来说 总之一句话　由此看来， 归根结底……
本课新词语： 含蓄　神情　镇静　一向　喜悦　悲哀 愤怒　欢乐　暴露　场合　妥当　意味着		

下面是五篇短文，显示含蓄的人们的种种情景，快速阅读，然后讨论并回答短文后边的问题。

"情 人 节"

情人节那天，我在澳大利亚的大街上逛商店。忽然听见有人说"这衣服很漂亮，对你很合适。"

我转过头去，感到惊讶，是一个不认识的澳洲男孩。他伸出右手："你好，我叫格雷，认识你非常高兴。"我犹豫了一下也伸出手来："你好"。

接着他问我叫什么名字，什么时候到澳洲的等等问题。我一一作了回答，但很简单，没有多说一句话。

"我曾经在中国工作过两年，很喜欢那儿。"格雷笑着说。

"真的！太好了。"我顿时高兴起来，对格雷有了一种亲切的感觉。我们的谈话也热烈多了。从中国到澳大利亚，从生活习惯到文化教育，想到什么说什么。

不知不觉，我们就从商店一楼逛到了七楼。正好走到卖花的地方，格雷对我说："安洁，请等一下。"然后就走上前去挑选花儿，我站在一旁猜想：今天是情人节，他可能准备送花给他的什么女友或是情人。所以，我静静地等候着。

一会儿，格雷拿着一束花走过来，是红色的玫瑰（rose）。他将花递给我。我一时不知道是接还是不接好，忍不住问了一句"为什么？"

"为了今天，你是一个漂亮的姑娘，我很喜欢你。"格雷再次将花递给我，并取出名片（visiting card）说："这是我的电话和地址，如果有事，可以打电话给我。我可以有你的电话和地址吗？"

我愣住了，一时不知道说什么好。嘿，这些澳洲人，就这么交朋友的吗？

（据《澳洲风情》改写，见《青年一代》1990 年第 6 期）
讨论并回答：

1. 安洁是哪国人？她对格雷最后的要求感到怎么样？为什么？安洁能接受这种交朋友的方式吗？她会给格雷电话和地址吗？

2. 如果你在街上碰到一个格雷式的朋友，你会怎么样对待他？

3. 如果是一个中国小伙子，他会不会像格雷一样大胆？

为什么误会

3109 号车是"青年先锋号"，每天上下班，我都坐这趟车。车上的售票员热情、认真、服务周到。她一切都好，美中不足的是："您"字用得太多，而且，总要放在一句话的最后。您听，"上车的同志往里走啦您。""这位同志，到哪儿去呀，您？请买票了，您"。"好，给您票，接好啦您"……

乘客们的目光是惊奇、尊重的。但是，他们仍然忍不住要相视而笑了。大概又怕伤害了她的热情，有的人还假装不笑，有的则偷偷地笑。

我愈来愈为她难受。

遗憾，每天都觉得有点儿遗憾。怎么就没人告诉她呢？

终于，我忍不住了，花了一个晚上，写了厚厚的一封信。先谈了我在 3109 车上看到的许许多多的感人的事，感谢她的劳动。最后，讲了一点点我的遗憾和建议。

第二天，我又上了 3109 车。她还是那样。到站了，我把信放在售票台上。信封向上，正对着她："留交 3109 车组售票员同志。"

下车后，我回头看了她一眼，出了一口气，好像搬开了一块久压心头的石头。"同志，您的信。"她的声音。脸，红红的，手里拿着那封信，探出身子递给我。那目光里，好像还含着愤怒。

我的脸一下子热了，我突然明白，我现在成了什么人了。

— 75 —

"拿着呀。"——这回她第一次没有说:"拿着吧您"。

"这……"我说什么好呢?

"嘟——"车开了。"啪",沉甸甸的信落到了我的脚下。

(据陈建功《您》改写,见《微型小说选》第 1 期,江苏人民出版社)

讨论并回答:

1. 乘客们为什么用惊奇、尊重的目光来看这位售票员?"我"为什么为她感到遗憾?

2. "我"是怎么给售票员写信的?这种做法,说明了什么?

3. 为什么售票员拿到信,脸就红了,而且好像还生气了?

4. "我"在售票员眼中成了什么人?

5. 如果你要指出别人的缺点,提出建议,你会怎么做?

赵剑华的笑

1991 年 5 月,世界羽毛球锦标赛(Tennis Championships)在哥本哈根举行。中国运动员赵剑华获得了冠军。他为这块金牌奋斗了数年,今天终于开怀欢笑。

在前不久的全英羽毛球公开赛上,赵剑华输了,当时他也笑了。记者问他那一次为什么笑,他说:那时的笑,是为了自己风度,输球不输志;这时的笑,才是从心里发出的。

(据黄振中《羽坛连奏凯歌》改写,见《人民日报》1991 年 5 月 13 日第 4 版)

讨论并回答:

1. 赵剑华为什么不论自己输了还是赢了都笑?当他输了的时候笑是真的高兴吗?

2. 如果你在努力准备的一场重大比赛中失败了,你还能面带微笑吗?

我 父 之 爱

　　我父亲年轻时是个军人。母亲常说他从未抱过孩子，从未参加过家长会……在众多的"从未"中，父亲常不知说什么才好。也许，父亲不太关心我们。

　　但是，有一次，父亲突然说，我出生那天，他激动无比，跑到外面买了个鲜红的闹钟。后来，再听到那些"从未"，我眼前顿时就会出现那只闹钟。

　　我工作后，有时候晚上回家迟了，会发现父亲站在黑暗的街口等候。年深日久，直到如今；有时夜归，走到无人的暗道上，我仍产生一种被人担心的温暖感，尽管我早已离开了父亲的保护，有了自己的小家。

　　父亲爱好文学，但他从不写作，保持着对爱好的神秘感。在我最困难的时候，父亲淡淡地说，你可以试着把你的想法写下来。于是我开始写。后来，那些想法纷纷成了文章发表了，并且都为父亲所收集（colect）。有时，看到杂志广告，父亲会算准出版的日期去购买。他一遍一遍地读，熟悉我写的每一个字。我深知，父亲以我为他的骄傲，所以我更努力。有一次，我告诉父亲，我已写了一百多万字，他沉默了一会，说，别拼命写。这就是我的父亲。

　　（据秦文君《吾父之爱》改写，见《语文报》1990年12月22日第2版）

讨论并回答：

　　1．"那只鲜红的闹钟"代表了什么？

　　2．父亲是怎样表现他的爱子之心的？

　　3．说一说下面这首古诗表现的"母爱"与"我父之爱"有何相通之处。

　　　　　　慈母手中线，游子身上衣。

临行密密缝，意恐迟迟归。

花 裙 子

星期天，我拉着女儿一起整理房间。

收拾东西的时候，女儿从箱子里翻出一套裙子。这是一套色彩鲜艳的花裙子，是五年前一个朋友送的。这套裙子式样简单独特，只是那布料太鲜艳了，鲜艳得我觉得我决不能穿它。因为我一向认为我不适合穿花衣服，我以为我只适合单色的或格子、条子的衣服，我认为这是我的风格，而花衣服会使我显得太鲜艳，其它的式样会使我显得怪模怪样而可笑。我一向认为如此，因此，从我上中学可以自己选择衣服之后，我就从未穿过花衣服，也因此当这套美丽的裙子送来后，我只是把它挂在墙上欣赏了一会，就把它收起来了，从此，再也没有拿出来过。

哪知今天女儿一见，就大为称赞，称赞它的式样独特，花色美丽。然后就非要我试一下不可，说实在的，我不敢穿。五年前我没有试过它，今天，我已经40岁了，又比过去胖了，穿这么花的裙子，会是什么样儿？但我不想试也不行，只好穿上了这套裙子，裙子还没完全穿好，女儿就拍着手喊起来了："妈妈真漂亮，快照镜子，看看！多漂亮！"我抬起头朝镜子里一看：真的，镜子里出现了一个新的我，比平时的我漂亮多了，也年轻多了。

"明天你就穿这套裙子上班吧，妈妈！"女儿说。

明天？穿这套花裙子？漂亮尽管漂亮，可我从来没穿过这么花的衣服上班呀！上班去要接受那么多惊讶的目光，多不好意思啊！

（据小平《妈妈，你一定要穿那套花裙子》改写，见《中外妇女文摘》1990年9期）

讨论并回答：

1．"我"一向的穿衣风格是什么？在这种风格的背后，是一种什么样的思想？

2. 猜猜这个"我"还会不会再穿那条花裙子？

3. 说说你们国家的服饰打扮与中国有什么不同。

八、跨文化交际问题讨论

1. 一个许久不见的好朋友敲门进来了，主人的反应是：

　　　中国人——

　　　你自己——

2. 一场重要的考试（如比上大学、升教授）通过了，考试者已为它作了许多年的努力。这时他的表现会是怎样的？如果考试失败了，他的表现又会怎样？

　　　中国人——

　　　你自己——

3. 面对一套别人送的漂亮的衣服，人们会怎么想？

　　　中国人——

　　　你自己——

4. 看见别人很伤心，并且看出他不愿让自己知道，这时该怎么做？

　　　中国人——

　　　你自己——

5. 如果自己爱上了一个人，却不知对方是不是爱自己，怎么办？

　　　中国人——

　　　你自己——

6. 自己对别人有深深的友情，常常用什么来表达？

　　　中国人——

　　　你自己——

第六课　自尊的人们

"希望……"

【Ⅰ】（上午，杨星正在宿舍看书，马丁推门进来。）

马　丁：杨星，上次的作业发下来了，我做得不太好，老师在作业本上写了一些话，意思我有点不太清楚，你帮我看看，好吗？

杨　星：（拿过作业本）老师说，你写的这篇文章内容很不错，观察得很仔细，而且有自己的见解。另外老师还说，希望你下次做作业，写得认真一点。

马　丁：噢，谢天谢地！老师没有批评我。

杨　星：不见得吧。

马　丁：老师不是说我的文章内容不错吗？你看，老师还表扬我了呢。

杨　星：哪里，你忘了最后一句话吗？"希望你下次做作业，写得认真一点"，也就是说你的作业写得太马虎。你看，这么多错别字。

马　丁：老师只说"希望"嘛，难道这也是批评？

杨　星：这其实是很委婉地指出了你的不足，是一种比较含蓄、客气的批评。

【Ⅱ】

马　丁：为什么要这么说呢？

杨　星：中国人不喜欢直接、严厉地批评别人，也很少当众责备别人。除非是上级批评下级，大人批评孩子。

马　丁：这有什么，错了当然应该批评。如果你的朋友有错误，你想帮助他，怎么办？

杨　星：找他谈一谈，委婉地指出他的错误，但是要避免在公开场合说这些。

马　丁：孩子如果批评父母，也是这样吗？

杨　星：差不多。不过在比较传统的中国家庭里，长辈是不能被小辈批评的。

马　丁：（想了想）中国人为什么不喜欢批评呢？是不是认为批评会降低一个人的地位或权力？

杨　星：主要是怕伤了"面子"。

马　丁："面子"？

杨　星：也就是自尊心。为了不伤害一个人的自尊，在批评时就必须做到温和、委婉、含蓄，而不是直截了当的。这不但因为含蓄，更因为自尊。不论他们是什么身分，是高级干部还是普通老百姓，只要你表示尊重他，他就会对你很友好，乐意为你帮忙，甚至也愿意自己吃点亏。要是你冷淡他，看不起他，伤了他的自尊心，即使没有做什么侮辱他的事，也没跟他吵过架，没对他发过火，他也会对你不友好。

【Ⅲ】

马　丁：你们中国人真有意思，喜欢自谦，却又这么自尊。我还想起来一件事。在加拿大，为了学习汉语，我认识了一些中国留学生，我们成了好朋友。我经常和他们一起聊天，也常听到他们分析批评中国的一些社会弊病，比如官僚主义、教育问题等等。可是，有一次聚会，一位加拿大人谈到了中国的落后，却遭到中国学生的反驳，当时，我感到很惊奇。

杨　星：这有两个方面的原因：一个是连带因素。在中国人看来，一个人的国家、民族、单位、家人、职业甚至住宅、穿戴都与这个人本身有连带关系，若加以批评，都会使这个人感到是对自己本人的批评。因此，国家的尊严自然就是每一个人的尊严，不能够被人轻视，被人瞧不起。另一个原因是中国人在交往中很少遇到直截了当的批评，一旦有人这样做，就觉得受不了，觉得别人太不委婉，太不给面子。

马　丁：其实我的那位同胞仅仅是对那个问题发表意见，并没有批评所有的中国人的意思。

杨　星：我知道。但受到批评的人感到自尊心受到了伤害，也就顾不得对方的动机是什么，只是在气愤中赶忙反驳别人。

马　丁：看来，以后我还得注意批评的方式，免得引起中国朋友的误解。

杨　星：除此以外，你还得敏感一点，听到委婉的批评不要感觉不到。有一次，我发现一个中国人已经很不满了，但由于他的神情很平静，批评又很委婉，被批评的外国人竟然毫无感觉，真有意思。

马　丁：嗯，很可能，就像我对"希望"似的。（笑）不过，我可不想永远当"老外"。

杨　星：我相信你会成为"中国通"的。

【Ⅳ】

马　丁：谢谢，我还有一个问题，你以前说过人际交往中的内外有别，对熟人和生人有所不同，那么，对待批评呢？

杨　星：愈是好朋友愈真诚，因而愈可能存在批评；愈是不熟悉的人愈慎重，不轻易提出批评，担心伤了对方的自尊心。当然，即便是好朋友中的批评也是委婉的。

【Ⅴ】

马　丁：看来自尊心在人们的交往中是很重要的，我想它不仅仅
　　　　表现在批评方面吧。

杨　星：当然了。在生活和人际交往的各个方面都要考虑到别人
　　　　的自尊心。比如，在对方谈到你不喜欢的话题时，你最
　　　　好不要直接告诉他："我不喜欢你这样问"。因为对方会
　　　　因此认为你不尊重他的爱好和习惯。为什么见到陌生人
　　　　敬一支烟就好办事呢？因为对方会觉得你这是表示尊重
　　　　他，看得起他。为了满足别人的自尊心，有的人会假装
　　　　自己的能力不如对方；为了不伤自己的自尊心，有的人
　　　　则又会表现得很骄傲，特别是在谈恋爱的时候，明明心
　　　　里爱对方，思念对方，却装出无所谓的神色。有时候由
　　　　于知道对方自尊心强，爱面子，还会借机开开玩笑。当
　　　　然，过分自尊也有不好的方面，由于太自尊，特别讲究
　　　　"面子"，害怕批评，也就出现了很多社会弊病，比如固
　　　　执己见，错了也不改等等。

马　丁：也就是说批评还是需要的，对不对？

杨　星：对。批评其实并不都是恶意的，我们每一个人都应该欢
　　　　迎批评，尤其是善意的批评和正确的意见。

生　　词

1. 见解　　jiànjiě　　（名）看法，认识：谁有什么不同的～？他
　　　　　　　　　　　　　的～很正确。(opinion)

2. 错别字　cuòbiézì　（名）错字和别字。(wrongly written or
　　　　　　　　　　　　　mispronounced characters)

3. 委婉　　wěiwǎn　　（形）（言词）不直截了当，婉转曲折，语
　　　　　　　　　　　　　气温和：语气～；他～地表达了自
　　　　　　　　　　　　　己的看法。(mild and round about)

4. 不足　bùzú　（名）　缺点，做得不够的地方：我的工作还有许多～之处，请大家批评。(shortcoming)

5. 严厉　yánlì　（形）　严肃而厉害：对坏人坏事就该进行～的批评；～的态度。(stern, severe)

6. 责备　zébèi　（动）　批评指责：他没有错，不要～他。(blame, reproach)

7. 除非　chúfēi　（连）　表示除了某种情况以外，在别的情况下，结果都相同：～你去，他才会去；～你去，否则他不会去。(only if, only when / unless)

8. 权力　quánlì　（名）　政治上的或责任范围内的控制力量：国家～；厂长的～。(power, authority)

9. 面子　miàn·zi　（名）　①自尊心：不要伤朋友的～；②情面：有了叔叔的大～，我才有了这份工作。(self—esteem, prestige)

10. 温和　wēnhé　（形）　①（态度、言语等）不严厉、不粗暴，使人感到亲切：态度～；～的语气；②（气候）不冷不热：这里气候～，四季如春。(mild)

11. 身分　shēnfèn　（名）　人在社会上和法律上的地位：他以主人的～招待客人；他的～很高。(status, identity)

12. 乐意　lèyì　（形）　高兴并且愿意：他很～帮助别人。
　　　　　　　　　（动）　满意，高兴：你当面批评了小王，他不～了。(be willing to; be ready to

/ pleased happy）

13. 冷淡　lěngdàn　（形）　不热情，不亲热，不关心：他对那
　　　　　　　　　　　　个人很～；

　　　　　　　　　（动）　不热情地对待：要好好招待，别～
　　　　　　　　　　　　了人。（cold，indifferent，be cold
　　　　　　　　　　　　with）

14. 即使　jíshǐ　（连）　表示假设的让步：～有了很大的成
　　　　　　　　　　　　绩，也不应该自满；～你参加这项
　　　　　　　　　　　　考试，也会像他一样不能通过的。
　　　　　　　　　　　　（注意："即使"表示的条件，可以
　　　　　　　　　　　　是未实现的事情，也可能是与事实
　　　　　　　　　　　　相反的事。）（even if）

15. 侮辱　wǔrǔ　（动）　使别人蒙受耻辱：别～人；如果你
　　　　　　　　　　　　～她，我就打你。（insult）

16. 发火　fāhuǒ　（动）　发脾气：安静点，别～；他没错，别
　　　　　　　　　　　　对他～。（get angry，lose one's tem-
　　　　　　　　　　　　per）

17. 弊病　bìbìng　（名）　害处，毛病：社会～；这种习惯带
　　　　　　　　　　　　来的～很大。（malady，malprac-
　　　　　　　　　　　　ticetice）

18. 官僚主义　　　　（名）　指脱离实际、脱离群众，不调查研
　　guānliáo zhǔyì　　　　究乱发命令的工作作风和领导作
　　　　　　　　　　　　风：反对～。（bureaucracy）

19. 聚　jù　（动）　会集：～会；明天我们～在一起商
　　　　　　　　　　　　量一下这件事。（gather，assemble）

20. 遭　zāo　（动）　遇到（不利或不幸的事）：今年我的
　　　　　　　　　　　　家乡～水灾；他的行动～到了批评。
　　　　　　　　　　　　（come across，meet）

21. 反驳　fǎnbó　（动）　用自己的理由来否定别人的意见：我在会上～了他们的意见。(retort, refuse)

22. 惊奇　jīngqí　（形）　感到吃惊、奇怪：这是个令人～的行动。(surprising)

23. 住宅　zhùzhái　（名）　住房：这是一片居民～区。(residence; dwelling)

24. 本身　běnshēn　（代）　自己，自身：语言～不存在高级与低级的区别。(itself; in itself)

25. 若　ruò　（连）　①如果（较多用于书面语）：他～是明天不来就糟了。②好像：旁～无人。(if / like, seem, as if)

26. 本人　běnrén　（代）　我，自己：～宣布从今日起戒烟；他～对成绩并不满意；她～比她的照片更显年轻。(I, himself, herself)

27. 尊严　zūnyán　（名）　可尊敬的身分或地位：人的～；国家的～。(dignity)

28. 轻视　qīngshì　（动）　不重视、不认真对待：不要～这个工作；不要～那个人。(despise, underestimate)

29. 一旦　yīdàn　（名）　不确定的时间词，表示有一天：如果平时不注意身体，～生起病来，后悔就来不及了。(once, in a single day)

30. 同胞　tóngbāo　（名）　①同父母所生的：～姐妹②同一个国家或民族的人：港澳～；台湾～。(born of the same parents / fellow country man)

31. 动机　dòngjī　（名）　让人做某件事的原因、念头：有好的～，而方法不对，事情会办糟；～不纯。(motive; intention)

32. 气愤　qìfèn　（动）　生气、愤怒：冷淡的服务态度常常使顾客高兴而来，～而去。(indignant; furious)

33. 免得　miǎndé　（动）　以免：早点出发，～误了火车。(so as not to)

34. 敏感　mǐngǎn　（形）　反应很快：她是一个～的人，会理解你的意思，不用多加解释。(sensitive; susceptible)

35. 愈…愈…　yù… yù…　（副）　越…越…：你～说他～气。(more an more, the more... the more...)

36. 慎重　shènzhòng　（形）　谨慎认真：态度～；～地对待这件事；～处理。(cautious, prudent)

37. 轻易　qīngyì　（形）　①简单容易：这次成功不是～得到的；②随随便便：他不～发表意见，更不～批评别人。(easily, lightly, rashly)

38. 即便　jíbiàn　（副）　即使：～下雨，我也去。(even if)

39. 假装　jiǎzhuāng　（副）　故意表现出假的动作或情况：这位乒乓球冠军～看不懂乒乓球。(pretend)

40. 思念　sīniàn　（动）　想念：在国外他经常～家乡。(miss)

41. 无所谓　wúsuǒwèi　（动）　不在乎，没有什么关系：我们都为他着急，他却好像～似的。(don't care)

42. 神色　shénsè　（名）　神情：～自然，～匆忙。(facial expressions)

43. 借机　jièjī　（动）　凭借机会：在北京开会时他～游览了长城。(take the opportunity)

44. 过分　guòfèn　（形）　（说话，做事）超过了一定的程度和限度：～客气，反而让人不舒服。(excessive，over—)

45. 固执己见　（动词词组）　坚持自己的意见，不肯听从别人正
　　gù zhí jǐ jiàn　　确的意见：不要～，想想别人的话是不是对。(stubbornly adhere to one's opinions)

46. 恶意　èyì　（名）　坏的用意：别误会，我没有～。(evil，wickedness)

练　习

一、用正确的语气、语调朗读下列句子：

1. 噢！谢天谢地。
2. 不见得吧。
3. 你看，老师还表扬我了呢。
4. 你看，这么多错别字。
5. 老师只是说"希望"嘛，难道这也是批评？
6. 这有什么，错了当然应该批评。

二、用下列的汉字组词。

恩　　祝　　意　　身　　发

三、说出下列各词的反义词：

认真　表扬　严厉　委婉
看不起　恶意　轻视　冷淡

四、给课文的五个段落加上标题：

[I]

[II]

[III]

[IV]

[V]

五、造句：

1.“谢天谢地”，表示一种庆幸的语气。例如：

　　a. 去广州的卧铺票很紧张，可是我却买到了，真是谢天谢
地。

　　b. 考试终于结束了，谢天谢地！

请用“谢天谢地”扩展下列句子：

　　①病好了。

　　②丢失的书又找到了。

　　③一只很漂亮的玻璃杯掉到地上，却没有打碎。

2.“不见得”

表示不同意别人的意见，认为事实上不一定是对方所说的那
样。语气较委婉。例：

a. A：王迪明天可能会到南京。

　　B：不见得。我看没这么快，大概还要过几天才能到。

b. A：个儿大的西瓜一定不错。

　　B：不见得，也可能是生瓜。

请用“不见得”回答下列句子：

①A：明天一定很热。

　　B：

②A：这孩子很聪明，学习成绩一定不错。

　　B：

③A：要了解一个国家，只要学好这个国家的语言就行了。

B：

3．"难道……（吗）？"

用来构成反问句，含有反问或怀疑语气，表明说话人的想法不是这样。例如：

     a．今天天气这么好，难道明天还会下雨吗？

     b．你怎么要现在出去，难道你没看见外面正下大雪？

请用"难道……（吗）？"改写下列句子：

①你看见麦迪正在学习吧，别去打扰他。

②小赵没来，是不是病了？

③明天，同学们都要出去旅游，你当然也去，是不是？

4．"除非"

表示除了某种情况以外，别的情况下，结果都相同。例如：

     a．明天我一定要去上海，除非明天有考试。

     b．小宋是个足球迷，今晚的足球比赛他一定会来观看，
       除非他病了。

请完成下列句子：

①老师一般不严厉批评学生，除非_____

②除非_____，否则我是不会去玩的。

③除非_____，不然就很难治好他的病。

5．"这有什么"

反问句，表示"没什么"、"没关系"等等，常用于口语中。例如：

a．A：谢谢你帮了我这么大的忙。

   B：这有什么，老朋友嘛。

b．A：麦克尔的汉语说得这么好，真不简单。

   B：这有什么。中国人比他说得还要好。

请用"这有什么"完成下列句子：

①A：真倒霉，我的自行车坏了。

B：

　②A：别喝那么多酒。

　　　B：

　③A：给你添了这么多麻烦，真不好意思。

　　　B：

　6. 即使（即便）

　　表示假设和让步，就是。通常有两种情况：①即使…也（还）…，前后两部分指有关的两件事，前部分表示假设，后一部分表示结果或结论不受这种情况影响。例如：

　　　a. 即使你说错了，也不要紧。

　　　b. 即便再晚一小时出发也还来得及。

　②即使…也（还）…前后两部分指同一件事，后一部分表示退一步的估计。例：

　　　a. 这季节即使下雨也不会太大。

　　　b. 电影票即使有也不多了。

　请用"即使…也（还）…"改写下列句子：

　①如果下雨我们也去。

　②你应该经常说汉语，说错了也没有关系。

　③你说你有很多照相机，我看不见得，就是你真的有，大概
　　也不多。

　④哪怕你说的话是对的，也不应该用这种不礼貌的方式说。

六、语段表达

　　用下表提示的内容说一段话，比较中国人和你们国家的人开展批评的方式有什么异同。

语段框架		或者		句际组合方法
主题句		主题句		参见2—5课
相同点：①小主题句 　　　　②举例		中　　国：①小主题句 　　　　　　②举例		
不同点：①小主题句 　　　　②举例		我的国家：①小主题句 　　　　　　②举例		
结束句		结束句		
本课新词语： 委婉　　严厉　　面子　　责备　　温和 尊严　　一旦　　免得　　轻视　　即使……也…… 发火　　反驳　　冷淡　　除非　　愈……愈……				

七、文化情景读和说

下面五段短文，显示自尊的人们的种种情景。快速阅读，然后讨论并回答短文后边的问题。

摸　纸　团

"真倒霉!"刘文安摸到的纸团正是那个有红点的纸团，这表明他必须作为小组代表在明天的会上发言，批评他的同事林景新不遵守劳动纪律的行为。

他找到工会组长，请求不要让他在会上发言。

"这怎么行"，组长说："你不发言叫谁发言。"

刘文安想了想跑到医务室，准备搞张病假条，明天就可以有理由不参加批评会了。

他坐到医生跟前，假装咳嗽了两声："医生，我头痛、发烧，大概是感冒了。"

　　医生让他张开嘴巴看了看，然后又给他量了量体温，奇怪地说："你温度很正常呀。"

　　"刚才我在家里量有 39 度呢。"刘文安假装很痛苦的样子："医生，你给我开张病假条吧。"

　　医生拒绝了。

　　刘文安垂头丧气地从医务室出来，他真不知明天该怎么办才好。

　　（据晋川《摸纸团》改写，见《处理原子弹》，团结出版社 1990年版）

选择正确的答案：

1. 大家为什么要摸纸团？

　　　　①因为想发言的人很多，只需要一个代表。

　　　　②因为大家都不愿意发言。

　　　　③因为刘文安不愿意发言。

2. 刘文安为什么不愿意发言？

　　　　①因为他不认识林景新。

　　　　②因为他生病了。

　　　　③因为他不愿意批评别人，怕伤人自尊，使人家恨自己。

错　　过

　　自从和丽亚分手后，他一直心情不好，觉也睡不好，书也不想看，总是想着和丽亚在一起的点点滴滴。但是他没有把失恋的痛苦表现在脸上，在别人面前，总是一副无所谓的表情。

　　说起来，他和丽亚是从小学到大学的同学。在别人眼中，他俩是很合适的一对。他很喜欢丽亚，可是不知为什么，他总是害怕丽亚不喜欢自己，由于害怕冷淡、害怕拒绝、害怕伤害，因此他不敢对丽亚有太多的表示。这种不冷不热的关系一直保持到毕业那年。在李老师的帮助下，两人才确定了恋爱关系。可后来丽亚来信说不谈了。他捧着来信一遍又一遍地读，越读心里越发冷。他没有去找丽亚问个明白，就答应了。为了自尊，他在回信中说："其实，我也很想解脱这层关系了……"信里最后还写上："祝你幸福！"

从那以后，别人为他介绍过几个女孩，他总是对人家很冷淡，把女孩子都气跑了。别人问他是不是忘不了丽亚，他却不承认，笑笑说："过去的事，早就忘了！"

其实他自己是最知道自己的心的，每当夜深人静，他就思念丽亚，心里十分痛苦。

几年很快过去了，一次他回到母校，李老师知道他到现在还没有结婚，十分惊奇。他也不知怎么的，一下子向李老师说出了心里话。

李老师惊呆了，赶忙找出一封信给他，这封信还是丽亚当年写给李老师的。丽亚在信里谈了他们的关系，告诉老师："……我们没有矛盾，更没有吵过架。可我觉得和他同学十多年又相爱一年，却一直看不清他的心，我要的是一个真正爱我的人。我写信对他说不谈了，是想看看他是不是真的爱我。可他却说无所谓，正好解脱……"

他苦笑起来，想起当年他给李老师的信，说什么他和丽亚的爱是别人的误会……

现在能怪谁呢？

（据娄素素《错过》改写，见《小小说选刊》1988年第1期）

回答下面的问题：

1. 课文中的"他"爱丽亚吗？他为什么不敢有太多的表示？

2. 丽亚爱不爱"他"？她为什么要写信告诉"他"不谈了？

3. 既然"他"爱丽亚，可为什么丽亚写信说不谈了，他却说无所谓呢？

4. 如果丽亚现在还没有结婚的话，"他"还会去找她吗？
5. 你认为丽亚的做法好吗？

吃 面 条

读研究生时，同学们几乎每晚都要到校门前的小吃店去吃面条。

有一次，我们几个人手里没有钱，几个晚上都没吃面条了。大家一商量，决定让手里一向有钱却又极节省的小林请客。小林一听，先是一阵犹豫，然后爽快地说："行啊。"大家立即高兴地说："走啊，小林请客啦！"小林一看，有点后悔，但是也不好再说什么，只好犹犹豫豫地走在后面。

到了小吃店。小林赶忙说："我吃菜面就行了，你们呢？"菜面便宜，他本以为他这样说，大家一定会和他一样。没想到老王说："那我就不客气了，来碗三鲜面吧。"小林的神色更加不自然了。为了"照顾"他，我和小李都点了菜面。吃面条时，小林一句话也不说，我们则忍着笑。出了小吃店，终于哈哈大笑起来。

后来我们才知道，小林正好这个月替女朋友买了条裙子，剩下的钱准备买本书，却被我们"吃"了。

现在，同学们都各奔东西了，但谁也忘不了校门前的那个小吃店，忘不了那一碗面条里装着的浓浓的同学情。小林来信说，连那回的"吃面条"，在记忆中也显得那么亲切呢！

（据张明《吃面条》改写，见《扬子晚报》1991 年 4 月 4 日第 3 版）

回答下面的问题：

1. 很明显小林不愿意请客，为什么他不拒绝大家呢？
2. 小林为什么先提出来要吃菜面？
3. 三个同学为什么吃完面条后哈哈大笑？他们笑什么？他们知道小林不愿意请客吗？他们与小林是什么关系？

棋　艺

他又回家发火了。

近来他常常回家发火，莫名其妙地发火。

在厂里，他不能发火。虽然这"火"就是从厂里带来的，但是，他是一厂之长，发火有失身分。

在家里，他不担心。

妻子和儿子一看他发火，转身就走，谁也不理他。儿子有时候还会说他两句，说得他更气。只有女儿最好。只要一看他发火，这个十九岁的女大学生，就会捧上棋盘，拉他坐下。"爸爸，我们杀一盘。"

说话间，女儿已摆好了棋盘，认认真真地坐在对面等他下棋。他不得不静下心来，专心对付面前这个大学里的象棋冠军。

想当年，他棋艺是有名的，至今仍不减当年。女儿虽然是学校里的冠军，可在他面前还是不行。这不，三下两下，就被他杀得高举白旗了。

"你呀，你呀，怎么总是输呢？"

女儿一扭身："爸，您是师傅呀，徒弟再强，也超不过师傅的！"

他的"火"消了，气也平了，还是女儿理解自己。要是厂里的人懂得这一点，就会让他继续当厂长，不更换年轻的人了。

今天他回到家里已经很晚了，只见女儿正和隔壁的小李在下棋。他不愿打扰他们，便悄悄站在一旁观看。小李是他的得意徒弟，下棋的方法完全跟他一样。他正为女儿担心，谁知女儿不急不忙，步步进逼。不到二十分钟，就逼得小李低头认输。

看到女儿得意的样子，他突然明白了许多……

（据齐平《棋艺》改写，见《微型小说选》，江苏文艺出版社1983年版）

讨论并回答下面的问题：

1. 既然是厂里人使他生气，他为什么不在厂里发火却在家里发火？
2. 他女儿下棋是真的不如他吗？为什么他女儿总是输呢？
3. 最后，他突然明白了什么？

师 生 纠 纷

如今，很多中国人在海外求学，东西方不同文化的矛盾，使他们经历了种种"文化休克"（culture shock）的苦恼。

李在美国某大学学习，由于英语不过关，他听课非常吃力，因而成绩不理想。其中有一门课最让他头痛。为了能得到照顾和帮助，李经常义务地帮教这门课的教授干些私活，希望能与这位教授搞好关系。

有一次，在帮教授干活时，因为一些技术问题弄不清，李老找那位教授说话，教授给惹烦了，对李发了火。后来，教授道了歉。可李仍非常难受，好多天都情绪不好。他再也没去上那位教授的课。李认为，自己替教授干活是额外的人情，可这位教授不但不领情，反而当着别人的面乱发脾气，这实在让他受不了，因而对教授非常不满。他想，教授一定是对自己有看法，这门课肯定得不到好分数，于是便想退课，又怕教授不让退。

他希望通过学校出面帮他解决这个问题。随后的几天，校长室、研究生院、外国留学生部等部门不断往系里挂电话，说有一个中国留学生李在他们那儿提意见。系主任找李谈话，希望他和教授能谈一谈，当面交换意见，李不断点头称是，却什么也不说。系主任满脑袋不解，不知李是什么意思，最后，系里开了一个面谈会，请李来谈。李似乎是很不愿意地来了。他先说了一大通自己如何如何尊敬这位教授，然后又举了一堆理由说明自己为什么要退课。教授二话没说，立刻就签了字同意李退课。李非常意外，没想到事情如此简单。系主任则非常生气，早就让李和教授当面谈一谈，李就是不听，白白浪费别人这么多时间。

讨论并回答下面的问题：

1. 李为什么对教授当面发火受不了？

2. 李为什么不愿找教授直接说出自己的意见却向学校提意见？

3. 你能理解这样的事吗？如果你是李，你会怎么做？

八、跨文化交际问题讨论：

1. 当一个人在公开场合受到了批评，会怎样表示？

　　　　中国人——

　　　　你自己——

2. 当领导或长辈做错了事情时应怎样做？

　　　　中国人——

　　　　你自己——

3. 如果朋友们想要一个人请客，而这个人又不太愿意时，他会怎么办？

　　　　中国人——

　　　　你自己——

4. 当需要一个人在公开场合批评别人时，这个人会怎样做？

　　　　中国人——

　　　　你自己国家的人——

5. 如果别人的批评是对的，但批评的方式很严厉。受批评的人会怎么样？

　　　　中国人——

　　　　你自己国家的人——

6. 在游戏和玩乐中，一个人赢了好几次以后发现对方不快乐时，他会怎样做：

　　　　中国人——

你自己——

7. 两个朋友，年纪一样大，一个能力强，一个能力差。能力强的在一个重要的考试中成功了，另一个失败了。这时，成功的人会对失败的人说什么？

中国人——

你自己——

第七课 言不及利

谁 付 钱？

【Ⅰ】（周末的傍晚，威廉和姚远力两人看完电影，走出电影院，进了一家个体户的小吃店，每人吃了一碗面条，二两饺子。）

威　廉：（满意地）啊，吃得很饱。味道也不错。

姚远力：（叫服务员）师傅，请结账。

　　　　（姚远力付钱）

威　廉：多少钱？我的应该我来付。

姚远力：算了，我一起来吧。

威　廉：不！不！不！我自己的账应该我自己付。另外还有刚才的电影票钱，一共是多少？我俩对半分摊。

姚远力：算了，算了，老朋友，干嘛算那么清楚？

威　廉：我有钱，真的！我不需要你替我付账。

姚远力：咳，我没说你没钱呀。好啦，快走吧。

威　廉：可是我应该付钱。回去我把钱给你。

姚远力：你真是的！告诉你吧，在我们中国，亲人、朋友一起外出吃饭或游玩，不会各人只付各人的账，一般都主动替别人付钱，不然彼此就好像是陌生人似的，这在我们中国人看来就不像朋友了。这么一点钱，无所谓的，何必每次都算得清清楚楚。

威　廉：为什么不算清楚呢？和中国朋友出来玩，你们总是抢着付钱。我不明白，你们钱也不多，干吗要这样？

姚远力：这大概是中国人认为朋友之间应该让自己吃点亏，不要让朋友吃亏吧。

威　廉：不过，我不愿意总是让中国朋友为我付钱，我也不愿意让朋友吃亏呀。

姚远力：这好办，下次我俩出来玩，你出钱就是了。

威　廉：还有没有别的好办法？

姚远力：最好各自付钱买不同的东西，比如说上饭店，可以一个人买菜，一个人买饮料。钱多钱少是无所谓的，但决不对半分摊。如果你没机会付钱，也可以用别的方式回报：赠送礼物或请朋友看戏什么的。总之，要好的朋友之间是不会为一点儿钱算得清清楚楚的。

威　廉：如果花钱很多呢？也不算清楚吗？

姚远力：花钱很多的话，大家可以合付，但也不是每人只出自己那一份，还有，要是男孩子约女孩子出来玩，一般都是男的"掏腰包"，除非女孩子坚持也要出钱；主人陪客人玩，钱一般由主人出。事后也不能再提钱的事。

【Ⅱ】

威　廉：可我在市场买东西时，怎么经常看见中国人为了几分钱讨价还价，有时还会为一点儿钱争得面红耳赤？

姚远力：那是在市场，买卖双方互不相识，他们之间只有钱的关系，自然每分钱都算清楚。如果是熟人，就不会这样了。

威　廉：又是内外有别，是不是？朋友、熟人是满腔热情地照顾，甚至愿意自己吃点亏；对陌生人却是另一副面孔，市场上有的人还故意提价，欺负我们外国人。

姚远力：（笑）那倒不是欺负你们外国人，而是因为你是陌生人，比如说，我到市场买东西也照样上当。

威　廉：真的？你也上当？

姚远力：当然，恐怕比你上当还多些呢。有些个体户的确很不像
　　　　话。所以人们总爱上国营商店买东西，那里的价钱是固
　　　　定的、公开的。

威　廉：你这么一说我心里明白多了，原来你们中国人也照样吃
　　　　亏上当，我还以为那些商人专门欺负我们外国人呢。

姚远力：那倒不是，他们只是不择手段地追求金钱罢了。但就是
　　　　这样的人，对他们的朋友也是十分大方，不会斤斤计较
　　　　钱的。

威　廉：对，你们对朋友的确很大方。有一天我看中了刘方收集
　　　　的邮票，我说要拿钱买，他却不肯，非要送给我，弄得
　　　　我很不好意思。

姚远力：那当然，朋友的东西，常常只送不卖，一卖似乎就好像
　　　　只有金钱关系，没有交情了。收下的人往往用其他价钱
　　　　差不多的礼物回送，不会直接给钱的。

威　廉：唉，不了解这些，交际中就会碰到障碍，有时真不知如
　　　　何处理才好。哎，你说，要是借了亲戚朋友的钱，也可
　　　　以不还吗？

姚远力：借钱当然要还。只有借父母的钱，可以不直接还钱而用
　　　　其他方式代替。当然，如果借的钱很多，就应该直接还
　　　　钱。借钱的人应该记住早点还钱，被借的人，要求归
　　　　还，也会说得很客气。如果借的钱很少，比如只有几毛
　　　　几分，还钱时被借的人还会觉得不好意思收，常会说：
　　　　"这点钱，算了，算了。"

威　廉：你们中国人对钱的看法确实跟我们不一样。我们在金钱
　　　　方面一般分得清清楚楚，是一就是一，是二就是二，决
　　　　不为别人多花钱，连亲人也不例外。

【Ⅲ】

姚远力：中国人则相反，重人情，轻金钱。中国有句古话："君子

喻于义，小人喻于利"，就是说品质高尚的人重视情义，而品德低下的人才看重钱物。所以，亲朋好友之间，不能计较金钱多少，以免伤害相互的感情，收到礼物，也不会马上打开看看里面是什么，怕被人看作重物不重人，没有教养。会赚钱的人并不一定被尊重，而受尊敬的人如真正的艺术家、科学家、教师等，在中国人的传统观念中，是不能去追求金钱和报酬的。

【Ⅳ】

威　廉：（笑）所以这些人一般都比较穷，是吧？那么中国有没有人把钱看得很重，却不顾人情的？

姚远力：当然也有。特别是现在商品经济越来越发达，一些人就变得一切只"向钱看"，甚至兄弟姐妹之间也有为钱争吵，以至于上法院的。不过传统的中国人还是不喜欢为了一点钱斤斤计较。尽管有不少人在内心里非常喜欢钱，可是外表上却不会表现出来，以免被人看不起，丧失声誉。

威　廉：有意思。其实钱也不是什么坏东西。（想了想）小姚，我知道你们中国学生没工作，平时零用钱很少。今天我俩出来玩，都是你付钱，这不太好。你看是不是这样，看电影的钱你付，吃饺子应该由我请客，怎么样？你是一位非常好的朋友，给了我很多帮助，我应该请你吃一次饭。我不是计较钱。

姚远力：（笑）好吧，真拿你没办法。

生　词

1. 利　　　lì　　　（名）文中指"金钱"：～息，～润。
　　　　　　　　　　　　　（money）

2. 个体户 gètǐhù　　（名）指独立经营商店、作坊等的个人或
　　　　　　　　　　　　　家庭：～商店，～饭店。（private

business (or family))

3. 结　　jié　　（动）　收来，完：～账；～算；～局。(settle, close)

4. 账　　zhàng　　（名）　金钱、债务：算 ～，结 ～。(account)

5. 对半分摊　　（短语）　一人分担一半：一百元的账，你出
　　duì bàn fēn tān　　五十，我出五十，我俩～。(to go Dutch, each pays half of the total amount)

6. 彼此　　bǐcǐ　　（代）　①那个和这个；双方：不分～，～互相帮助。②客套话，表示大家一样（常重复叠用做答话）；"您辛苦啦!"，"～～。""你的学习进步很快""～～。"(each other, So do you)

7. ……似的　　（助）　跟某种事物或情况相同，一样：像
　　shì·de　　雪～那么白；跑起来像飞～。(like)

8. 何必　　hébì　　（副）　为什么要；用反问语气表示不必：既然不会下雨，～带伞。(why, why should)

9. 各自　　gèzì　　（代）　各人自己；作业～做，不要讨论。(each)

10. 饮料　　yǐnliào　　（名）　喝的东西，如酒、汽水等：吃饭时最好有点～；你喜欢喝什么～? (drink; beverage)

11. 照样　　（副）　①依照某个样式：照着样子画。②
　　zhàoyàng　　跟原来一样：虽然考试成绩很不好，可小胖还是～贪玩。(after a pattern

or model/in the same old way; all
the same; as before)

12. 赠送　zèngsòng　（动）　无代价地把东西送给别人：～礼物。
　　　　　　　　　　　　　（present as a gift）

13. 要好　　　　（形，动）　朋友之间关系好：～的朋友。许杰
　　　yàohǎo　　　　　　　跟戴维很～。（be on good terms，be
　　　　　　　　　　　　　a pal）

14. 花费　huāfèi　（动）　使用掉：～金钱；～心血。
　　　　　huā·fei　（名）　指使用掉的钱：出去旅游要不少～。
　　　　　　　　　　　　　（to spend，cost，use/money used）

15. 掏腰包　　　　（动）　指出钱，花钱：我买东西，不能让
　　　tāoyāobāo　　　　　你～。（to pay for）

16. 讨价还价　　　（动）　①在市场上买卖双方对货物的价格
　　　tǎojià-huánjià　　　进行讨论：他俩在～，卖主要求给
　　　　　　　　　　　　　五十元，而他只肯付四十元。②比
　　　　　　　　　　　　　喻在接受任务或在谈判时提出种种
　　　　　　　　　　　　　条件：做工作不要～。（bargain，
　　　　　　　　　　　　　make a bargain）

17. 面红耳赤　　　（形）　因为激动、生气、害羞等满脸通红
　　　miàn hóng ěr chì　　的样子：这个问题她回答不出来，羞
　　　　　　　　　　　　　得～。（flushed）

18. 满腔　　　　（形）　充满心中：～热情；～仇恨；～愤
　　　mǎnqiāng　　　　　怒。（have one's bosom filled with）

19. 面孔　　　　（名）　脸：熟悉的～，热情的～；板着～。
　　　miànkǒng　　　　　（face）

20. 欺负　qī·fu　（动）　用无理的方法侵犯、压迫、侮辱：～
　　　　　　　　　　　　　人；不许～孩子。（bully，treat sb.
　　　　　　　　　　　　　high－handedly）

21. 不像话 búxiànghuà　（形容词性短语）　不好，无礼，（口语）：你怎么能欺骗别人真～。（unreasonable, outrageous）

22. 国营　guóyíng　（动）　由国家所有、经营的：～企业；～商店；～工厂。（state—run）

23. 固定　gùdìng　（形）　不变动的，不移的：～的工作；～办法。

　　　　　　　　　（动）　使固定：请帮我把这幅画～住。（fixed）

24. 不择手段　bù zé shǒuduàn　（形）　用尽各种办法，不管是好的还是不好的（含贬义）：要达到目的就～，损害别人，这很不道德。（by fair means of toul；by hook or by crook；unscrupulously）

25. 追求　zhuīqiú　（动）　①争取、要求达到某种目的：～真理；～艺术。②特指向异性求爱：小王正在～那位姑娘。（to pursue, to seek for, to court）

26. 金钱　jīnqián　（名）　钱：～买不到幸福。（money）

27. 罢了　bà·le　（助）　用在陈述句末尾，表示"仅此而已"：我不过帮了你一点小忙～，没什么。

28. 大方　dàfāng　（形）　①对财物不看重，不小气不吝啬：他是个～的人，肯为朋友花钱；丽丽出手～，一送礼就是几十元。②行为举止自然、不拘束：举动～；说话～。③样式、颜色等不俗气：这衣服样式很～。（generous, liberal/

— 106 —

natural and poised; easy; unaffected/in good taste)

29. 斤斤计较　　（形，动）　过份算计，计较：别对小事～。(to
　　jīnjīn-jìjiào　　　　　haggle over every ounce, be calcu-
　　　　　　　　　　　　lating)

30. 中　　zhòng　　（动）　①正对上，正巧合上：猜～了；看
　　　　　　　　　　　　～了；说～了他的心思。②受到：～
　　　　　　　　　　　　毒。(hit, fit exactly/ be hit by, be
　　　　　　　　　　　　affected by, suffer)

31. 收集　shōují　　（动）　收罗聚集：～民间故事；～图片。
　　　　　　　　　　　　(collect, gather)

32. 障碍　zhàng'ài　（名）　阻挡道路使不能顺利通过的东西：
　　　　　　　　　　　　克服不同语言带来的～，达到交际
　　　　　　　　　　　　目的。(obstruction, obstacle, barri-
　　　　　　　　　　　　er)

33. 催　　cuī　　　（动）　要求别人快点行动：快八点了，你
　　　　　　　　　　　　去～他快一点起床。(to urge)

34. 品质　pǐnzhì　　（名）　①人在行为上表现出的思想、认识
　　　　　　　　　　　　水平和本质：他这个人～很好。②
　　　　　　　　　　　　物品的质量：中国瓷器～优良。
　　　　　　　　　　　　(character; quality)

35. 高尚　　　　　　（形）　①道德水平高：他一心帮助别人，是
　　gāoshàng　　　　　　一个很～的人。②有意义的、趣味
　　　　　　　　　　　　高的：～娱乐。(noble, not vulgar,
　　　　　　　　　　　　decent)

36. 情义　qíngyì　　（名）　相互间有的感情：兄弟～；夫妻～。
　　　　　　　　　　　　(friendship, love)

37. 品德　pǐndé　　（名）　品质与道德水平：要培养好～。

(morality)

38. 低下　dīxià　（形）　水平、地位等在一般标准下面：道
德水平～；社会地位～。（low－
grade）

39. 看重　　　（动）　重视：～内心情操，还是～钱财外
kàngzhòng　　貌，不同的人在选择生活伴侣时有
不同的追求；小王很有能力，领导
很～他。　　（value，regard as
important）

40. 以免　yǐmiǎn　（连）　为了避免某事发生：天凉了，多穿
点，～感冒。（to prevent，in case）

41. 教养　　　（名）　①文化和品德的修养与水平：要做
jiàoyǎng　　一个有～的人；～好。②对下一代
的教育和培养：这孩子要好好～。
（manners showing，a person's cul-
tural background；educate）

42. 赚　　zhuàn　（动）　（通过经营）获得钱，得到钱：他很
会做生意，这次去广州经商，又～
了不少。（to earn money）

43. 艺术家　yìshùjiā　（名）　从事艺术工作并有较高水平的人：
～丰富了人们的生活。（artist）

44. 报酬　　　（名）　使用别人的劳动、物件等而付给别
bào·chou　　人的钱或物：做这项工作～很高；这
是义务劳动，没有～。（reward）

45. 争吵　　　（动）　争论，吵架：不要为一点小事～不
zhēngchǎo　　停，伤了感情。（quarrel，wrangle，
squabble）

46. 以至于　yǐzhìyú　（连）　用在下半句话开头，表示前面所说

事情产生的结果：天气一会儿很冷，
一会儿又很热，～许多人不适应而
感冒了。(down to，up to；so…that
…)

47. 法院　　fǎyuàn　　（名）　行使审判权的国家机关：罪犯由～
　　　　　　　　　　　　　　判决。(court)

48. 声誉　　shēngyù　（名）　声望和名誉：这家商店因为服务态
　　　　　　　　　　　　　　度好而赢得了～，顾客都爱来这儿
　　　　　　　　　　　　　　买东西。(fame，reputation)

49. 零用钱　　　　　　（名）　小数目的、支付生活费用以外的钱：
　　língyòngqián　　　　　　父母每月给孩子一点～，让孩子买
　　　　　　　　　　　　　　点他想要的东西。(pocket money)

练　　习

一、朗读下列句子，注意语气和语调。

　　1. 算了，我一起来吧。

　　2. 不！不！不！我自己的账应该我自己付。

　　3. 算了，算了，老朋友，干嘛算那么清楚。

　　4. 我有钱，真的！

　　5. 咳，我没说你没钱呀。好啦，好啦，走吧！

　　6. 你真是的！

　　7. 就这么点钱，不需要每次都算得清清楚楚。

　　8. 好吧，真拿你没办法。

二、解释下列带点的词语。

　　1. a. 这是一家个体商店。

　　　 b. 群体是由个体组成的。

　　2. 算了，算了，老朋友，干嘛算那么清楚。

　　3. a. 这件行李比那件重。

b. 别把分数看得那么重。

4. a. 父母每个月都给孩子一点零用钱。

b. 我只带了一张十元的，没带零钱。

5. a. 来两碗水饺。

b. 你别干了，还是我来吧。

6. a. 这顿饭我请客，你们不用管别的，只管吃。

b. 今天他家请客，买了很多菜，一家人都在忙。

三、给课文的五个段落加上标题：

〔Ⅰ〕

〔Ⅱ〕

〔Ⅲ〕

〔Ⅳ〕

〔Ⅴ〕

四、造句

1. "真是的"，用在口语中，表示一种不满、责备或感叹的语气。例：

a. 这天也真是的，这么热！

b. 你也真是的，有什么话好好说，跟他吵什么！

请把"真是的"加入下列句中适当位置：

①这人怎么这么不讲理？

②这么差的东西还这么贵！

③我说了半天，他还没明白。

④昨天晚上，一个小伙子把我丢失的皮包送来给我，结果他连一口水也没喝就走了，也没留下姓名。唉！

2. "各人付各人的"指每个人只付自己的钱。例：

a. 各人想各人的，不要讨论。

b. 各人说各人的，意见无法统一。

c. 各班有各班的教室。

请用"各～各～的"改写下列句子。

①考试时，不要看别人的答案。

②别人的东西不要乱用。

③每个人都有自己的性格。

④每个国家都有不同的风俗习惯。

3."以至于"，连词，表示某件事到了一种较高的程度或有较严重的结果。例：

  a. 他生病了也不去看，以至于病情越来越严重。

  b. 上课时，丽达有问题也不愿意问，以至于问题越来越多。

  c. 亚瑟勤学好问，以至于进步越来越快。

请用"以至于"造几个句子。

4."真拿……没办法"，指没有办法说服某人，或改变某事。例：

  a. 这是一种很奇怪的病，医生们都拿它没办法。

  b. 张横太不讲理，大伙儿拿他没办法。

请用"拿……没办法"说几个句子。

五、把下面的句子按顺序排列成短文。

①他一定不好意思告诉你每小时多少钱

②你最好先向别人了解一下每小时应付多少钱

③要是你请一个朋友为你辅导汉语

④然后告诉你的朋友你愿意付多少

⑤这怎么办呢？

⑥别问他"我应该付你多少钱？"

⑦不管他如何推让，付的时候最好把钱放在信封里给他。

六、语段表达

请自己设计一个语段框架，运用自己已经学过的句际组合方法和下列词语谈谈你遇到的与付钱有关的事。

花费	结账	掏腰包	各…各…	彼此
各自	计较	大方	以免	障碍
以至于	真拿…没办法			

（本课新词语）

七、文化情景读和说

下面是五篇短文，表现了中国人对钱的种种态度。快速阅读，然后讨论并回答短文后边的问题。

分　账

三毛是台湾著名女作家。她曾经到美国芝加哥伊利诺斯大学学习。一次，法学院的一个男生约三毛去喝咖啡，吃甜饼。随后，小伙子又开车带着三毛去湖边玩。美丽的月光，静静的湖水，三毛觉得很愉快。晚上，小伙子送三毛回去，到了宿舍门口，他问："Echo（三毛的英文名字），刚才喝咖啡的钱我俩对半分摊，你不介意吧？"口气很有礼貌。

三毛马上打开皮包，把钱递过去。她无法理解眼前的一切，愉快的心情也一扫而空，心想，这么美丽的月光下，一对青年男女为了一点咖啡钱在分账，真是只有美国才有的"浪漫"啊！

讨论并回答：

1. 三毛对分账的事是否介意？为什么？
2. 如果小伙子是中国人，他一般会怎么做？
3. 你对这样的事有什么想法？

一　张　借　条

1936 年，住在上海的著名文人阿英（钱杏邨）仍是一位穷书生，经常是吃了上顿愁下顿。这一天，他又缺钱用了，不知如何是好。这时，他想起在时代图书公司任职的朋友王永禄，于是写了一张条子派一个人送交王永禄。王永禄打开便条一看，原来是张借条，上面写着：

"永禄兄：请交来人大洋壹元"

两浑 ×月×日

王永禄对"两浑"这个名称先是一愣，然后大笑起来，可最后又对阿英的境况很同情，知道他急需钱用，借钱又怕被人知道，于是立即从自己口袋里掏出壹元钱交给来人送给阿英。

（据林淇所摘《阿英的一张借条》改写，见《新华文摘》1990年第 5 期）

讨论并回答：

1. "浑"的反义词是"清"。"两浑"是什么意思？

2. 阿英为什么不在借条上写下自己的名字，却用"两浑"这个名称？

3. 阿英为什么不亲自来借钱？

肉　　钱

钱演在自由市场摆肉摊，以卖肉为业。他在的这个市场是个热闹地方，每天提着菜篮，来来往往买菜、买肉、买鱼、买蛋的人很多。钱演肉摊上的百来斤肉也总能卖完。钱演的脑袋可是纯经济型的，凡是能赚钱处，他就一定要赚。每天与顾客讨价还价，斤斤计较，变着法儿把城里人不爱吃的大肥肉混在瘦肉里卖给别人。就连熟人、朋友来买肉，也一定要严格按斤两收钱，只是肥肉比别的顾客少些。大家嘴上不说什么，心里却不是味儿，钱演自己倒也有理："做买卖哪有不赚钱的？我要是每天送人情的话，怎么赚钱？"

有一次，他的一位邻居请客，来买了不少肉，可是付钱时，却发现带少了，说好回头补上。这一天钱演卖完肉，收了摊，回到家里，正巧在门口碰上那邻居正在送客。招呼了两句，钱演就毫不客气地说："今儿您还差我的肉钱，晚上我要结账，最好您现在还我"。邻居愣了一下，随后红了脸，立刻跑回屋里拿了钱还给钱演，事后，邻居对别人谈起这事，摇摇头说："钱演这小子……"

讨论并回答：

1. "钱演这小子……"是什么意思？邻居说这话是满意还是不满意？为什么？

2. 你认为钱演的做法对不对？为什么？

艺术家与广告

广州南方制药厂生产的胃药"三九胃泰"出名以后，市场上出现了一些假的"三九胃泰"。为了维护声誉，南方制药厂决定邀请艺术界的名人做电视广告，经人介绍，他们邀请了中国著名话剧艺术家李默然。

当时，中国戏剧协会正在请李默然为中国第二届戏剧节筹款。为了能够得到企业家们的支持，李默然反复考虑，最后才同意为"三九胃泰"做电视广告。南方制药厂为此拿出二万元赞助中国第二届戏剧节。

没想到"三九胃泰"电视广告播出之后，影响很大，到处是一片批评声。还有不少传说，有的说李默然得了三万元广告酬金，有的说他盖起了小洋楼，还有人说他得了一辆小轿车……。不少观众也写信给他，说广告破坏了李默然的美好形象。

李默然说，如果是为了钱，我就不会干了。我拍电视广告是出于对假冒商品的愤恨，是为了维护老教授们艰苦奋斗几十年的科研成果，也是为了使发展困难的中国戏剧能得到企业的支持。

（据李葵南《话剧艺术与电视广告》改写，见《新民晚报》1990年11月1日第2版》

1. 李默然做电视广告为什么会受到批评？你对此有什么看法？

2. 在你的国家，艺术家是不是经常做广告？

3. 请你谈一谈对艺术家做广告的看法，并请用上下列词语：

   赚钱　　追求　　声誉　　看重

一 块 钱

商场门口，一块钱躺在地上，不知是谁丢失的。来来往往进进出出的脚在钱边踏来踏去。

"嘿，一块钱！"两个小伙子跨过钱走进商场，两人谁也没有停下。

一位穿着时髦的姑娘看了钱一眼，继续往前走，钱被高跟鞋踩中，沾上了污泥。

一位妇人走过来，看到钱，眼睛一亮，赶紧向那一块钱走去。同时从商场里走出来一对中年夫妇，那男的也向那钱走去。

"回来！"妻子紧走几步，把男的一把拉住，"别给我丢人现眼！"

那妇人弯腰正要去捡钱，又立刻把手缩了回去，自言自语："一块钱！"然后也走开了。走了几步，又回头看了看那地上的钱。

"妈妈，钱——"一个小女孩喊着。"算了，别管它！"妈妈把孩子拉走了。

一个小学生停下来，看了看周围，慢慢拾起钱，在衣服上擦了擦，向马路边的岗亭走去。值班的交通警和小男孩说了几句什么，孩子便走向了不远的救灾捐款台。

讨论并回答：

1. 人们为什么不捡这一块钱？请选择你的答案：

   a. 钱太少。

   b. 钱很脏。

　　　　c. 怕被人看见，不好意思。

　　　　d. 不愿意捡别人丢失的东西。

　　2. 如果你看见了这一块钱，你会怎样？

八、跨文化交际问题讨论

　　（一）、选择答案：

　　1. 别人借了你一百元钱，现在还给你，你正好需要用钱，你应怎么回答？

　　　　　　在你的国家——

　　　　　　在中国——

　　　　　　　　a. "你早就应该还我了。"

　　　　　　　　b. 收下来，不说话。

　　　　　　　　c. 笑一笑说："不用急，没关系的。"

　　　　　　　　d. "我不急用，你以后还我也行。"

　　还钱的人应怎么说？

　　2. 别人错了你一毛钱，现在还给你，你怎么回答？

　　　　　　在你的国家——

　　　　　　在中国——

　　　　　　　　a. "你应当早点给我。"

　　　　　　　　b. "一毛钱还还什么，算了吧。"

　　　　　　　　c. 收下来，不说话。

　　　　　　　　d. "以后再还吧。"

　　还钱的人怎么说？

　　3. 别人借了你一百元钱，一直没还，你希望他（她）还给你，你怎么说？

　　　　　　在你的国家——

　　　　　　在中国——

　　　　　　　　a. "请你把钱还给我，我现在要用。"

　　　　　　　　b. "你为什么不还我钱？"

c. 也向对方借一百元钱。

d. 先与对方聊天，然后把话题转到钱上，说："我现在急需用钱，如果可以的话，那一百块钱能不能现在还我？"

4. 有人请你临时做一项工作（比如担任英语辅导教师等），对方问你报酬问题，你回答

在你的国家——

在中国——

a. 每小时十元，少了不行。

b. 每小时十元，可以吗？

c. 随便，你看着办吧。

d. 我不知道。

5. 你和朋友一起去餐馆吃饭，你的朋友准备付账，你怎么办？

在你的国家——

在中国——

a. "怎么能让你付，还是我来吧。"

b. "好的，下次我付。"

c. 不说话。

d. "我们对半分摊吧。"

6. 一位男孩子约两位女孩子一起吃饭，付账时，男孩子说：

在你的国家——

在中国——

a. "我们对半分摊，好吗？"

b. 不说什么，马上付完三人的帐。

c. 不说话，希望女孩子付。

d. "我的钱没带够，你们能付一点吗？"

女孩子怎么办？

在你的国家——

在中国——

    a. "怎么能让你一人付，我们大家分摊吧。"

    b. 不说话，等男孩子把账付完，再说："谢谢你的邀请。"

    c. "下次吃饭，我们请客吧。"

    d. 拿出钱来付账。

7. 孩子需要一大笔钱，向父母借，而父母的钱也不多，而且需要用，父母的态度是

    在你的国家——

    在中国——

    a. 把钱借给孩子，说："希望你早点还我们。"

    b. "对不起，孩子，我们没有那么多钱，你想想别的办法吧。"

    c. "我们也要用钱，不能借给你。"

    d. 想各种办法筹集钱，然后把钱给孩子。

8. 孩子向父母借了钱，怎么还？

    在你的国家——

    在中国——

    a. 自己有了钱就马上还给父母。

    b. 用别的方法，比如替父母买一些需要的东西等等来还这笔钱。

    c. 只还一部分。

    d. 不还。

（二）、一位名歌星准备上台演出，可是主办演出的人没有把演出的报酬预先交给他（她），于是歌星不管台下的数千名观众在等着看演出，坚持不先给报酬不上台。

你对这位歌星的态度是_____，为什么？

    a: 非常气愤。

b. 很同情，认为他（她）做得对。

c. 表示理解，但认为他（她）不应该浪费观众的时间。

d. 无所谓。

第八课 意在言外

讨论《红楼梦》

【Ⅰ】（下午，麦克尔来到黄老师的办公室）

麦克尔：黄老师，我有一个问题要请教您，不知您有没有空？

黄老师：没关系，什么问题。

麦克尔：我正在看中国的名著《红楼梦》，有很多文化背景知识我
不知道，理解起来格外困难，您看我从上个星期看到现
在，只看了这么一点儿，真是无可奈何！

黄老师：你看到哪儿了？哦，是《刘姥姥一进荣国府》。

麦克尔：我就是想和您谈谈这一回里的刘姥姥。她真是又土又有
趣，不但在荣国府出了许多洋相，而且说话都说不清楚。
您看这儿，她无疑是想向王熙凤要点钱，却唠唠叨叨说
了一大堆的废话，真是不合情理，我真嫌她啰嗦。她干
嘛要这样呢？

黄老师：（笑笑）其实也不能怪她啰嗦。有些事，比如借钱，请人
帮忙或者是拒绝，批评别人等等，中国人往往不直接说，
而是说得比较委婉，甚至于根本就不提想说的事儿，只
谈些别的事情，让听话人自己去理解其中真正的意思
——也就是所说的言外之意。

【Ⅰ】

麦克尔：为什么？

— 120 —

黄老师：主要是自尊心问题。求人一般都不好意思，况且又担心别人会拒绝，会伤了自己的自尊，所以说话就格外含蓄，拐着弯儿让对方明白自己的目的。刘姥姥也是这样，她那么老远地跑到王熙凤那里，肯定是有重要的事。王熙凤问起来，她只说家里没吃的了，王也就明白了。万一王不肯借钱，只要推说手头紧，刘姥姥就不会再开口谈借钱的事，这样双方在表面上都没有请求或拒绝别人，就可体面地结束谈话。

麦克尔：可是王熙凤实际上很有钱，她怎么可以用经济困难、手头紧作为理由来拒绝刘姥姥呢？这不是明显地撒谎么？她不如就直说"不行"，我看也比说谎好。

黄老师：可是中国人很少直接地说"不行"，除非是对陌生人。作为被求的一方，在两人的比较中处于强者的地位，所以尽量不要伤了对方的自尊心。因此，被求的人说话也比较客气，通常只说明拒绝的原因和理由，而让对方自己去理解结论。这种理由可能不是真的，但至少也表示了一种言外之意：不是你没面子，而是我没有能力帮助你。

麦克尔：如果不说明原因那又怎么样呢？比如说，一个朋友来借钱，我不愿意说明理由，难道不可以只说"不行"吗？

黄老师：中国人往往不会只说"不行"，而会说"我现在也没有钱""我的钱马上有急用"等等，他可能是真的，也可能是说谎，但说谎是为了维护对方的自尊心，朋友也能谅解他的这种行为。若是简单地回答"不行"，对方反而会感到伤了面子。他会猜想，"你是不是不相信我会还钱"，"你是不是认为我不值得帮助"，"你是不是看不起我，""你不要太得意了"……总而言之，他反而会误解，会生气。因此，中国人大多不会这样简单地回答朋友的要求，这显得太没有修养，太缺乏人情味了。

麦克尔：噢，幸亏您告诉我这些，否则我可能会得罪人的。可见
　　　　了解中国日常的交际文化有多么重要。

黄老师：是呀，你还有什么问题吗？

麦克尔：我想，中国人常常为了照顾对方的自尊心而拐弯儿绕圈
　　　　子，要是对方理解错了，那多麻烦。

【Ⅲ】

黄老师：一般来说，只要你听话时注意分析说话人的脸色和说话
　　　　人的口气，就会知道他真正的意思。中国有句话，叫
　　　　"听话听音"，说的就是要能理解言外之意。

麦克尔：您能给我再举个这方面的例子吗？

黄老师：我给你讲个小故事吧。有一个小孩非常聪明。有一次，孩
　　　　子的父亲带他去参加一个宴会。宴会上，孩子巧妙地回
　　　　答了客人问他的各种问题，人们都夸他聪明。可是，有
　　　　一位客人却说："小时聪明，大了却未必聪明"。孩子马
　　　　上回答："那您小时候一定聪明。"你能理解孩子这话的
　　　　真正意思吗？

麦克尔：（想了想）哈哈哈，我知道了。回答得真妙。

【Ⅳ】

黄老师：说话直截了当，当然简单清楚，可必要时还是要讲究说
　　　　话的艺术，绕绕弯子，让人在心理上容易接受。

麦克尔：对极了。我曾经干过短期的推销员工作，我发现，如果
　　　　直接向顾客推销商品，不管你把东西说得多么好，顾客
　　　　还是不太愿意买，甚至还有反感。如果先同顾客谈一些
　　　　他感兴趣的话题，说些为他考虑的话，就比较容易被接
　　　　受，有些东西顾客原先并不想买，但结果却买了。我们
　　　　说话经常直来直去，看来有必要学一学中国人"绕圈
　　　　子"的办法。

黄老师：那倒不一定。中国人之所以说话"绕圈子"是因为东方

人有含蓄、自尊的心理。不同民族有不同的心理特征，也就有自己的表达习惯。"圈子"绕多了并不好，既让人厌烦，又容易造成误解。你说对吗？

麦克尔：对。我该走了。谢谢您，再见！

黄老师：不用谢。再见。

生　词

1. 意在言外　　（短语）　　话中含有别的意思：她叫你打开窗
   yì zài yán wài 　　子，是～，叫你别抽烟。(the mean-
   　　ing is implied)

2. 请教　qǐngjiào　（动）　　请求指教：对不起，～你一个问题；
   　　这个问题你可以去～老师。(ask for
   　　advice)

3. 名著　míngzhù　（名）　　有名的著作：王玲喜欢看中外～，不
   　　喜欢看杂志。(famous book)

4. 格外　géwài　（副）　　表示超过平常：节日的市中心，～
   　　热闹。(especially, all the more)

5. 无可奈何　　（短语）　　没有办法，无法可想：我有急事要
   wú kě nàihé 　　找王厂长，却又不知道他到哪儿去
   　　了，真是～。(have no wayout, have
   　　no alternative)

6. 回　huí　（名）　　中国古典小说分的章节：《三国演
   　　义》你看到第几～了？(chapter)

7. 土　tǔ　（形）　　土气，不合潮流：他太～了，从来
   　　没进过城；你穿得太～了，这衣服
   　　应该扔了。(countrified, rustic)

8. 出洋相　（动词短语）　　闹笑话：那个男人早上急急忙忙地
   chū yángxiàng 　　把妻子的衣服穿出去了，真是～。

（也可分开说）出了许多洋相，出了个大洋相。（make an exhibition of oneself）

9. 无疑　wúyí　（副）　没有疑问：八点上课，此时已是八点五分了，他～是要迟到了。（undoubtedly，beyond doubt）

10. 唠叨　（动、形）　说起话来没完没了，很罗嗦：老年
láo·dao　人就是喜欢～，你别在意；你这个人说话怎么唠唠叨叨的。（long—winded，woedy）

11. 废话　fèihuà　（名）　没有用的话：他说了许多～。
（动）　说废话：他～连篇，令人讨厌。（superfluous words，rubbish）

12. 嫌　xián　（动）　讨厌，不满意：都～他废话太多。
（dislike）

13. 罗嗦　luō·suō　（形）　说话多而重复：他真～，没完没了；
（动）　他～了半天，还没把问题说清楚。
（wordy，long—winded）

14. 况且　（连）　表示更进一层：天这么冷，～他身
kuàngqiě　体又不好，还是不要去吧。（moreover，in addition）

15. 拐弯儿　（动）　（说话）不直截了当：他说话不喜欢
guǎiwānr　～。（也可分开说）拐着弯儿。（beat about the bush）

16. 万一　wànyī　（连）　表示可能性极小的假设（用于不太顺利的事）：～找不到他也没关系，我们还可以找老五。
（名）　表示可能性极小的意外变化：上街

多带点钱，以备～。(just in case, if by any chance; contingency, eventuality)

17. 推说　tuīshuō　（动）用话来推辞：丽蓉不愿意跟他一起去看电影，～家里有事没时间，谢绝了他的邀请。(decline)

18. 手头　shǒutóu　（名）手上，手边，个人某一时的经济情况：这个月～很紧，不能乱花钱。(on hand, at hand)

19. 开口　kāikǒu　（动）说话；向别人表示请求：别人都说了，你怎么一直不～？如果有什么事只要你～，我一定帮忙。(start to talk; to ask for help)

20. 体面　（副、形）光荣，光彩，（在失败面前）不失尊
tǐ·mian　严和面子地：他～地退出了比赛；他～地辞了职。

（名）尊严，面子：在街上骂人有失～。(honourable, creditable; dignity, face)

21. 撒谎　sāhuǎng　（动）说谎，说假话：你不要～骗别人。(tell a lie)

22. 谅解　liàngjiě　（动）原谅，消除意见：对不起，我不是故意做错事，请你～。如果不小心

（名）损害了别人就应道歉以取得别人的～。(understand, forgiveness)

23. 猜想　（动）猜测，估计：你能～到明天会发生
cāixiǎng　什么事吗？(suppose, suspect)

24. 得意　déyì　（形）又骄傲又高兴：他为自己的成功～

万分。 (proud of oneself, pleased with oneself)

25. 总而言之 （短语） 总之，表示下文是总结上文的话：他
    zǒng ér yán zhī 喜欢读书，现代的，古代的，中国
    的，外国的，～，什么书他都喜欢
    读。(in a word, in short)

26. 修养 xiūyǎng （名） ①指在知识、艺术、理论等方面的
    一定水平：他在绘画方面很有～；文
    字～高。②指养成的待人处事的态
    度：这孩子懂礼貌，有～。(accom-
    plishment, training/ selfcultivation)

27. 味 wèi （名） 中文指给别人的感觉，趣味：这篇
    文章一点意思都没有，没～儿。
    (flavour, interest)

28. 幸亏 xìngkuī （副） 表示能免除困难的有利情况：～我
    带了伞，没让雨淋着。(fortunately,
    luckily)

29. 得罪 dé·zui （动） 因为某种言行使别人生气不满：你
    刚才不应该那么说话，你～小王
    了；批评别人很容易～人。(offend,
    displease)

30. 可见 kějiàn （连） 可以看见，可以明白，知道：大家
    看见他都很高兴，～他是个受人欢
    迎的人。(It is thus clear, evidently
    obviously)

31. 绕圈子 （动、形） 拐弯儿，(说话) 不直截了当：他光
    rào quān·zi 在那儿～，过了好长时间我才明白
    他的意思。(beat about the bush)

32. 脸色　liǎnsè　（名）①脸上的表情：我一看他的～，就知道他不同意这事；②脸上表现出来的健康情况，气色：他的～比过去好多了。(facial expression，look)

33. 口气　kǒu·qì　（名）说话时表露出来的感情、言外之意等：听他的～像是不同意我们的做法；张强的话中含有不满的～。(manner of speaking)

34. 未必　wèibì　（副）不一定：他～知道；这消息～是真的。(may not，not necessarily)

35. 心理　xīnlǐ　（名）人的思想、感情等内心活动：不喜欢批评是人们正常的～。(psycholitg，mentality，feel)

36. 推销　tuīxiāo　（动）卖（东西）：小王的工作是～厂里的新产品。(promote sales，market)～员（salesman）

37. 反感　fǎngǎn　（动）没有好感，不喜欢、讨厌：我对那个人很～。(be disgusted (with)，be averse (to)，dislike)

38. 原先　yuánxiān　（名、形）从前，起初，原来的：照～的计划做。(former，original)

39. 特征　tèzhēng　（名）特点：面部～；地理～；民族～。(characteristic，feature，trait)

40. 厌烦　yànfán　（动）讨厌，不高兴：小李不知道他老待在那儿使人家都感到～。(be sick of，be fed up (with))

练 习

一、用正确的语气、语调、句重音读出下列句子：

1. 您看，我只看了这么一点儿，真是无可奈何！
2. 她干嘛要这样呢？
3. 难道不可以只说"不行"吗？
4. 你不要太得意了！
5. 噢，幸亏你告诉我这些。
6. 对极了！
7. 那倒不一定。
8. 你说呢？

二、不改变句子的意思，把下列句子中加点部分换成其他的词语。

1. 我对他的做法很不满意。
2. 这是一部很有名的著作。
3. 年纪大的人常常说话又多又重复，年青人就会觉得厌烦。
4. 他客气而不直接地拒绝了谢青的请求。
5. 范玲玲和张丹丹在餐馆吃完饭，范玲玲摸摸口袋说："哎呀，我忘了带钱。"她说这话的实际意思是想要张丹丹付账。
6. 有话请直说，不要"拐弯儿"。
7. 不好的广告会令人讨厌。
8. 你小心点儿，别闹笑话。

三、用括号中的词语把下列词组组成句子，然后选择括号中的词语做第 9 题的填空：

1. 看电视　　　吃饭　　　（光顾着　忘了）
2. 说话　　　　听课　　　（光顾着　没有）
3. 看小说　　　听见别人叫他　　（只顾　没有）
4. 赶火车　　　行李　　　（只顾着　忘了）
5. 起得晚　　　睡得迟　　　（之所以……是因为）

6. 产生误解　　不了解中国人的文化心理　　（之所以……是因为）

7. 他的感冒没好　　严重了　　（反而）

8. 已经是春天了　气温没有升高　下降　　（不但……反而）

9. 考试时，丹尼尔（Daniel）_____赶快写，_____看清题目要求。他_____会这样，_____比较紧张，怕考试时间不够。结果他_____没考好。

四、选择"嫌、况且、万一、幸亏、未必"几个词给下列两组句子填空，然后分别把句子排成两段对话：

A、1. 否则，你_____能弄到这房子。

　　2. _____失火怎么办？

　　3. _____小李帮忙。

　　4. 这房子不理想，房间很小，_____楼层又太高。

　　5. 你呀，就别_____这_____那的了。

B、1. _____我还找了别人，_____老王不肯帮忙也没关系。

　　2. 我看他_____是不肯帮这个忙，_____他以前还答应过的。

　　3. 老王的话是什么意思？他是不是_____麻烦不愿意帮忙了？

五、给前面的四段课文加上标题。

　　　　[Ⅰ]

　　　　[Ⅱ]

　　　　[Ⅲ]

　　　　[Ⅳ]

六、语段表达

　　用下表提示的内容说一段话，谈谈你读了第八课以后的想法。

语段框架	句际组合方法
主题句（可有可无） 我听到的 我看到的 我想到的（可做主题句）	甚至　甚至于　甚而至于 特别是　尤其是　而且 并且　也　何况　况且 更　更加

本课新词语：

格外　无可奈何　出洋相　无疑　嫌

万一　体面　谅解　幸亏　得罪　脸色

七、文化情景读和说

下面是四篇短文，展示意在言外的种种情景。快速阅读，然后讨论并回答短文后边的问题。

来借房的陌生人

我原先根本不认识他。

两年前，好不容易单位给我增加了一间 15 平方的住房。我和妻子正兴高采烈地计划着怎么布置那间房时，他出现了，来得真不是时候。

事情是我们的一个朋友惹出来的。此人一向极其热情，什么事他都当自己的事办。这回，他把他带到我家，一坐，手一指："能不能把你们的新房子借他几个月？"

我顿时愣了，又好气又好笑。

"你们反正空着也没用，家俱他自己带去，你们什么时候要他什么时候搬。"

那陌生人瘦高条，戴着副样子挺旧的眼镜，两只手紧张地不知该怎么放才好，我心里突然有一种很不舒服的感觉。

"他家就一间房，和父亲一块住，中间拉一道帘子，小两口亲热都不敢。和老头商量办法又没结果，算了，你们就借给他住住吧。"

　　我当然是不同意，只好说："我正和城南的老王换房呢，说不定他哪天准备好了就要搬来的。"这是真情，但说得那么详细，只是为了大家的面子。老朋友还是老脾气："那就算了，万一明天就换成了呢？我再帮你另想办法。"那人却显得很不自然也很紧张，想说什么到最后也没说出来。我送他们出门，对那陌生人说："以后有空来聊聊。"语调很诚恳可又充满假意。他真来聊，只要不谈房子，我真欢迎，可问题是我明明知道他再也不会来了！

　　结果我错了，今年收到一封信，拆开读了半天才明白就是他。

　　信里首先为那天的事道歉（虽然我明白这不会是他的主意）。然后才说明他那时急着借房的原因是为了要个儿子。他们夫妻结婚四年，没有孩子。两个人都查了，没病，吃了好多药，没用，最后两口子都认为是和老人同住一室的结果。后来，他终于借到一间房住了五个月。现在，他快要有孩子了，所以写封信来说明一下。

　　看完信，我心里很难过。唉，房子啊房子，早知他是因为这事借房，也许我会借给他的。

　　（据宗福先《来借房子的陌生人》改写，见《新民晚报》1991年11月19日第6版）

回答下面的问题：

　　1. "我"不同意借房给陌生人，却说"正和城南的老王换房，说不定他什么时候就搬来的。"这话的言外之意是什么？

　　2. 文中"我"说"以后有空来聊聊"，言外之意是什么？

　　3. 文中"我"的朋友和"我"的关系怎么样？为什么？

　　4. 如果文中的"我"当时同意了借房，等陌生人走了以后又后悔了，你想他会怎样做？

荣国府借钱

刘姥姥家里穷，日子越来越不好过了，这一天，她带着孙子板儿到荣国府来借钱，凤姐一边叫人抓些果子给板儿吃，一边问姥姥为什么事而来。刘姥姥道："也没有什么事，不过是来瞧瞧姑太太，姑奶奶，也算是亲戚间的来往吧。"周瑞家的道："没什么说的便罢，若有话，只管告诉二奶奶，是和太太一样的。"一边说，一边递眼色给刘姥姥。刘姥姥见此明白了，还没开口脸先红了，也不好明说今日为何而来！只得红着脸道："论理儿，今儿初次见姑奶奶，却不该说，只是大老远的跑到你老这里来，也少不的说了。"刘姥姥定了定心，接着说："今日我带了你侄儿（nephew）来，也不为别的，只因他老子娘在家里，连吃的都没有，如今天又冷了，越想越没个盼头儿，只得带了你侄儿到你老这儿来。"说着又推板儿道："你那爹在家怎么教你的？让咱们作什么事来的？只顾吃果子呢。"凤姐早已明白了，听她不会说话，就笑着止住她道："不必说了，我知道了"。

一会儿，凤姐又安排这一老一少吃饭，刘姥姥吃完了饭，拉板儿过来，连忙道谢。凤姐笑道："还请姥姥坐下，听我告诉你老人家。刚才的意思，我已知道了。外头看着我们虽是大家，可真不知大有大的艰难处，说给人听也不一定信。今儿你既老远来了，又是头一次对我开口，怎好叫你空手回去呢。正好（as it happens）昨天太太给我的丫头们（slave girls）做衣裳的二十两银子，我还没动呢，你若不嫌少，就先拿了去吧。"

那刘姥姥先听凤姐说了艰难，只当是没有，心里更突突的；后来听见给她二十两，高兴得连忙说道："我也是知道艰难的。但俗话说的：'瘦死的骆驼（camel）比马大，'不管他怎样，你老拔根寒毛（fine hair on the human booly）比我们的腰还粗呢！"周瑞家的见她说的不像话，又赶紧递眼色给她。凤姐见此，笑着只当没看见，叫人把昨天那包银子拿来，再拿了一些零钱来，都送到刘姥姥的跟前。

（据《红楼梦》第六回改写）

📖答下面的问题：

1. 刘姥姥一个字也没提到钱，为什么凤姐就明白了？

2. 为什么刘姥姥一听凤姐说了艰难，就以为是借不到钱了呢？

3. 凤姐打算给刘姥姥二十两银子时说："正好昨天太太给我的丫头们做衣服的二十两银子，我还没动呢，你若不嫌少，就拿了去吧。"这些话的言外之意是什么？

补　酒

这一天，丁书记请两位老下级刘主任和白经理到家中闲聊。刚坐定，丁书记就将读一年级、正在做作业的孙子赶到里屋去了，然后从食品柜里拿出一件样子像老人头的陶瓷瓶朝二人面前一放，说："李时珍补酒"，喝吧，又好喝，又治病。"

说实在话，名酒在坐二位都喝过不少，然而这种酒倒是头一回碰到，两个人不禁十分高兴。

白经理慢慢地倒满一杯，往宽大的嘴里送，刚沾了一口，便停住，眼睛转了转，两片嘴唇紧紧闭了闭，觉得不对，于是对准杯口，又喝进一口，让它在口里滚几滚，无辣，无热，无味，这才确定是水无疑。

"这……"白经理不知这是怎么回事，于是展开丰富的想象，由酒想到人，忽然，心里一惊：难道是丁书记想借酒传话：对我工作不满意，成绩平平，正如这无味之水？丁书记从来看不起无用之人，刚才不是还说什么"治病"的话？是了，他这请酒看来是在人，不在酒！想到这儿，他不禁冒出热汗来了。

一杯下去，刘主任开始也感到这酒不是味儿。后来才认为从"瓶"里倒出来的，的的确确是那普普通通的水！

"丁书记今天是怎么了!"善于理解人意的刘主任马上想到:这分明是要我刘某为人清白,不要在下面大吃大喝。厉害呀,这一手,难怪别人说丁书记工作起来有办法,打了你还让你反过来说他的好。想到此他顿时坐立不安。

这两个人都没有话可说,满脸是笑的。丁书记不喝却不停地劝酒:"喝呀!这酒,味道如何?"

两人心里说:"辣着呢!"嘴里却道:"好极了,够味儿!"

丁书记一听就乐了,抓起"老人头"瓶子便给二位添酒。

"够了,够了!"两个人赶紧盯住丁书记,就怕稍不注意,被他看出问题。

喝干了杯中的"酒",两人满脸严肃地站起来:"这酒实在令人难忘。丁书记,我们愧领愧受了。"

望着两人渐渐走远,丁书记有点奇怪。转过身,坐定,抓起酒杯往嘴里送。哎呀,他吃了一惊,看看酒杯,再看看里屋惊慌地望着自己的小孙子,心里似乎明白了什么。

经爷爷一问,小孙子只好说实话:"我看着那瓶子挺好玩儿的,就……。后来不知怎么搞的,酒流了出来,我怕,就把水……"

听孙子如此一说,丁书记叫起来:"孩子,你觉得好玩儿,可害了我了!"

第二天,丁书记办公桌上,摆着两份极其深刻的检讨书(written self — criticism)。

(据刘平《补酒》改写,见《微型小说选刊》)

回答下面的问题:

1. 刘主任和白经理喝下了杯中的"水"后,为什么马上都想到了自己平时的工作情况?

2. 两人说这酒"好极了,够味儿",言外之意是什么?

3. 丁书记是不是想用"酒"来批评那两位?为什么他说孙子害了他?

4. 丁书记看到两份检讨书后会怎么做？

手套的故事

前几天，妻子丢了一只手套。

晚上，她又想起了这事："多好的一副皮手套，却丢了一只，真可惜了。哎，我们单位小姜有只手套与我剩下的那只正好配成一双。我能不能跟小姜说，给她点钱，把那只手套买下来？"

"我说你笨，你总不承认。人家能要你的钱吗？"我说，"人家把手套给了你，便从此看不起你。"

"那怎么办？"妻有些不高兴。

"办法当然会有的"。

第二天，妻子按照我的主意，将自己那只手套洗净擦油，这样看起来就比小姜的那只新多了。上班后，吃过午饭，妻见小姜坐在那里打毛衣，便把自己那只手套拿出来：

"喂，大家看看，我倒霉不倒霉，刚刚买的一副皮手套就丢了一只！"

小姜瞪圆了眼睛把那只手套拿过去，仔仔细细地看。

"要不是里面有块白毛，我还以为就是我丢的那只呢！"

"你那副手套比我先买吧！"妻这句话是照我的原话说的。目的是想让小姜说：我那只旧了，给你吧！然而，实在是没想到，小姜毫不犹豫地说：

"把它给我吧，正好配成一副。我给点钱也行。"

"……"妻的嘴好像被人堵住了，但还是勉强张开了："拿去吧，怎么能要钱呢！"

当晚回到家里，我与妻的话格外少。第二天，我赶忙到商店里买了一双与以前一样的皮手套。

（据程世伟《手套的故事》改写，见《小小说选刊》1988年第7期）

回答下面的问题：

1. 为什么文中的丈夫认为人家不会要钱？为什么他认为人家把手套给了他妻子后就会看不起她？

2. "你那副手套比我先买吧？"言外之意是什么？

3. 妻子的手套给了别人，为什么不肯要钱？

八、跨文化交际问题讨论：

1. 假如一个人遇到了一个困难，他也知道他的朋友不一定有能力帮助他，但他仍想试试，你想他会怎么做？

　　　　在中国——

　　　　在你们国家——

2. 一个人把一大笔钱借给了别人，可那人迟迟不还，他会怎么做？

　　　　在中国——

　　　　在你们国家——

3. 已经很晚了，来访的客人仍在高高兴兴地谈着，无意离去，而主人必须为明天的工作做准备，心里很着急。这时他可能会怎么做？

　　　　在中国——

　　　　在你的国家——

4. 一个中国男人对一个中国女人说："我想请你去看电影，不知道你有没有时间？"这句话的言外之意是什么？如果这女人有时间但不愿意接受男人的邀请，她会怎么回答？

　　　　在中国——

　　　　在你的国家——

5. 冬天，好几个中国朋友聚在一间屋子里聊天，门窗关着，小赵正在抽烟。小黄是个女孩子，她咳嗽了几下，对小赵说："对不起，我有点感冒。"　小黄说这句话是什么意思？为什么？

　　　a. 对自己的咳嗽表示歉意。

  b. 想请小赵把窗子打开。

  c. 想请小赵不要吸烟。

  d. 想告诉小赵自己不舒服。

 6. 妻子外出回来，有点饿了，想吃点东西，她问丈夫："我昨天买的一斤饼干到哪儿去了？"丈夫说："上午我有几个朋友来了，你不在家。"丈夫的意思是什么？

  a. 不想回答妻子的问题，于是换个话题。

  b. 责备妻子不在家。

  c. 不知道饼干被谁吃了。

  d. 告诉妻子，饼干被朋友吃了。

 7. 你有朋友买了一件衣服，问你好看不好看，你认为这件衣服并不好，你怎么回答你的朋友？

  a. 很好看。

  b. 这衣服一点也不好看，你怎么买这样的衣服？

  c. 马马虎虎。

  d. 还可以，不过这样的衣服我不太喜欢。

 8. 有位朋友向你借钱，但你不想借给他，因为他常常不还别人的钱，你怎样拒绝？

  a. 我不想借给你。

  b. 你必须答应明天还我，我才借给你。

  c. 真对不起，我也没钱了。

  d. 我从来不借钱给别人。

第九课　精神的力量

黄昏漫步

【Ⅰ】（傍晚，王大伟和麦克尔在校园中散步，两人边走边谈。）

麦克尔：大伟，我想问你一个私人问题，不知行不行？

王大伟：什么问题？你说吧。

麦克尔：你有没有女朋友？

王大伟：（有点不好意思）目前还没有。

麦克尔：如果你遇到一位你喜欢的姑娘，你会不会恋爱，或者结婚？

王大伟：我想会的。不过现在对我来说，第一是学习，至于结婚嘛，那更要等工作以后再说了，上大学是不能结婚的。我还太年青，没到法律规定的结婚年龄。

麦克尔：听说你们毕业以后的工作大都是由国家安排分配，要是一对恋人不能分在一个地方工作，那怎么办？

王大伟：那就得忍受分离之苦了。有的人忍受不了这种漫长的分离，最后只好分手。大部分人则想办法调到一起工作，也有很多夫妻十年、二十年都是两地分居的。

【Ⅱ】

麦克尔：十年、二十年？哦！伟大的爱情。这真令人难以想象。我读过一些中国的爱情故事，我发现跟西方的《灰姑娘》这类故事不太一样。中国的故事中，往往是一位既有钱又有貌的姑娘爱上了一个有才能但很贫穷的小伙子，甚至不顾父母反对,宁可跟着小伙子过一辈子贫穷的生活。比如牛郎与织女的故事就是这样。

王大伟：因为在我们中国人看来,真正的爱情要比钱财、地位重要得多。

麦克尔：可你们对爱情的态度又挺特别。爱对方,却不一定要占有对方,也可以忍受分离。我知道中国有一句古诗"两情若是久长时,又岂在朝朝暮暮。"就是说相爱的人不一定要整天在一起。对不对?

王大伟：对。你知道得挺多嘛。中国人当然是"愿天下有情人终成眷属",希望相爱的人能长久地生活在一起。但同时也认为,爱的美丽之处并不在于占有。只要真心相爱,即使不在一起也行。

【Ⅲ】

麦克尔：浪漫的精神恋爱！似乎中国人很重视精神上的东西。比如看重友情、亲情,维护尊严,为了某种愿望、理想,还可以抛弃钱财、地位、青春,甚至生命。

王大伟：是这样,中国是一个以农业为主的国家,生存条件不是太好,长期的农业劳动和与自然灾害的斗争,造成了中国人吃苦忍耐的性格,并且重视人与人之间的团结与互相帮助。由于物质生活上比较艰苦,便要求在精神上自我满足。尤其是知识阶层,受中国传统教育更深,更是这样。

麦克尔：我听说中国人认为有钱并不等于拥有一切,有钱的人并不一定是最受尊敬的人。是吗?

王大伟：是的。如果仅仅有钱,而文化、道德修养不高,那就算不上是个真正富有的人。你大概也听说过,中国的知识分子一直有着清高的传统,即使在生活上很清贫,也不愿过多地占有钱财。当然有钱并不是坏事,但他们不追求它。他们的理想是"读万卷书，行万里路"，追求更多地占有知识，使自己在精神上更加富有。

麦克尔：　"读万卷书，行万里路"，的确有意思。这样的人多吗？

王大伟：　仍然不少。就拿我的老师来说吧，他常常舍不得花钱买吃的和穿的，却舍得花许多钱买书，搬了新居以后，舍不得花钱买家具，却舍得给孩子买电子学习机。他明明可以去别的公司或单位，得到更高的收入和更大的住房，却宁可待在学校里搞科研。

【Ⅳ】

麦克尔：　那么现在科学技术发展了，物质生活也丰富了，人们是否还能保持这种精神追求呢？

王大伟：　现代生活的发展，对传统思想当然有冲击。现在也有一些人只顾追求物质享受，不顾国家和别人的利益。但这种人的行为会受到大多数人的批评。未来会怎样发展，我现在还不好预言，但我相信好的传统还是会继承下去的。

麦克尔：　如果太重视精神上的自我满足，强调忍耐和理想，是不是也会影响物质文明的发展？

王大伟：　这确实也是个应该注意的问题。所以我希望我的国家能够在精神和物质两方面都能达到高度文明，而不仅仅只有文明古国的历史。

生　　词

1. 黄昏　huánghūn　（名）　傍晚，日落以后星出以前的时候：他一早出去，直到～时才回家。(dusk)

2. 至于　zhìyú　（动、介）　①达到某种程度：他的病虽然很重，但还不～有生命危险；这事还不～难到无法解决。②表示另外说一件

事：我和小李都要去看电影，～小马去不去我们不清楚；～什么时候见面，我们以后再商量。(go so far as to)

3. 大都　dàdōu　（副）　大部分，大多数：我们班上的同学～来自欧洲。(mostly)

4. 忍受　rěnshòu　（动）　容忍、承受（痛苦、困难、不幸等）：她的坏脾气让人无法～。(bear, stand, endure)

5. 分离　fēnlí　（动）　①分别，别离：他们俩～了多年，现在又见面了。②分开：从空气中～出氮气（N_2）来。(separate)

6. 漫长　màncháng　（形）　非常长，长得看不见尽头的（时间、道路等）：～的日子；～的河流。(long)

7. 分手　fēnshǒu　（动）　别离，分开：我往南，你往西，我们就在这儿～吧；他们俩本来是一对恋人，可是后来却～了。(part company, say good—bye)

8. 分居　fēnjū　（动）　一家人分开生活：夫妻～两地。(live in two separate places)

9. 令　lìng　（动）　使：这个好消息～人兴奋；这事～我怀疑。(make)

10. 貌　mào　（名）　相貌，外表形象，样子：面～；容～；这个女孩子心善～美；站在金陵饭店顶层可以看到南京市全～。(appearance, looks)

11. 才能　cáinéng　（名）　能力：他是一个很有～的画家。

(talent)

12. 贫穷　pínqióng　（形）　穷：希望中国能摆脱～，走向富足。
(poor, poverty)

13. 不顾　búgù　（动）　不管，不考虑：这人太自私，只顾
自己，～别人。(regardless of, show
no consideration for)

14. 宁可　nìngkě　（副）　比较两方面后选取的一面，宁愿
（常与下文"也不"连用）：我～走
路也不愿意挤公共汽车。（would
rather）

15. 贫苦　pínkǔ　（形）　穷苦：她来自一个～的小山村。
(poverty － stricken)

16. 钱财　qiáncái　（名）　金钱，财产：那位大富翁有上亿的
～。(money, wealth)

17. 占有　zhànyǒu　（动）　用（强力）取得，努力掌握（地方、
物品或人）：小王用各种办法才～了
这块地方；他爱她，但不想～她。
(possess, occupy, hold)

18. 朝　zhāo　（名）　早晨：～日；～发夕至。(morning,
dawn)

19. 暮　mù　（名）　傍晚：～色。(evening, dusk)

20. 天下　tiānxià　（名）　全中国或全世界：愿～所有的人都
能过上好日子。　（China or the
world）

21. 眷属　juànshǔ　（名）　家属、亲属：老李和他的～一起到
南京来了。(family dependants)

22. 长久　chángjiǔ　（形）　时间很长：王林打算～地住在那儿。
(for a long time, permanently)

23. 浪漫　làngmàn　（形）　富有诗意，充满幻想：她最喜欢读
　　　　　　　　　　　充满～故事的小说。(romantic)

24. 看重　kànzhòng　（动）　重视：这家公司用人～能力。(re-
　　　　　　　　　　　gard as important, value, attach
　　　　　　　　　　　importance to)

25. 亲情　qīnqíng　（名）　亲人之间的感情：人的感情世界离
　　　　　　　　　　　不开～和友情。(affection)

26. 抛弃　pāoqì　（动）　扔掉不要：那是被人～的废旧物品。
　　　　　　　　　　　(throw away, abandon)

27. 青春　qīngchūn　（名）　青年时期：把～献给祖国。(youth)

28. 生存　shēngcún　（动）　保存生命：落后就会带来死亡，适
　　　　　　　　　　　应发展才能～。(survive)

29. 忍耐　rěnnài　（动）　忍受：不把痛苦或某种情绪表现出
　　　　　　　　　　　来：尽管老姚生气可他还是～着没
　　　　　　　　　　　有发火。(tolerate, put up with)

30. 富有　fùyǒu　（形）　拥有大量的财产：他的父亲曾是个
　　　　　　　　　　　～的人。

　　　　　　　　（动）　大量具有（多指积极方面）：～生命
　　　　　　　　　　　力；～代表性。(rich, be full of)

31. 清高　qīnggāo　（形）　指人的品德纯洁高尚，不追求名利，
　　　　　　　　　　　不肯跟着坏人做坏事：他是个非常
　　　　　　　　　　　～的人。(all of from)

32. 清贫　qīngpín　（形）　贫穷（多形容读书人）：王老师一直
　　　　　　　　　　　过着～的生活。(poor)

33. 卷　juàn　（量）　（形容书的数量）这个图书馆藏书十
　　　　　　　　　　　万～。(volume)

34. 拿……来说　（短语）　用…作为例子：拿他来说；拿这件
　　　ná……láishuō　　　事来说。(take... for example)

35. 电子　diànzǐ　　　（名）　构成原子的一种基本粒子：～计算
　　　　　　　　　　　　　　机；～管。(electron)

36. 冲击　chōngjī　　　（动）　撞击，使物体受损害：海水～沙滩；
　　　　　　　　　　　　　　政治～。(pound，lash)

37. 预言　　　　　　　（名，动）　预先说出的话；预先说出（要发生
　　　　yùyán　　　　　　　的事）：老叶的～很准，上星期他曾
　　　　　　　　　　　　　　～今天会下雨，果然让他说中了。
　　　　　　　　　　　　　　(prophecy，prophesy)

38. 继承　jìchéng　　　（动）　①承接（遗产、权利、传统等）：朱
　　　　　　　　　　　　　　丽在父亲死后～了遗产。②后人继
　　　　　　　　　　　　　　续做前人的事：梅兰芳是中国最出
　　　　　　　　　　　　　　色的京剧表演艺术家之一，他的孩
　　　　　　　　　　　　　　子也～了他的事业，成为梅派著名
　　　　　　　　　　　　　　京剧演员。(inherit，take over)

练　习

一、根据课文内容解释下列词语的意思：
　　1. 两情若是久长时，又岂在朝朝暮暮
　　2. 愿天下有情人终成眷属
　　3. 读万卷书，行万里路

二、请写出下列各词的同义词或近义词：
　　黄昏　　　忍受　　　分手
　　愿望　　　友情

三、用下列词语造句：
　　1."至于"：指到达某种程度、水平，或是关于某人、某事的
　情况。例：
　　　a. A：玛丽感冒住院了。
　　　　　B：小小的感冒不至于这么严重吧？是不是有别的什么

病？

　　b. 今天的会就开到这儿，至于旅游的事，我们下次再讨论。

　　c. 我和凯希住一个房间，对她比较了解；至于斯蒂娜，我就不太熟悉了。

请把"至于"加入下列句子中：

①我打乒乓球还可以，踢足球就不行了。

②我想用一种新的学习方法来提高口语水平，这种办法好不好，现在还说不定。

③我们决定暑假回国，琼斯回不回去由他自己决定。

④A：黄强，你脸色不好，是不是要送你去医院？

　　B：没关系，我只是有点累，休息休息就会好的，不那么严重。

⑤教师的作用是帮助、指导学生学习，学生能不能取得好成绩，要看他（她）自己的努力。

2. "令……"："使"、"让"的意思，后面跟的名词、代词一般都是人。例：

　　a. 他的态度令人生气。

　　b. 这种天气又闷又热，令人烦躁。

　　c. 汉语太难学了，真令我头痛。

请用"令……"完成下列句子：

①坚持锻炼身体，_____。

②老张说话很幽默，常常_____。

③说好了五点钟见面，可已经六点了，马小虎还没来，真_____。

④这家商店服务态度很好，商品种类也齐全，_____。

⑤公园里树木成林，空气清新，_____。

3. "宁可"：让步复句，后常带"也不"或"也要"，强调不愿做某事或一定要做某事。例：

a. 我宁可饿肚子，也不吃这种饭菜。

b. 他白天不学习，宁可晚上学到深夜。

c. 公共汽车太挤了，我宁可走路去。

请用"宁可"把下列词语组成句子：

①不休息　　　要把功课复习完

②愿意打针而不吃药

③不想听没意思的课　　　睡觉

④帮助别人　　　自己麻烦

⑤不买不好的东西

4. "尤其（是）"："特别是"的意思。例：

a. 叶静很喜欢看电影，尤其是好莱坞的优秀影片。

b. 杨力力爱好体育活动，尤其是游泳。

c. 这儿蚊虫很多，尤其在晚上。

请用"尤其"改写下列句子：

①哈尔滨的冬天很冷，特别是一、二月份。

②吉美很喜欢中国的艺术，其中最喜欢中国书法。

③中国人口密集，东南部更是如此。

④他们三人学习都不错，王慧最好。

⑤目前，世界环境常被破坏，在一些工业大城市，污染很严
重。

四、选择适当的词语填空：

因为　　精神上　　不是…而是…　　宁可…也…

比如　　富有　　需要　　为了　　又如

许多人　1　抛弃物质上的好处，　2　要得到精神上的满足。
　3　，有的人实际上并不很　4　，却花很多钱请客送礼，不是
为了交际上的需要，而是　5　向别人显示自己很　6　，　7　得
到别人羡慕的眼光，满足自己精神上的　8　。　9　零用钱很少
的大学生，不愿意靠打扫卫生挣钱，　　10　　因为嫌这种工作

累，___11___因为它不体面，___12___它使他们在___13___感到受不了。

五、给课文的四个段落加上适当的标题。

[Ⅰ]

[Ⅱ]

[Ⅲ]

[Ⅳ]

六、语段表达

用下表提示的内容说一段话，谈谈你读了第九课以后的想法。

语段框架	句际组合方法
我听到的 我看到的 我想到的	特别是　尤其是　甚至（于） 宁可…也不… 况且何况
本课新词语： 至于　大都　忍受　分离　分手 看重　亲情　忍耐　拿…来说　冲击	

七、文化情景读和说

下面是五篇短文，显示了人们追求精神满足的种种情景。快速阅读，然后讨论并回答短文后边的问题。

夏明翰诗

砍头不要紧，

只要主义真。

杀了夏明翰，

自有后来人。

问答题：
　　1. 作者在诗中表达了怎样的人生观？
　　2. 诗中哪两句话可反映作者的乐观主义思想？

两 尾 砚

　　在一家工艺品商店的柜台上摆着两尾砚：一尾是布满金星眉纹的"龙尾砚"，一尾是极普通的石砚。有位顾客拿起价目牌，看这两种砚的产地与进价。放回时，没注意将价目牌调换了位置。

　　那位顾客刚走，一位外宾就在两尾砚前仔细端详起来。见此情景，那位应变有方、知识丰富的店员，用极快的速度把价目牌重新摆放正确，又滔滔不绝地向这位能讲一口流利中国话的外宾介绍"龙尾砚"质地坚丽，呵气生云，积水不干等特点。可那位外宾看店员摆弄了价目牌，对价目牌的正确位置产生怀疑，一定要用龙尾砚的高价买那极普通的石砚，店员越解释，外宾态度越坚决。外宾的理由很简单：尽管对砚是外行，但要按店员动价目牌前的价格的高低来选货。

　　经理本想走过去，但他的两只脚只移了一步，就站住了。这时那位外宾已交了钱，在同伴的招呼下快步走出店门，与同伴们边向风景点走，边议论着刚买来的石砚。不知出于一种什么心理，经理仍站在那儿，而且面带微笑（尽管笑得不太自然。）突然他的笑容凝固了！因为他看见几位外宾指着那尾石砚和那位买砚的外宾笑着，说这是"中国最好的砚……"他像刚醒来一样，突然抓起那尾名贵的龙尾砚冲了出去。

　　他追上那个买砚的外宾，双手把龙尾砚给了外宾，并讲述了一切……

　　几位外宾同时挑起了拇指，把那金星龙尾砚举过头顶，大喊着"中国！""中国！"然后要付钱。他转身就走，心中很满足。

　　（据冯新生《两尾砚》改写，见《北京晚报》1990 年 11 月 3

（一）判断正误，并说明为什么。

　　1. 一位顾客无意中调换了价目牌的位置。

　　2. 店员有意让外宾用高价买走了便宜的石砚。

　　3. 外宾不相信中国店员的解释。

　　4. 经理觉得这件事跟自己没有关系。

　　5. 最后外宾又付了石砚的钱。

（二）思考题：

　　1. 一开始经理眼看这交易做成而不管，是出于什么心理？

　　2. 为什么当经理听外宾说这是"中国最好的砚……"他就冲了出去把龙尾砚给了外宾？当外宾给他钱时，他又为什么不收下？

三杯酒为老伴寿

　　我的太太称得上老伴了：年正七十。在我，要感谢她的少说有三件事，所以敬她三杯酒。

　　第一杯酒感谢她 48 年前 22 岁离开有钱的父母爱上了我这个流浪到苏州的流浪汉。那时我当然会写一手情诗情书，但给她的最初印象是：我在写字台上玻璃板下压着一张当票。

　　她自己也不明白怎么会爱我而不顾一切。这一爱可真是特别重要。没有这一爱就没有今天三男五女九个第三代；三位儿媳五位女婿也将是别人家的而不是我家的成员。

　　二杯酒感谢她在 57 年我被扣上"右派"帽子时才 37 岁，竟不学"大难到来各自飞"，也不送我另外一顶绿帽子；68 年"文革"中我被打成"现反"判无期徒刑，她仍然只跟我假离婚，一面艰苦地养大八个儿女，一面决心等我坐监狱坐到 70 岁由她申请"保外就医"。二十年被称为"右派夫人"，后十年又被叫做"关属"，这样的生活有多苦？她瘦得只有八十五斤重，皮包骨头了。但是，1978 年判我"现反"的承认了错划，划我右派的也承认了错划，都给改了正。虽无罪释放也先得问家属收留不收留，拒绝收留的人家不是没有，可我的太太却把我当成了宝贝。这二十年来，家不破，人不亡，全靠她。

三杯酒感谢她在我恢复工作回原单位时，她立即退休，离开天津跟我到北京。工学院的同事劝她第二年调一级工资再退，她答道："这一级，让我的儿子女儿升去吧。"当然，她向孙儿女、外孙儿女抱歉，说自己不是个好奶奶，她得到了儿子儿媳女儿女婿的原谅，因为被无情地夺去二十年夫妻生活的人，要弥补；因为，她爱她的老头儿还没有爱够。

（据徐淦《三杯酒为老伴寿》改写，见《新民晚报》1990年11月10日第6版）

回答下面的问题：

1. 你觉得课文中这老两口儿关系如何？在人生几十年的风风雨雨中，是什么使得这两口子活下来的？

2. 当老头儿被打成"现行反革命"，判无期徒刑时，老太为什么要跟老头假离婚？

3. 老太为什么不要加一级工资，却提前退休，跟老头到北京？

4. 老太离开天津到北京，这是她自己的事儿，她为什么又要请求儿女们原谅呢？

买　煤　球

买煤球最难了。借三轮车就麻烦，借了车，又不会骑，骑着它，就像骑一匹没驯服的马；煤运回来，还要一块块地搬，我家住四楼，要费多大的劲就可想而知了。

每次买完煤，坐定在沙发上，煤灰和汗水在脸上画道道；双手黑黑地放在腿上。妻子看我这样的累，说下次买煤，出点钱找人送算了。

星期天，我又去买煤了，开了票，便去找发煤球的李阿姨。李阿姨把票递给一位老人。

"陈老师，买煤呀，你把门牌号码告诉我就行了，你回去吧！"
老人很和善。

我没有离开，我的心颤了一下，老人已有七十多岁了，嘴里
含着根纸烟，烟灰已很长，落满了衣襟。

他开始往车上装煤，完了，解开腰带，把它结在车把的两端，
挂在肩上，头稍微低下，向前拉车，车动了，他是支点。

一切都这么熟练，一切都在静默中完成。我跟在车后，煤较
高，只能看到他的头在点动，浮上，沉下，又浮上，每走一步，都
十分用力。我内心很不舒服，好像街上的人都在看我；煤球也好
像燃烧起来，烫得人很难靠近。

煤送到家，我给了他点儿钱，我没看老人的脸，我没敢看老
人的脸。钱，钱是什么东西！

后来，听李阿姨说他姓王，喜欢帮助别人，性格又好，人们
都叫他"王老好"。至于真名，好像没有人说得出。他年轻时在码
头上做事，现在已经退休，而且还有儿女。但他说劳动惯了，闲
下来骨头就疼。平时给人送煤，有钱没钱都行。

这一次买煤，我没出劲。可不知怎的，我觉得很累。

从这以后，我借来了三轮车，我想，我该认认真真地学着骑
车了。

（据陈绍龙《买煤球》改写，见《扬子晚报》1990 年 7 月 12
日第 3 版）

回答下面问题：

1. "我"为什么要让别人送煤？

2. "我"为什么觉得"煤球也好像燃烧起来，烫得人很难靠
近"？

3. "煤送到家，我给了他点儿钱，我没看老人的脸，我没敢
看老人的脸"，为什么"我没敢看老人的脸"？

4. 老人为别人送煤为了什么？是他没钱花，为了挣钱吗？

5. "我"为什么要认认真真学骑三轮车？

一 夜 贵 族

司徒伟达把印有"上海宾馆"四个烫金字体的有机玻璃牌钥匙圈套在食指上，慢慢地转着。他相信马路上会有很多人知道他住在上海宾馆。刚才他靠在宾馆的席梦思床上打了很多电话给他的朋友们，请他们到宾馆来，到他包的房间来。

司徒伟达是工厂的一名工人，一天八小时工作不停，回到家里腰酸背疼，哪有什么闲心去坐咖啡馆，唱卡拉OK。再说这样的消费本不属于他这样的工资阶层的人，于是每天看看电视，睡睡大觉，倒也心平气和。谁知道有一天，他的宁静生活被皇甫维打破了。皇甫维是他的小学同学，三个月前皇甫维的一个远房亲戚从美国回来探亲，住在希尔顿大酒店里，皇甫维没有忘记老同学，特请司徒伟达到亲戚房间去玩了一次。那天，司徒伟达还在那儿洗了个澡，可他从皇甫维的眼神中突然明白，皇甫维这样做是在向他展示自己的亲戚，而且还有几分对司徒伟达的蔑视。司徒伟达想："你有什么了不起，还不是亲戚的房间。哪天我自己订个房间给你看看！"

从此，司徒伟达开始实行他那个宏伟计划，除了吃饱肚子外，他几乎不用一分钱，3个月后加上他以前的一些积蓄，一共2000余元。他提着钱去了上海宾馆，司徒伟达现在怎能不激动一阵子？

下午，皇甫维满脸大汗地赶来："嗨，怎么到这里来享受啦，房间的主人哪里去了，只留你一个人？"

司徒伟达自我感觉良好，故意漫不经心地一字一顿地说："我就是房间的主人。"

皇甫维瞪大眼睛瞅着司徒伟达，司徒伟达突然感到胜利者的快乐。

不久，司徒伟达电话约来的朋友陆续到来，望着他们羡慕的眼神，司徒伟达陶醉了。他正是为着这样的眼神才不顾一切住进了宾馆，现在他成了他们的皇帝，他得到了满足。

晚饭是司徒伟达与朋友们一起在上海宾馆吃的，当然得由司徒伟达付钱。司徒伟达很大方地对桌面上的朋友说："每人点一个菜。"他那批"哥们"便往最贵的菜点，直弄得他心里痛得难以忍受，可脸上还不得不堆出极不在乎的样子。

深夜，朋友们才逐渐散尽，司徒伟达突然又闪过一丝空虚和怅然。只要离开了这些朋友，他所做的一切都会显得非常可笑，他觉得他从来都没有为自己活过。

（据王汉芳《一夜贵族》改写，见《青年一代》1990 年第 6 期）

回答下面的问题：

1. 司徒伟达的"哥们"都是些什么样的人？司徒伟达为什么要在他们面前摆阔气？

2. 你觉得司徒伟达花费了他多年的积蓄去做那"一夜贵族"，值得吗？

八、跨文化交际问题讨论：

1. 一对恋人因为工作原因需要经常分离，如一个海员和一位售货员，他们会结婚吗？

中国人——

你自己——

2. 有两个人，一个很有钱，很富，但文化水平很低；另一个不太有钱但接受了高等教育，人们一般更尊敬哪一个？

中国人——

你们国家的人——

3. 有一个人有两个工作可以选择，一个是为个体户当售货员，报酬很高；另一个是去中学当教师，收入较低。他会选择哪种工作？为什么？

    中国人——

    你自己——

  4. 金钱与爱情、亲情、友情相比，哪个更重要？为什么？

    中国人——

    你自己——

第十课　等级观念

谈论征婚启事

【 I 】（莫妮卡正在宿舍看报纸，门开着，方明走到门口）

方　明：莫妮卡，你好！看什么呢？

莫妮卡：方明，是你呀，请进。我正在看征婚启事。

方　明：（笑）怎么，想找对象了？

莫妮卡：哪里，我只是对征婚的标准感兴趣。你瞧，启事中除包
　　　　括征婚者的年龄、性别、身高、文化程度以外，还有什
　　　　么城市户口、什么国营、个体、科室等等，这和征婚有
　　　　什么关系？你可以给我解释一下吗？

方　明：当然可以。户口、单位和工作环境与人的政治、经济、社
　　　　会地位有十分密切的关系，因此成为征婚的重要标准。先
　　　　让我来说说户口的重要性吧。你知道城市户口意味着什
　　　　么吗？

莫妮卡：嗯——，知道一点儿，有城市户口的人可以生活在城市，
　　　　农村户口的人不可以。

方　明：很对，但不仅仅是这一点。除此以外，有城市户口的人
　　　　还可以得到许多优惠。首先，他吃的粮食是由国家提供
　　　　的商品粮，不论农业是否丰收，粮价始终是稳定的。政
　　　　府高价从农民手中买进粮食，低价卖给城市居民，其他
　　　　副食品也是如此。其次，城市居民的就业得到政府的保
　　　　障。城市的孩子中学毕业后，由政府给他安排工作，不

愿接受安排的人可以在家待业,等待下一次安排机会,也可以干个体户。再次,有城市户口的人可以较为自由地移居到另外的相同规模的或小一点的城市居住,而农村户口则不易移居。第四,城市拥有先进的文化设施和医疗条件,拥有最好的幼儿园和中小学,使有城市户口的人可以享受较好的生活并受到良好的教育。

莫妮卡:那一定有许多农村人口想转为城市人口。

方　明:当然了。不过,由农村户口转为城市和集镇户口是很不容易的。

【Ⅰ】

莫妮卡:怪不得城市的人要找城市的人,原来有这么大的差别啊!那么国营、集体、个体又有什么差别呢?

方　明:国营单位是由政府经营的单位,不论经营好坏,职工的收入和医疗保险、退休金等待遇都是有保障的,"生老病死有依靠"。因此,人们把在国营单位得到一份工作叫"铁饭碗"。集体单位是由集体经营的,如县或乡的某个部门,城市的某个区委会或街道的居民委员会等。这种单位由于生产规模小,设备落后,技术水平低,大多数职工的收入和工作条件不如国营企业。个体经营则完全由个人自负盈亏,医疗、住房、退休金等都得由自己负担。因此,"铁饭碗"如今仍然是城市居民选择职业的目标。尽管某些个体户、出租汽车司机等收入很高,愿意干这类工作的人却不多。

【Ⅱ】

莫妮卡:原来是这样。我还有个问题,有的征婚启事写"科室工作"是什么意思呢?

方　明:这是表明征婚者在单位里是坐办公室的,是脑力劳动者而不是体力劳动者。

— 156 —

莫妮卡：哈，原来如此。我听老师说过，受中国传统文化的影响，中国的老百姓一般认为有文化的人高于没有文化的人，知识分子、脑力劳动者尽管收入不高，但社会地位比较高。对吗？

方　明：一点也不错。

莫妮卡：（想了一会）我想，由于户口、单位和工作性质的差别，中国人的身分等级就产生了。城市户口优于农村户口，国营优于集体和个体，脑力劳动优于体力劳动，所以征婚启事上必须写明自己所在的单位和工作性质。

方　明：一点儿也不错。中国存在着事实上的等级差别和等级观念。除了选择对象以外，这种观念在其他方面也表现出来。如：中国人对职务高的、年龄大的或文化程度高的人要表示尊重。在开会时大都按等级高低先后发言，请客时让地位高的人先坐，进场、出场、走路、上车等均让地位高的人在前面，除非自己与领导十分熟悉并且自己的年龄大，否则对领导一律以职务称呼，某书记、某主任、某厂长等。直呼其名是不礼貌的。反正你在中国待的时间越长，对这些事就会了解得越多。

【Ⅳ】

莫妮卡：我想是的。唉，我真希望能待得更长一些。哦，告诉你，我也发现了一个你们没有而我们有的等级差别。

方　明：是吗？是什么？

莫妮卡：我们国家的女人大概地位更高一些，男人更尊重和照顾女人，有"女士优先"的传统和习惯，你们没有。

方　明：什么"女士优先"呢？我觉得我们国家男女平等，比如说，我自己就挺照顾女人的。

莫妮卡：不见得吧。就拿你来说，去商店时你不会为我先开门；我去你家玩，进了门你也不帮我脱大衣；离开你家时你不是走在我后头，而是走在我前面；还有一次跳舞跳完了，你说声谢谢就走了，不把我送回到我的座位上，害得我一下子在舞厅当中不知怎么办才好。要不是因为你平时对我不错，我早就不理你了。

方　明：真的？我真不知道你们有这些习惯，真对不起。看来我也得多多了解你们的风俗习惯，否则，得罪了你我还不知道呢。以后如果你发现我有什么做得不对，请直接告诉我。

莫妮卡：行。

方　明：不过——要帮女人脱外衣这事比较难，在中国这个男女界线分得比较清楚的国家，这样做过份亲近了。

莫妮卡：我知道，我不是叫你按我们的习惯去做，我只是说你们没有女士优先的习惯。

方　明：看来是这样，也没有这个传统。（两个人都笑了）

生　词

1. 等级　děngjí　（名）　根据程度、质量、地位等的不同作出的区别：棉花的～；人的～。(grade, rank; order and degree; social estate)

2. 观念　guānniàn　（名）　思想意识、看法：传统～；中国人的～。(sense, idea, concept)

3. 征婚　zhēnghūn　（动）　征求对象、配偶：他决定在电视上～；她在报上～。(seek spouse)

4. 启事　qǐshì　（名）　为了公开说明某件事而登在报纸上或贴在墙上的文字：征稿～；征婚～。(notice, announcement)

5. 户口　hùkǒu　（名）　某个地区居民的身分：城市～；农

村～；北京～。（registered perma-
nent residence）

6. 科室　kēshì　　（名）　企业或机关中管理部门的各科各办
　　　　　　　　　　　　公室的总称：～工作；～人员。(ad-
　　　　　　　　　　　　ministrive or technical offices)

7. 优惠　　　　（名、形）　比一般的（待遇）好：给你们～；～
　　yōuhuì　　　　　　　条件；～待遇。　（preferential,
　　　　　　　　　　　　favourable）

8. 丰收　fēngshōu　（动）　收成丰富：粮食～，～年。(bumper
　　　　　　　　　　　　harvest)。

9. 稳定　wěndìng　（形）　稳固安定，没有变动：他的收入很
　　　　　　　　　　　　～。

　　　　　　　　（动）　使稳定：～物价；～思想。(stable,
　　　　　　　　　　　　steady）

10. 副食　fùshí　　（名）　指蔬菜、鱼肉、蛋品等：～品。(non
　　　　　　　　　　　　－staple food，foodstuffs)

11. 如此　rúcǐ　　（代）　这样：原来～；应当～；事已～，我
　　　　　　　　　　　　们再想想办法。(so, like that)

12. 就业　jiùyè　　（动）　得到职业、参加工作：他的儿子 正
　　　　　　　　　　　　在等待～。(obtain employment，get
　　　　　　　　　　　　a job)

13. 保障　bǎozhàng　（动）　保护（生命、财产、权利等）：～工
　　　　　　　　　　　　人的生命安全。

　　　　　　　　（名）　起保护作用的事物：孩子们有受教
　　　　　　　　　　　　育 的 ～。　　（ensure，safeguard；
　　　　　　　　　　　　secure）

14. 待业　dàiyè　　（动）　等待就业，等待得到职业：中学毕

－ 159 －

业后他就在家里～;他是个～青年。
(wait to get a job)

15. 居住　jūzhù　（动）　较长时期地住在一个地方：他家一直～在南京。(live)

16. 设施　shèshī　（名）　为某种工作或需要而建立起来的机构、系统、组织、建筑等：文化～；医疗～。(installations, facilities)

17. 幼儿园　　（名）　对幼儿进行教育的地方 (kinder-garten)
yòu'éryuán

18. 迁　qiān　（动）　迁移，移动：～居；他们全家从北方～到杭州。(move)

19. 集镇　jízhèn　（名）　以非农业人口为主的居住区，比城市小：这里一个大～；这个～有几个饭店。(town, market town)

20. 怪不得　　①不奇怪：小王上个星期就去上海了，～我几天没看见他。②不能责备，别见怪：他昨天没有来上班，也～他，因为他生病了。(no wonder, that explains why; not to blame)
guài·bù·de

21. 经营　jīngyíng　（动）　计划并管理（企业等）：～农业；这个店是个体～的。(manage, run, engage in)

22. 保险　bǎoxiǎn　（形）　可靠：你的办法很～。
　　　　　　　　（名）　一种集中的社会资金，补偿损失的办法：～公司；为家庭财产～。(reli-able, safe; insurance)

23. 退休　tuìxiū　（动）　职工因年老离开工作，并按期领取生活费用：他父母已经～了；～金。

（retire）

24. 待遇　dàiyù　　（名）　权利、社会地位、工资报酬等：政治～；平等～；～很好。（treatment，remuneration）

25. 自负盈亏　（短语）　企业赚钱或亏损都由自己负责：个
zì fù yíng kuī　　体经营者都得～；国营企业厂长可以不必～。（assume sole responsibility for its profits or losses）

26. 脑力　nǎolì　　（名）　人的记忆、理解、想象等的能力：～劳动。（mentality）

27. 体力　tǐlì　　（名）　人体活动时能发出的力量：～劳动；他不能干这么重的～活。（bodily strength，physical power，manual labor）

28. 职务　zhíwù　　（名）　工作中所规定担任的事情：他的～是校长；最近他担任了厂长～。（post，duties，job）

29. 一律　yīlù　　（副）　①适用于全体、无例外：各民族人民～平等。②一个样子，相同：千篇～。（without exception，same）

30. 反正　　　　（副）　①表示情况虽然不同，但结果却一
fǎnzhèng　　样：不管你怎么说，～他不答应；②表示坚决肯定的语气：你别着急，～不是什么大事。（anyway，anyhow，in any case）

31. 优先　yōuxiān　　（副）　在待遇方面占先，先被考虑：～上车；～选用。（have priority；take precedence）

32. 舞厅　wǔtīng　（名）　舞场或指专用于跳舞的大厅：他经常去～跳舞。(dance hall)

33. 理　lǐ　（动）　答理，打招呼，对别人的言语行动表示态度或意见：路上碰见了，他们谁也不～谁。(show interest in; pay heed to; pay attention to)

34. 界线　jièxiàn　（名）　①两个地区分界的线②不同事物的分界；也写作"界限"：与家庭划清～；思想～。(boundary line; demar- cation line, dividing line, limits)

35. 亲近　　（形，动）　亲密而接近：这两个同学很～；他
　　qīnjìn　　对别人很热情，别人也都愿意～他。
　　　　　　　　(close, intimate)

练　习

一、把 A、B 两组的同义词或反义词用直线连接起来。

A	B	A	B
亲近	亲密	国营	私营
如此	这样	保障	保护

二、用下列词语填空。

除了…以外、优惠、往往、大都、条件、因为、对象、国营、单位、差、高、长、收入

有城市户口的人＿＿1＿＿想要找城市的对象，＿＿2＿＿城市户口比农村户口的人有更多的＿＿3＿＿。＿＿4＿＿这个基本条件＿＿5＿＿，人们更喜欢找＿＿6＿＿单位的；某些国营大企业经济＿＿7＿＿好，在那里工作的年轻人也容易找到＿＿8＿＿。女青年往往想找＿＿9＿＿好，＿＿10＿＿高，文化程度＿＿11＿＿，＿＿12＿＿得也高的男朋友，男青年呢，＿＿13＿＿愿意找比自己稍微＿＿14＿＿一点的女朋友。

三、按照合理的顺序把下列句子排列成短文。

①现在人们叫它故宫

②紫禁城是明朝和清朝两代的皇宫，有500多年历史了

③在首都北京的中心，有一座城中之城——紫禁城

④这座封建帝王的宫城，已被建成我国最大的博物院

⑤它的南面是天安门广场，北面是景山公园

⑥每天都有来自全国各地和世界各地的人到这里参观

四、给课文的四个段落加上标题。

[Ⅰ]

[Ⅱ]

[Ⅲ]

[Ⅳ]

五、造句：

1. 怪不得

①_____，怪不得他生气了。

②怪不得小王那么累，_____。

③_____，怪不得常常丢东西。

④_____，怪不得他不能准时来。

⑤他没看到过这种东西，_____。

⑥他以前做过这个工作，_____。

2. 如此

①他总是很忙，_____。

②_____，天天如此。

③朋友之间互相帮助，_____。

④_____，我希望如此。

3. 反正

①不管你相信不相信，_____。

②_____，反正小张一定来。

— 163 —

③无论你同意不同意，_____。

④不管你怎么说，_____。

六、语段表达

用下表提示的内容从几个方面谈谈中国或你们国家在某个方面的等级差别（可模仿课文第【Ⅰ】段）。

语段框架	句际组合方法
话题	
几个方面	第一、第二、第三、…　首先、其次、再次第四…　一来、二来、三来…　总之、总而言之、总的来说…
结束句（主题句）	
本课新词语： 等级　优惠　稳定　如此　怪不得 保障　待遇　一律　反正　优先	

七、文化情景读和说

下面是五段短文，显示等级观念影响人们的种种情景。快速阅读，然后讨论并回答短文后边的问题。

丧失名誉

宋波开了一家个体服装店。他起早摸黑，服务热情，商店买卖极好。为了庆祝成功，他在大上海酒店订了一桌酒，请了几个最要好的朋友。

那天他打扮得特别漂亮，头发油光，皮鞋黑亮，亲自到酒店门口迎接。最先到达的是当科长的朋友，随后来的是记者、秘书。还有一个漂亮的女演员。

酒过三杯，宋波谦虚地咳嗽了一声，把酒杯推到一边，想讲讲心里话："经商几个月来，我觉得，经商也是一种学问，而且是一种很值得研究的学问……"

秘书说："我举双手同意，经商确实有学问。"他对宋波挤挤眼："你捞了多少，一万？一百万？"

宋波皱了皱眉，反对说："怎么是捞，应该说挣嘛。"

记者严肃地说："注意，钱能使人变坏。"他讲了一位个体户吃喝玩乐的故事，伸出指头对着宋波的头说："最后那小子'啪'的吃了一粒子弹（bullet）。"

宋波脸红心跳，镇静了一下，说："并不是每个经商的人都是坏蛋。而且经商也不容易，首先你要掌握市场情况和不同顾客的心理。"

他的话又一次被打断了。

女演员喝得脸蛋红红的，格格笑着说："啊，多有意思。"

科长拍拍宋波："得了，你这个奸商，同志们，我提议为奸商干杯。"

他们一直喝到酒店关门。宋波叫了辆出租汽车，准备和朋友们一块回去。车刚停稳，秘书就叫道："各位，听我的话，谁也别挤，一个一个上。"他首先让记者和科长上了汽车，然后是演员，最后他自己也钻了进去。宋波目瞪口呆，直到这时他才明白，因为干了个体户，他在朋友们的心目中已经没有一点价值。

（据晋川《丧失名誉》改写，见《处理原子弹》，团结出版社1990年第1版）

回答下面的问题：

1. 在宋波朋友们的眼睛里，宋波的职业值得羡慕吗？他们看得起他吗？

2. 在你们的社会，什么职业最有社会地位？

3. 你怎样看待中国社会个体户有钱没地位，知识分子有地位没钱的问题？

陌生的称呼

上午，商业局吴书记正在办公室里看文件，一位戴眼镜的同志轻轻推开门伸进头来。

"同志，请问吴明同志在吗？"来人很有礼貌地问。

"不在"，吴书记头也没抬的回答。

"请问他到什么地方去了？"来人又问。

"这……"吴书记有点不耐烦了，说，"不知道"。

"对不起。"来人抱歉地点点头，退了出去。

吴书记站起来把门关上。他还没有全部坐到椅子上，门又"笃笃"地敲响了。

"谁？"他有点生气了，怎么老是敲门。

"是我，吴书记。"听声音，吴书记知道这是办公室的王秘书。于是上前拉开了门。

"什么事？"他有点不快的看着秘书问。

"吴书记，有人找。"秘书说，身子向旁边一闪。

抬头一看，吴书记一愣：原来是刚才那位戴眼镜的同志。

"您就是吴明同志吧？"来人还是有礼貌地问。

听惯了别人称呼吴书记的吴明同志一愣，啊：原来是找我自己。脸一红，只得答道："是，是，我叫吴明。"

（据刘彬彬《陌生的称呼》改写，见《微型小说选》，江苏人民出版社 1984 年第 1 版）

回答下面的问题：

1. 吴书记为什么不习惯别人称呼他名字？

2. 在中国，人们一般用什么称呼别人？

3. 以前你工作过吗？你怎么称呼你的老板？现在在中国，你怎么称呼你碰到的学校领导？

条件决定婚嫁

目前在征婚广告中，在婚姻介绍所的申请表中，都可以看到"条件般配"仍有力地决定着男婚女嫁。宁海路婚姻介绍所的主任，常常遗憾好事难成。因为人们将条件定得太死，差一点点，也坚决不肯见面。她说，有位技工好学上进，技术精，文化基础好，收入也高，可是有大专文化水平的姑娘，没有一位愿意和他交往。据了解，现在的一些大龄青年，一些面临危机的婚姻，大都是"唯条件论"造成的。这些人一味强调身高、学历、工作单位、市内住房等，差一点都不行，不知错过了多少好机会。

（据李兰陵《条件般配，主宰婚嫁》改写，见《扬子晚报》1990年7月10日第2版）

回答下面的问题：

1. 在婚姻问题上，什么"条件"起决定作用？

2. 在你们国家，决定婚姻的是什么？它受不受家庭、财产、社会地位等的影响？

等　　车

出了火车站，三十多岁的厂技术员孙建华朝公共汽车站走去。正是早上上班时间，厂里许多人都在等车，他出差半个多月了，见到熟人感到特别亲热，忍不住要开几句玩笑。

"李胖子，哎呀，怎么两个星期不见就瘦了这么多？是不是女朋友又要推迟婚期？"被称为李胖子的笑了笑，竟然没有回嘴。孙建华有点奇怪。转身看见黄师傅站在旁边，又问："您昨晚在路灯下又下棋下到十二点？"平时，黄师傅听有人这么问他，就会很高兴地把自己下棋的结果发布出来，可今天黄师傅接过话头却说："没有，没有，我好久没下棋了。要一心扑在工作上。"孙建华更奇怪了。这时他又看见从马路对面走过来一个衣着美丽的姑娘，就故意做出一副惊奇的样子说："小方真是越来越漂亮了。"这一声，把大家的目光几乎都拉向了方萍。平常跟孙建华常开玩笑的方萍，却严肃地回答："请你讲话注意点影响。"说完，就走到汽车站的另一头去。这一下，人们的目光又全射向了孙建华。孙建华一向喜欢和人开玩笑，跟谁都谈得来。可今天他真不明白："这是怎么回事？"

他正在胡想，忽见厂里的小车开到身边。车门开了，走出个大汉，厂行政科的汪科长。他拿起孙建华的旅行袋说："上车，上车，孙厂长，我是特意来接你的。""怎么回事？"不知什么时候已站在旁边的方萍说："你还不知道吗？提你当副厂长的报告昨天已批下来了。"

噢，原来如此！唉。

（据夏小平《等车》改写，《微型小说选》，江苏人民出版社）

选择正确的答案：

1. 大家都不喜欢孙建华当厂长，所以，谁也不愿意跟他说话、开玩笑。（对/不对）

2. 因为孙建华当了厂长，所以大家不敢再和平时一样跟他开玩笑。（对/不对）

3. 孙建华不喜欢人们这样对待他。（对/不对）

发　言

市建筑设计院一年一度的职称评定工作又开始了。星期六下午，二室开会，听取助理工程师小李的工作报告。

小李的报告读完了，该大家发表意见了，看看是否同意把小李提为工程师。

一刻钟之内，谁也没说话，只有室主任不断地在说"说说，大家都说说。"

室内静静的。刚分配来的大学生小张坐不住了，他犹豫了一下，终于说："从小李的报告来看，他的工作很出色，也取得了较大的成绩，他的年龄也够了，我想，他应该提升为工程师了。"

小张的话还没完，大家的眼睛就全转向了他，盯着他看了足足三分钟，就好像他脸上多了个眼睛似的。小张不知道自己说错了什么，他慌得低下了头，脸通红。过了五分钟，室主任开始发言了，他肯定了小李的成绩，也提出了希望。接下来，是室里的高级工程师发言，然后是工程师们，从老工程师到小工程师，一个一个，谁前谁后，像是排好了队似的。当然，最后，是助理工程师们。大家纷纷表示，同意提升小李为工程师。

现在，小张终于明白，他错在哪儿了。

选择正确的回答：

1. 大家都不发言，是因为对小李有意见，又不愿意讲出来。（对/不对）

2. 小张不了解情况，说错了话，所以大家都看他。（对/不对）

3. 中国人的会议发言，常常有一些不成文的习惯，你知道这些习惯吗？

4. 在你们国家，开会的时候，年轻人是否可以批评年长的人，指出他们的错误？在中国，一般情况下，人们会这样做吗？

八、跨文化交际问题讨论：

1. 在下列各种职业中，人们认为哪种职业社会地位高？请按顺序排列。

　①有钱的个体经商者　　　　⑤新闻记者
　②中学教师　　　　　　　　⑥清洁工人
　③技术工人　　　　　　　　⑦工厂厂长
　④机关中层干部　　　　　　⑧大学校长

　　中国人认为——

　　你认为——

2. 如果张××是个副厂长，人们大都怎么称呼他？

张××同志　　老张　　张副厂长　　张厂长　　张先生

中国人——

你们自己——

3. 在下面的条件中，哪些是选择对象的重要条件？把最重要的排在前边，列个顺序。

①户口　②单位　③钱　④文化程度　⑤身高　⑥家庭
⑦相貌

中国人——

你自己——

4. 请分析下列三则征婚启事，说明哪些条件决定着人们的婚嫁。

A：女，63年生，高1.59米，体健貌端，高中。离异有一女，住市郊，月工资200元。诚实善良。觅53年后生，高1.70米以上，企事业、部队、机关工作，有住房，修养好男士，婚否不限。

B：女，22岁，高1.61米，未婚，大专，干部家庭，国营企业技工，觅条件相宜男友。

C：女，34岁，高1.61米，大专从军。军干家庭。离异有五岁爱子，爱好文学、法律，觅本市修养好，条件适宜，35—40岁男子。

5. 请谈谈你们国家各方面的等级现象，并与中国作比较。

第十一课　同一观念

公众舆论

【Ⅰ】（伊凡和安娜拿着报纸和书去找王老师。见到王老师后，请他先看三篇小文章。于是，王老师看到：）

　　我曾羡慕那些勇敢的外国老太太。那么一大把岁数了，竟然敢把那种火一样燃烧、血一样艳红的衣服，大模大样地穿到街上来。

　　我就不行了。

　　我曾多么渴望一件玫瑰红色的上衣。可是直到今天，我也没有勇气去买一件穿在身上。

　　（引自王英琦《我遗失了什么》，见《获奖散文集》，陕西人民教育出版社）

　　我今年 28 岁了，我不能不赶紧找对象结婚。你问我为什么不独身，那太难了。爸爸妈妈决不会同意。不结婚单位不给房子，兄弟姐妹也不能容我老住在家里。更重要的是，别的人——同事、朋友还有领导会怎么看我呢？他们肯定会认为我不正常。我呀，不想结婚也得结婚，这叫没办法。

　　我最赞成婚事新办了：买上一套家具，花上几百块钱两个人出去旅游一下，多好！一来不用借债辛苦父母；二来不用筹办宴席劳累自己；三来不用朋友送礼麻烦别人，真是又舒畅又自由。至于家用电器什么的，以后有钱再买呗。可是我女朋友偏偏不同意，她宁肯推迟婚期，也得把所有的一切都买全了。除了彩电、冰箱、洗衣机、组合音响、吸尘器以外，还要什么录像机、微波炉、电烤箱、电饭锅、电炒锅、食品搅拌机，还有纯金首饰，高级礼服什么的，少了一样也不行。另外，结婚时还要乘出租车。我的天哪！她家到我家走路也只要 5 分钟，乘什么车呀？这样一来，两万元也不够。借那么多钱，结婚以后也过不好，这可真是太愚蠢了。但是，话又说回来，我也能理解她，她的朋友们结婚都是这样的，如果她不这样，别人会怎么想呢？别人肯定会说闲话的。

伊　凡：王老师，您看他们总是在担心"别人会说什么"，"别人会怎么看"，"别人会怎么想"，穿衣服、买东西、结婚，都是自己的事，与别人没关系，干吗要考虑别人怎么想？类似的话我在别的场合也听到过。

王老师：这是受映照性文化支配的结果。中国人认为，人，只有在其社会关系中才能成为人；没有社会关系了，人也就不存在了。人们对自己和他人的评价也是在以社会关系为背景的比较中进行的。比较的对象一般是自己那个阶层，自己周围，特别是自己那个小圈子的人。

安　娜：我明白了。这样一来，人们在交际中就时时要考虑别人会怎么想怎么看，是不是？

【Ⅱ】

伊　凡：哎呀，那就没有个人生活的自由了么？大家的生活方式都一样有什么意思？您以前说过交际文化中的映照性，它使人们在交际中说话委婉含蓄，自谦敬人，时常照顾别人的感情和自尊心，很有人情味，挺好的。可是现在，我觉得它也有消极的影响。

王老师：是啊，这种映照性造成了许多人的同一观念，从众心理。

伊　凡：映照和比较使许多人不但要求自己与别人一样，并且也要求别人和自己一样，否则就要说闲话，对吗？

王老师：对。人们常常按照自己那个小圈子的"公众"舆论和标准来评价一件事情。如果你是这个圈子的人，做的事却不符合这个圈子的标准，周围的人就会批评，说闲话，当事人也会感到懊丧。这就使得许多人在做事之前要先考虑"公众"舆论——别人会怎么想，别人会怎么说。那种不考虑公众舆论，只按自己愿望办事的行为，被叫做"我行我素"、"一意孤行"，被认为是不妥当的。

安　娜：看来，这种公众舆论是种压力。

【Ⅲ】

王老师：是啊！问题的关键有时不在于别人会怎么看，而在于当事人心里会怎么想。比如，当许多朋友都有一件值钱的东西以后，没有的人心理就感到不平衡了，心想，难道自己不如别人，比别人穷吗？就得买回一件才安心。

安　娜：也就是说，人们不但要互相比较，还要在比较中追求同一？

【Ⅳ】

王老师：是啊。这种同一观念对中国经济发展的影响也很大。比如说，别的国家电视机冰箱等耐用消费品的普及往往需要十几年，几十年的时间，因而这类产品的生产可以逐步发展和扩大；而我国耐用消费品的普及却常常在几年之内就能完成，这常常导致一开始的供不应求和后来的生产过剩。这种现象曾使许多经济学家感到不解，其实主要的原因不在于经济本身而在于文化，在于攀比和同一观念。

【Ⅴ】

伊　凡：大家都努力使自己与众人一致，一旦自己与众人不一致，又会怎样呢？

王老师：别人会觉得你不可理解，会离开你，你会感到很孤立，很难受。这时，你只有两条路可以走：一条是跳出这个小圈子，离开这个环境，到自己能与之一致的环境中去；另一条路是留在这个圈子中，但行为得与他们一致。

安　娜：我们的观念可不一样，我们提倡多样性，反对同一，所以我们在日常生活中无论是穿衣吃饭还是结婚成家都可以选择自己喜欢的方式，任何人都没有权利也不会去责备他们。哦，我想起来了，您说过中国人总是淡化自己个人的作用，不去表现自己，这是否也是受同一观念的影响？

【Ⅵ】

王老师：对极了。同一观念过重会走向反面，甚至"不敢为天下先"。中国人以前常说："人怕出名猪怕壮"，"枪打出头鸟"。但如果人人都害怕与别人不同，那世界就不会有进步。所以十年的改革开放，对中国人的同一观念冲击很大。你看，现在姑娘们的衣服，五彩缤纷，花枝招展，再也不是"阳光下一片蓝色的蜻蜓"了。由于开放带来了不同文化的交流，人们对于生活方式多样化也不再感到奇怪和不解。连独身者，婚后志愿不育者也在知识分子阶层悄悄出现。改革开放使中国日益投入世界范围的竞争，使得人们不能不力争"为天下先"，不得不提高自己的知识水平，争当"出头鸟"，以便得到施展才能的机会。虽然传统观念的影响仍然是很大的，变化是逐步的，缓慢的，但同一观念的改变毕竟已经开始了。

生　词

1. 大模大样　　　　（形）　形容轻视别人和不在乎的样子：他

dà mó dà yàng 　　　　　　　　　 ～地走进了厂长的办公室。(in an ostentatious manner, with a swagger)

2. 渴望　kěwàng　（动）非常希望：孩子们都～着买那种大玩具。(long for, thirst for)

3. 容　róng　（动）允许，让：不～解释。(permit, allow)

4. 债　zhài　（名）欠别人的钱：借～；还～。(debt)

5. 筹办　chóubàn　（动）想办法举办：老王到处借钱～儿子的婚礼。(make preparatiens, make arrangements)

6. 舒畅　shūchàng　（形）舒服愉快：花园的空气令人感到十分～。(happy, entirely free from worry)

7. 偏偏　piānpiān　（副）①表示事实跟所希望的相反：我有急事找老王，没想到～找不着他。②表示故意做与别人的愿望估计相反的事：大家都希望他来，他却～不来。（也可单用"偏"）(the speaker finds that what has happened is contrary to what he wished or expected; someone stubbornly or deliberately does something which is contrary to what is expected.)

8. 愚蠢　yúchǔn　（形）傻、笨：那是个～的人。(stupid, foolish, silly)

9. 闲话　xiánhuà　（名）①不满意的话：他不喜欢说别人的～。②与正事无关的话：我没有什

么事，只是来说说～。(complaint, gossip；digression)

10.	类似 lèisì	（形）	大致相像：找找发生事故的原因，不要再发生～的事。(similar)
11.	支配 zhīpèi	（动）	①影响控制：思想～行动。②安排：好好地～时间。(affect, control；arrange，budget)
12.	评价 píngjià	（动）	①评定价值高低：～他的工作。②评定的价值：人们给予这部作品很高的～。(appraise, evaluate)
13.	时常 shícháng	（副）	常常：他～去老王家。(often)
14.	消极 xiāojí	（形）	否定的；反面的：阻碍发展的（跟积极相对）：～言论；～影响；～因素。(negative；inactive)
15.	公众 gōngzhòng	（名）	社会上大多数的人；大众：～意见；～领袖。(the public)
16.	舆论 yúlùn	（名）	群众的言论：社会～；国际～。(public opinion)
17.	当事人 dāngshìrén	（名）	跟事情有直接关系的人：他就是那件事情的～。(person concerned)
18.	懊丧 aòsàng	（形）	情绪不好，不愉快：丢了钱以后他十分～。(upset；dejected，despondent，depressed)
19.	压力 yālì	（名）	①大气压力。②制伏人的力量：舆论的～；上级的～。(pressure)
20.	在于 zàiyú	（动）	决定于：去不去～你自己。(be determined by，be up to)

21. 平衡　pínghéng　（动）　对立的各方面在数量或质量上相等或相抵：收支～，心理～。(balance, equilibrium)

22. 普及　pǔjí　（动）　①普遍地传到（地区、范围等）：电视机已经在农村～了。②普遍推广，使大众化：～科学知识。(popularize；spread)

23. 导致　dǎozhì　（动）　引起：粗心大意～了这场事故。(lead to, bring about, cause, result in)

24. 供不应求　（短语）　供给不能满足需求：这种服装很受gōng bù yīng qiú　欢迎，～。(supply falls short of demand)

25. 不解　bùjiě　（动）　不理解：他的行为使人们感到～。(not understand)

26. 攀比　pānbǐ　（动）　比较（带贬义）：不要与别人～。(implicate and compare)

27. 一旦　yīdàn　（副）　不确定的时间词，①表示忽然出现某种情况，意思是"忽然有一天"：同学三年，～分别，怎么能不想念呢。②表示假如有某种条件，意思是"要是有一天"：这瓶子～摔破了，就没有用了。 (once, in case now that)

28. 孤立　gūlì　（形）　得不到同情和帮助：他们觉得很～。
　　　　　　　　（动）　使得不到同情和帮助：～敌人。(isolated, isolate)

29. 出头　chūtóu　（动）　出面，带头：每次活动都是李明～。

（appear in public，come forward）

30. 蜻蜓　qīngtíng　（名）　一种昆虫：～下雨前总是飞得很低。
（dragonfly）

31. 志愿　zhìyuàn　（副）　自愿：我～帮助他。
（名）　志向和愿望：我们的共同～是考上大学。（do sth. of one's own free will；aspriation，wish，ideal）

32. 日益　rìyì　（副）　一天比一天：我们之间的友谊～增长。（increasingly，day by day）

33. 竞争　jìngzhēng　（动）　为了自身的利益去争胜：贸易～；两人在学习上～得很激烈。（compete）

34. 施展　shīzhǎn　（动）　发挥（能力）：～本领；他把全部技术都～出来了。（put to good use，carry out）

35. 缓慢　huǎnmàn　（形）　不快，慢：行动～；他做事总是很～。（slow）

36. 毕竟　bìjìng　（副）　表示强调，用在前一分句强调原因；用在后一分句强调原有的情况、性质不变。意思是"终究、终归、到底"：他～是个老工人，有经验，一下子就把车修好了；这人虽然有缺点，～有能力。（after all，all in all）

练　习

一、把 A、B 两组中的同义词用直线连接起来。

A　　　　　　B
容　　　　　傻
时常　　　　相像

舒畅	常常
愚蠢	允许
类似	引起
支配	满不在乎
导致	愉快
大模大样	影响

二、利用课文的上下文解释下面的词语：

1. 敢为天下先

2. 人怕出名猪怕壮

3. 我行我素

4. 一意孤行

5. 枪打出头鸟

三、用下面的词语填空：

毕竟，　宁肯……也不……　这样一来……　离开

并且，　孤立　经过　不解　日益

我喜欢读书，每到休息时间，我　1　看书，　2　和别人打扑克，聊天。　3　，我在我那个小厂的工人们中显得很突出，也很　4　。很多人对我感到　5　，也不喜欢我。我觉得很难过，决心　6　这个环境，到一个我适应的地方去。　7　几年的努力，我的文化水平　8　提高，最后，我通过了电视大学的毕业考试，　9　调到一个图书馆工作。这个工作虽然我仍不很满意，但　10　比以前好多了。

四、造句：

1. 一旦

①这儿总是下雨，一旦天晴，_____。

②朋友之间靠信任维持感情，_____，朋友关系也就不存在了。

③_____，一旦着火，就会烧去许多房屋。

④三年来，我一直在研究这件事，一旦成功，_____。

2. 偏偏

①星期天我们打算出去旅游，_____。

②_____，偏偏就碰上了他。

③我叫他不要带孩子来，_____。

④_____偏偏关了门，使我什么也没买到。

3. 在于

①能不能通过考试，_____。

②你是不是个好人，不在于_____，而在于_____。

③_____在于你的努力。

④_____在于你能不能够得到她的信任。

4. 毕竟

①他毕竟是个老师，_____。

②他们毕竟年轻，_____。

③他的批评虽然很严厉，_____。

④这间屋子虽然不大，_____。

五、给课文的六个段落加上标题。

[Ⅰ]

[Ⅱ]

[Ⅲ]

[Ⅳ]

[Ⅴ]

[Ⅵ]

六、把下面的短语按顺序排列成短文并加上标点符号：

①大声喊痛　　②一摸伤口　　③有一个人被狗咬伤　　④但他却高兴地说　　⑤这样一来　　⑥满手是血　　⑦好在没有穿袜子，否则损失就大了　　⑧大家不但不为他担心，反而笑得要死

— 180 —

七、语段表达

用下表提示的内容说一段话，谈谈同一观念的表现和你的看法。

语段框架	句际组合方法
主题句	
几个方面的表现 我的看法	一来　二来…　首先　其次 第三…　但是　不过　其实（不然） 可是　然而　当然（了）　话又说回来…
本课新词语： 渴望　偏偏　闲话　类似　评价　公众 舆论　压力　在于　孤立　一旦　日益	

八、文化情景读和说

下面的五篇短文，显示了同一观念的种种表现。快速阅读，然后讨论并回答短文后边的问题。

攀　比

我家住在城南。一间十三平方米的房间，本来就已经很挤了，但是妻子还嫌不够，看见别人家有的东西，她都要买。

你到我们家来看看，大橱顶上摆满了洗脸盆、热水瓶、电扇、儿童自行车……半截橱上放着电视机，可电视机上还有一台录音机；双人沙发毫不客气地占了房间的三分之一，来客只要伸伸腿，脚就能碰到床。尽管挤成这样，妻子还要买吸尘器。我说："你这是干什么？家里又没地毯，买了有什么用？"她却说："过去我们收入低，买不起，现在我们生活条件好了，不能让亲戚朋友看不起!"

家里添了这么些家用电器，并没有给我们家带来快乐。没过几天，妻子感到有些东西实在没有什么实用价值，就把它们堆在楼梯走道里。每天上班下班，看着妻子用几百元钱买来的吸尘器，与那些乱七八糟的东西堆在一起，心里就不高兴。

（据方德辉《攀比》改写，见《周末》报 1990 年 7 月 28 日第 3 版）

回答下面的问题：

  1. 妻子为什么要买那么多东西？

  2. 为什么别人家有的东西，妻子都要买？

  3. 如果别人家有的东西他们没有，妻子心里会怎么想？

"看女人"

有人做过一种行为学实验："看女人"。做实验的男人用善意的眼光去看陌生的香港女性和美国女性，目的是让她们知道自己很有吸引力，然后看她如何处理自身的这个"吸引力"。实验的结果是，80%的美国女性会表示高兴，有的还会向你微微一笑或打一声招呼：Hi！而几乎 100%的香港女性会感到不安、不舒服，甚至生气或避开。

回答下面的问题：

  1. 当一个女人知道自己很有吸引力，很受男人喜欢的时候，为什么香港女人会不安甚至生气？为什么美国女人会高兴？

  2. 如果你是一个男人，你会这样看女人吗？中国男人会这样吗？

茶色贝雷帽

老周一直想买一顶法国贝雷帽，他觉得戴上这种帽子既有军人气质，又有艺术家的风度。

星期天，老周去商店仔细挑选了一顶茶色贝雷帽。晚上，他戴上贝雷帽在穿衣镜前一照，立刻感到年轻了许多。可妻子却说："这么大年纪了打扮得这么时髦（fashionable）干什么？""这样有什么不好？我看挺合适。"儿子对爸爸表示支持。

第二天，老周戴上贝雷帽去食堂买饭，一路上，步子迈得轻松而有力。

大家见到老周，十分惊奇。

"老周"，老赵首先问，"你这是什么帽子？"

"贝雷帽。"老周笑着答。

"还是洋玩艺呢！"老钱插上一句。

"人家老周要标新立异！"

"哈哈哈……"

老周没想到这顶帽子引起了这么多的议论，心里很不高兴。

回去的路上，老孙喊住了他："老周，你可别脱离群众啊！"老孙是老周的好朋友，他了解老周的脾气，他不希望老周为这小小的帽子使别人说闲话。

"不，我就是要戴贝雷帽！"老周生气了。

老周的帽子成了宿舍大院议论的中心。大院失去了往日的平静。

过了两天，老周依然戴着贝雷帽进进出出，他感到各种异样的眼光在盯着自己，到了第三天，这种感觉更强烈了。

这天晚上，妻子下班回来拿出了一顶街上很多人戴的那种深蓝色的鸭舌帽："老头子，把你那顶怪帽子换下来吧！"

"爸爸，别……"儿子说。

"你想戴，给你！"妻子把儿子的话堵了回去。

这一夜，妻子听见老周不停地翻身……

第四天一早，老周换上了深蓝色的鸭舌帽去食堂买饭。一路上，他的步子沉重而无力。

大院又恢复了往日的平静，而老周却沉默了许多，也老了许多。

（据冯白平《茶色贝雷帽》改写，见《小小说选刊》1988 年第 5 期）

回答下面的问题：

1. 老周为什么不戴他喜欢的贝雷帽，而戴他不喜欢的鸭舌帽？

2. 如果你遇到老周这样的情况，你会不会像老周一样？为什么？

3. 按照中国人的观点，你觉得老周应该怎么做？

幽 默 故 事

海船快要沉了，船员们要求船上的五位乘客紧急跳海，他们都不同意。于是船长亲自来说服他们，结果他们都跳了。后来船长说出了他成功的秘密：对于那个英国人，你应该告诉他跳海是一个伟大的行动；对那法国人，只需对他讲此事确实很浪漫；对于俄国人，你必须让他明白这是领导的决定；而要让美国人跳下去，就得告诉他，已经对他作了巨额的人身保险了；我故意把那个中国人放在最后，等别人都跳了以后，我就告诉他："别人都跳了，你也跳吧。"

回答下面的问题：

1. 为什么船长对中国人这么说？

2. 为什么船长对英、法、俄、美的人有不同的说法？这说明了故事作者的什么观点？

午 间 休 息

对于中年人来说，白天上班时要忙工作，晚上下班后要忙家务，而中午则是一天中最空的一段时间。所以，一到中午，想休息的便倒在办公室沙发上睡上一会；要买东西的正好上街去逛逛；实在没事的，或者打打扑克，或者打打毛线。我呢，自有我休息的地方。每天饭碗一放，我就拿本书，向外走去，大约十分钟的路，就是一座有山有水的公园。

一进园门，顿时心情舒畅，各种烦恼，全丢在脑后，如果是冬天，找一处避风向阳的高坡，躺在地上，看看天空、白云。到了夏天，坐在水边凉亭，看看小说，读读诗。想唱，就唱上一首，想说，就找人聊天。往往休息片刻，就全身舒畅。

不过，时间一长，就有人说闲话了。有一天中午，我拿起书正要走，身后的牌桌上有人说话了："怎么这样不合群呀，一本书夹来夹去的！"我只是笑笑，照样走路。我想，你打你的牌，我去我的公园，各干各的，不是很好吗？可是一天，办公室的老夏找到我了，一边笑一边说："我说你呀，即使不打牌，站在旁边看看也可以呀。都是一个办公室的人嘛。你干什么夹本书，显得那么特别呢？"

我一句话也说不出……

（据郁奋《留一处潇洒》改写，见《扬子晚报》1991 年 3 月 23 日第 3 版）

回答下面的问题：

1. 为什么别人觉得"我"夹本书就很"特别"？
2. 为什么"我"一句话也说不出？他以后会怎么办？
3. 在你的国家，如果你也这样，别人会怎么看？

九、跨文化交际问题讨论：

1. 有一个女孩子三十岁了还没有对象，人们会怎么看？

中国人——

你们国家的人——

2. 一个朋友送给一个女人一件比较时髦的衣服，她以前从没穿过这么时髦的衣服，在她的周围也没有人穿这么时髦的衣服。这时她打算怎么办？

中国人——

你自己——

3. 一个人的朋友或同事、同学、邻居家都有了彩色电视机或高级摄像机，这时他还没有，他会怎样做？

中国人——

你自己——

4. 一个正在找对象的女大学毕业生，她的几个好朋友的对象都是大学毕业生或研究生，而且也都是高个子，那么她的标准呢？

中国人——

你自己的国家——

第十二课　家庭观念

会议记录

【Ⅰ】（下面是一个小型学术座谈会的会议记录。）

主持人：今天我们要讨论的题目是"中国人的家庭观念"。随着中国的经济发展和走向工业化，中国的家庭正在缩小，家庭结构也正在起变化，古老的几代同堂的大家庭已愈来愈少，而核心家庭和单亲家庭日益增加。尽管如此，与其他国家相比，中国的家庭仍然较为稳定，人们对家庭抱有强烈的责任心，家庭的功能受到强调。下面请各位就中国人家庭观念的表现、原因及近十年来的变化谈谈自己的看法。

宋安邦：我看，中国家庭的稳定主要表现为夫妻关系稳定，离婚率比较低。其原因主要是中国的文化传统使得男女双方都十分重视家庭和夫妻关系。女子"从一而终"的传统观念自然有利于家庭稳定，男子成家立业，"治家平天下"的责任感也有利于家庭稳定。试想，不能治家，怎能平天下？因此，作为一个男子，若不能保持家庭的稳定，将面对内外两方面的压力：外部舆论会认为他没有能力治好家，在生活上是个失败者，而他的内心也因为这种失败感而格外懊丧。这样一来，男女双方都会尽力保持家庭的稳定。

刘卫国：家庭稳定离婚率低的另一个原因是，离婚需要面对其他的难题：孩子的悲伤，单位领导的批评，亲戚朋友的责备，还有住房紧张的折磨。中国人的报恩观念也使得许多"畸形婚姻"得以维持下去。例如文化革命时期，一些受迫害到乡村去的知识分子，文革后成了大学教师、研究人员或著名作家，当时娶了不识字的女子为妻，现在大多仍然维持着家庭关系。这些人认为，在自己艰难的日子，自己的妻子跟着自己吃苦受难，现在自己地位提高了，应当与妻子共同享受好日子，这才符合中国人的良心和道德。"将心比心"，"投桃报李"嘛。再说，文化程度的差别比起离婚带来的难题小多了，所以人们也就忍耐着不闹离婚。

陈丽明：是啊，因为离婚难，许多人选择配偶时就十分谨慎，多方面长时期了解后才肯结婚。由于婚前基础好，离婚率也就低。这是家庭稳定的第三个原因。

范世冲：我看，第四个原因是传统的"男女严防"，再加上中国人对性的问题十分严肃，认为性生活只有和婚姻联系在一起才符合道德，没有婚姻就不应有性生活。无论夫妇哪一方，婚外性生活被公众舆论认为是不道德的，叫做"乱搞男女关系"。一旦乱搞男女关系被人发现，就成为社会丑闻，当事人名声扫地并且还常常受到所在单位的批评，影响未来的工作前途。这使大多数人不敢也不愿搞冒险的婚外游戏，使得两地分居的家庭也容易保持稳定。

常维清：你们刚才谈了四点，我再来补充一点。我认为中国家庭稳定还有一个重要原因是家庭内部夫妻关系比较平等，他们共同创造家庭的财富，共同克服家庭的困难，共同决定家庭的经济开支、子女教育、照顾父母等大事，并且共同分担家务。其原因主要是政府鼓励妇女就业，实行男女同工同酬的政策。使得大多数家庭夫妇双方收入水平差不多。正是这种经济地位给予妇女在家庭中的平等权利。由于夫妇双方都工作的家庭生活水平大大高于仅有男方工作的家庭，所以 80％以上的人赞成女人参加工作。当然，尽管男人们分担家务，家务事还是女人干得多。

【Ⅱ】

张晓燕：以上几位谈到家庭中的夫妇关系，的确是以稳定为特征的。我想谈谈中国家庭中的代间关系。它远不像夫妇关系那样简单，而是相互依赖、相互冲突、相互矛盾的。这表现在两方面：一方面在家庭中仍保持着"孝顺"敬老的传统，作为下一辈仍然尊敬和照顾老人，即使长辈的安排不符合自己的心意，也尽可能服从他们的意志，免得产生矛盾，至少是不当面顶撞长辈。照顾老人被认为是子女应尽的义务。凡是虐待老人的人均会受到社会舆论的谴责，受到左邻右舍的鄙视，严重者还会受到法律的制裁。另一方面，你们看（她挥了挥手中的报纸），青年们依赖老人，要老人补贴子女的生活费用已成为老年人的沉重负担。江苏常州市的一个调查表明，已经离退休的老人补贴子女的费用多达他们月收入的 1/2 左右。这两方面不是互相矛盾和冲突的吗？

叶青青：我同意小张的观点，我觉得，父母们对孩子们的行为也是相互矛盾和冲突的。一方面，他们总是乐意为孩子做任何事情，除了在生活上尽量照顾孩子以外，还为孩子走后门升学、找工作、找对象、安排婚事、住房、照顾子女的孩子等。另一方面他们又常常要求孩子们有出息并干涉孩子们的自由，阻碍孩子按照自己的愿望选择职业、单位和配偶。这也是相互矛盾的行为。

刘跃进：我认为小张和小叶讲的虽然是矛盾的现象，却都是映照性文化的反映。映照比较，由我及人，由人及我，人我的界限不清，在家庭内部更是如此。把自己的意志当作别人的意志，把别人的权利当作自己的权利，就使得中国人的代间关系出现了这种矛盾，这是不奇怪的。

【Ⅲ】

主持人：刚才大家谈到了夫妻关系和代间关系，你们觉得最近十多年的改革开放，人们的家庭观念有没有什么变化？

常维清：首先是离婚率上升了。自从政府实施新的离婚法律后，离婚变得容易多了。原先必须夫妻双方都同意才能离成，现在只要一方提出来就行了。其次是人们的思想更开放了：生活上合不来的夫妻不考虑什么"面子"而考虑重新选择生活，其他的人也逐渐变得能够理解别人的离婚了。

范世冲：老常说得对。还有第三个变化就是人们的生育观念也在变，城市的职业妇女大多不愿意多生孩子，自愿不育家庭也在悄悄出现。大城市中的晚婚特别是晚育越来越普遍。当然，农村妇女还是愿意多生育，因为生儿育女的开支少，家庭劳动力多更容易致富，加上传统的观念"不孝有三，无后为大"、"养儿防老"嘛。我看要不是实行独生子女政策，人口出生率将不会下降。

【Ⅳ】

刘卫国：你们说，独生子女政策将会给家庭带来什么变化？

叶青青：将来的家庭结构将变成"四二一"倒金字塔形：四个祖父母，两个父母加一个孩子；将来这一个孩子也许无力照顾上面的6个长辈；将来有兄弟姐妹的人可能更容易找到对象；将来男人结婚后住在女方家也许更为普遍。

张晓燕：将来呀，现在的一套亲属称谓系统大都会消失。什么伯伯、叔叔、哥哥、姐姐、妹妹之类的将更多地用于社会称谓，不用于表示家庭关系，而舅舅、姨妈、堂兄、表姐之类的称谓则可能完全消失。

宋安邦：小张真不愧是搞语言的，"三句话不离本行啊"。

（哈哈哈……大家都笑了。讨论会继续进行……）

生　词

1. 主持　zhǔchí　（动）①负责掌握或处理：节目～人；～会议。②维护：～正义；～公道。（take charge of；manage；direct；chair / up—hold，stand for）

2. 缩小　suōxiǎo　（动）由大变小：棉衣服洗过后～了；～范围。（reduce；lessen；narrow；shrink）

3. 功能　gōngnéng　（名）事物或方法所发挥的作用：这台机器～不错。（function）

4. 就　jiù　（动）①从事，开始进入：～学；～业。②凑近、靠近：～着灯光看书。③依照现在情况顺便：～近；～事论事；～这件事而言。（undertake；enter upon / come near；move towards / suit；fit）

5. 率　lǜ　（名）两个数在一定条件下的比值：增长～；离婚～；出生～。（rate；proportion）

6. 面临　miànlín　（动）面前遇到问题、情况等：～困难；～考试。（be faced with；be confronted with）

7. 外部　wàibù　（名）表面，某一范围以外：树干～；地

球的～空间。 (outside; exterior;
surface)

8. 面对　miànduì　（动）　面向，在…面前：～父母；～困难
不害怕。(face, confront)

9. 难题　nántí　（名）　难解决的问题：考试时遇到了做不
出来的～；生活中经常有～。(diffi-
cult problem; poser)

10. 悲伤　bēishāng　（动）　伤心难过：得知祖母去世的消息，小
菁心中非常～。(sad, grieved, sor-
rowful)

11. 折磨　zhé·mo　（动）　使在肉体、精神上受痛苦：长期的
病痛很～人。

（名）　肉体上、精神上受到的痛苦：受不
了病痛的～。(cause suffering; tor-
ment)

12. 报　bào　（动）　报答，用行动表示自己的感情：您
给了我这么大的帮助，今后我一定
～答您；～仇；～恩。 (repay,
requite)

13. 恩　ēn　（名）　好处，恩惠：～情，救命之～。(kind-
ness, favour, bunty)

14. 畸形　jīxíng　（名，形）　(发育)不正常的(形状)：～的婴
儿；如果有较高的物质享受，却只
有低级的精神生活，这也是一种～
发展。(deformity, unbalanced)

15. 维持　wéichí　（动）　保持，使某事物、情况等继续存在
下去：～秩序；～家庭生活。(keep,
maintain, preserve)

16. 迫害　pòhài　（动）　压迫，使人受害（多指政治性的）：政治～。(persecute)

17. 乡村　xiāngcūn　（名）　农村：城市与～的差别。(countryside, village)

18. 娶　qǔ　（动）　跟"嫁"相对，把女子接过来结婚：～妻；～媳妇。(marry a woman, take to wife)

19. 艰难　jiānnán　（形）　困难：行动～；生活～。(difficult, hard)

20. 难　nàn　（名）　不幸的遭遇，灾难：受苦受～；飞机失事，她父母都遇～身亡了。(calamity, disaster; adversity)

21. 良心　liángxīn　（名）　内心对是非、行为的正确认识：办事情要公正，有～。不要做没～的事。(conscience)

22. 配偶　pèi'ǒu　（名）　爱人，指丈夫或妻子 (spouse)

23. 谨慎　jǐnshèn　（形）　小心，对外界或自己的言行非常注意：办事情要～，别出差错。(prudent, cautious)

24. 性　xìng　（名）　有关生殖或性欲的：～生活；～行为。(sex)

25. 丑　chǒu　（形）　不好看，丑恶，坏的：～姑娘；～事；政治～闻。(disgraceful; shameful; scandalous)

26. 名声　míngshēng　（名）　社会评价：只有高质量才能让产品获得好～。(reputation, repute)

27. 游戏　yóuxì　（名）　游玩的项目：玩～；别把工作当作～一样随随便便。(recreation, game)

28. 财富　cáifù　　　（名）　有价值的东西：物质～；精神～。
　　　　　　　　　　　　　　　（wealth；riches）

29. 分担　fēndān　　（动）　与别人一起共同承担某个工作、责
　　　　　　　　　　　　　　　任或费用：出了问题，我俩一起～
　　　　　　　　　　　　　　　责任；你的负担太重了，我希望能
　　　　　　　　　　　　　　　帮你～一些。（share responsibility）

30. 同工同酬　　　　　　　　做同样的工作，就获得同样的报酬：
　　tóng gōng tóng chóu　　男女应～。　（equal pay for equal
　　　　　　　　　　　　　　　work）

31. 权利　quánlì　　（名）　应有的权力和应享受的利益：每个
　　　　　　　　　　　　　　　人都应争取自己的合法～。（right）

32. 依赖　yīlài　　　（动）　依靠：年青人要培养自己的独立性，
　　　　　　　　　　　　　　　不要总是～父母。（rely on，be de-
　　　　　　　　　　　　　　　pendent on）

33. 冲突　　　　　（动，名）　发生激烈争吵、争斗：武装～。(con-
　　chōngtū　　　　　　　　　flict；clash)

34. 孝顺　　　　　（形，动）　指尽心奉养父母，顺从父母的意志：
　　xiàoshùn　　　　　　　　他是一个非常～的人，父母怎么说，
　　　　　　　　　　　　　　　他就怎么做。（show filial obedience）

35. 免得　　　　　　（动）　以免：早点出发，～误了车。（so as
　　miǎn · de　　　　　　　　not to）

36. 当面　　　　　　（副）　在人们的面前，面对着：有意见～
　　dāngmiàn　　　　　　　　提，不要在背后说；买东西时，钱
　　　　　　　　　　　　　　　要～点清楚。（in sb.'s presence, to
　　　　　　　　　　　　　　　sb.'s face）

37. 顶撞　　　　　　（动）　用强硬的话反驳别人（多指对长辈
　　dǐngzhuàng　　　　　　　或上级）：～父母；～领导。(contra-
　　　　　　　　　　　　　　　dict one's elder or superior)

38. 义务　yìwù　　　（名）　①应尽的责任：抚养教育儿女是父
母的～，而照顾老人也是儿女的
～。②不要报酬的：～劳动。(duty,
obligation / volunteer；voluntary)

39. 凡是　fánshì　　（副）　包括某个范围内的一切：～住在这
里的人都必须离开。(every，any，
all)

40. 虐待　nüèdài　　（动）　用残暴狠毒的手段对待人：法律不
允许～妇女、儿童和老人。(mal-
treat；ill－treat；tyrannize)

41. 谴责　qiǎnzé　　（动）　对错误的行为、言论进行严厉的批
评：社会舆论会～那些没有道德的
人。(condemn；denounce；censure)

42. 制裁　zhìcái　（动，名）　用强力管束、处罚（违背法律道德
的人)：违法者一定要受到～。(pun-
ish，sanction)

43. 达　　dá　　　　（动）　达到：～标；通过考试的人～五分
之四。(reach，amount to)

44. 出息　chūxī　（名，动）　发展的前途：好吃懒做的人是没有
～的。(promise；prospects；future)

45. 阻碍　zǔ'ài　　　（动）　使人、事物等不能顺利通过或发展：
～交通；～社会的进步

　　　　　　　　　　（名）　起阻碍作用的事物：减少～。
(black，impede；obstruction)

46. 实施　shíshī　　（动）　实行（法令、政策等）：最近刚开始
～新的五年计划。(put into effect,
implement；carry out)

— 195 —

47. 合不来 hé·bu lái 　　性格不合，不能愉快地在一起（反义词是"合得来"）：小王和小李～。(not to get along well)

48. 生育　　　（名，动）　　生孩子：计划～；～能力；生儿育
shēngyù　　　　　　　　女。(give birth to, bear)

49. 自愿 zìyuàn　　（动）　　自己愿意，自己主动去做：～帮助别人；明天去扬州参观，大家～报名参加。(voluntary, of one's own accord)

50. 致　zhì　　　（动）　　①给与，向对方表示（礼节、情意等）：～函；～欢迎词。②招来，产生：过度的劳累容易～病。(send, deliver, tend one's congratulations; incure, result in, cause)

51. 下降 xiàjiàng　（动）　　从高到低：电梯正在～；人口出生率～了。(descend; drop; fall; dechline)

52. 不愧 búkuì　　（动）　　多与"为"、"是"连用，表示能毫无羞愧地承当某种称号、赞扬等：他～为英雄；中国有着悠久的历史、文化，～为一个文明古国。(be worthy of, deserve to be called, prove oneself to be)

练　习

一、把下列 A、B 两组的同义词或反义词用直线连接起来。

　　　　A　　　　　　B
　　　依赖　　　　　　小心

谨慎　　　　实行

配偶　　　　依靠

丑　　　　　对象

实施　　　　美

自愿　　　　嫁

娶　　　　　上升

下降　　　　志愿

二、解释下面的词语。

1. 核心家庭　2. 单亲家庭　3. 将心比心　4. 从一而终　5. 治家平天下　6. 不孝有三，无后为大　7. 养儿防老　8. 三句话不离本行

三、用下列词语填空。

免得　　　娶　　　虽说……可是……　　　补贴　　　但

依赖　　　冲突　　自愿　　孝顺　　阻碍　　　面对

___1___ 年轻人有敬老、___2___ 的传统，很少和父母当面 ___3___ ，___4___ 他们中却有许多人非常 ___5___ 父母。___6___ 妻时向父母要钱，结婚成家后仍然要父母 ___7___ 自己生活费，有的甚至还 ___8___ 父母再婚。老人们 ___9___ 这类问题很不高兴，___10___ 他们爱孩子，往往 ___11___ 拿钱帮助儿女们，___12___ 影响和儿女的关系。

四、给课文的四个段落加上标题。

　　[Ⅰ]

　　[Ⅱ]

　　[Ⅲ]

　　[Ⅳ]

五、造句

1. ……，免得……

　①你最好早点起床_____。

　②_____，免得他生气。

③我不得不改变计划，_____。

④_____，免得赶不上飞机。

2. 合不来/得来

①我就是跟他合不来，_____。

②马丽娅和安娜总是在一起，_____。

③_____，我却跟他合得来。

④_____，所以我不想跟他住在一起。

3. 左 A 右 B

A 和 B 意义相同或相近，表示数量多；AB 为动词则表示动作多次重复。如：左说右说，左邻右舍，左思右想，左看右看。

①_____，也看不明白他写了什么。

②_____我也想不出个好办法来。

③你这样对待老人，_____。

④_____，他才同意了。

六、把下面的几个句子用一个共同的词合并成一个句子（复句）。做完后再与课文【Ⅰ】的最后一段对照检查，看看自己是否正确。

①中国家庭内部夫妻关系比较平等，因为他们共同创造家庭的财富

②中国的夫妻共同克服家庭的困难

③他们共同决定家庭的经济开支问题

④中国夫妻们共同决定子女的教育问题

⑤他们在一起决定照顾父母的问题

⑥中国的夫妻们共同分担家务

七、语段表达

用下表提示的内容说一件你知道的事，然后谈谈这件事与人们的家庭观念有什么关系。

语段框架	句际组合方法			
事情的开始	先前	开始，起初	从前	他，它 他们 如此 这样（一来）
事情的发展	后来	接着，紧接着	后来	
事情的结果	最后	最后	现在	
我的看法				

本课新词语：
面对　难题　缩小　谨慎　分担　当面
权利　依赖　冲突　凡是　合不来　免得

八、文化情景读和说

下面是五段短文，显示家庭观念的种种表现。快速阅读，然后讨论并回答短文后边的问题。

我的父母爱我胜过他们自己

我的父母
爱我胜过他们自己
他们常常对别人
说——
阿云，那是我们的
儿子
在省城上大学
出息着哩
说话时他们的脸上
总是泛着红光
他们抬头看看太阳
就像在看他的儿子

我的父母
爱我胜过他们自己
父亲戒了三十年烟
在此之前
父亲已戒过十二次
最后总是无可奈何地
冲母亲摇摇脑袋
戒了烟活着还有什么意思
母亲吓慌了
赶紧擦着火柴……
这一次父亲却是真的戒了
抽烟真没意思
他反复这么说
怕忘记似的
母亲也不再看戏了
说眼不中用
耳朵也不中用
再说看来看去
还不是戏么
都是假的
从前却不是这样
为了一场《秦香莲》
母亲常走十几里的
山路
赶黑儿走
我明白这全是因为
他们上大学的儿子

他们把他装在汇款单里
疼他爱他盼他出息

我的父母
爱我胜过他们自己
放假回到家中
我戴着眼镜和手套
像个城里来的客人
母亲把早饭做好
端上桌
父亲就轻轻地敲门
轻轻的 —
他们听说读书人
大都神经衰弱
怕惊吓了我

我的父母
爱我胜过他们自己
戒烟的父亲
总是坐在饭桌对面
愣愣地看我吞云吐雾
像个孩子
母亲常常要说什么的样子
又什么也没说
默默地走开
在灯光的阴影里细瞧
我的头发我的鼻子
我的眼睛和眼镜

而他们常常对别人说
阿云，那是我们的儿子
在省城上大学
出息着哩
说话时他们的脸上
总是泛着红光
他们只是在深夜
才偶尔叹息一两声

我的父母
爱我胜过他们自己
他们常常对别人说
阿云，那是我们的儿子
在省城上大学
出息着哩
走前还把水缸
挑满了水
说话时他们的脸上
总是泛着红光
他们抬头看太阳，
就像在看他们的儿子

（据孙道荣《我的父母爱我胜过他们自己》改写，见《中国当代大学生优秀文学作品赏析·诗歌卷》上，河南大学出版社）

回答下面的问题：

1. 父母对阿云怎么样？

2. 阿云对父母怎么样？

3. 你对这一家人有什么看法？谈谈你读了这首诗后的想法。

我的两个中国朋友

我有两个中国朋友——周萌和赵子含。从他们身上，我看到了中国人传统的婚姻观念和家庭观念。

周萌和她的丈夫是大学同学。毕业分配的时候，周留在了北京，而她的丈夫则被分往离北京两千里地的外省工作。他们结婚了，但婚后夫妻长期分居，一年只有探亲假的一个月才能在一起生活。周萌一个人又要上班，又要带孩子。买米，买煤，接送两个孩子去挤汽车，孩子发着高烧半夜三更上医院……十几年了，无数的生活难题，就靠一个人解决。我曾经问过她："在经过这么多年的希望、努力、等待之后，你的丈夫仍然无法进京，你是否想过要改变自己的生活方式？"她苦笑着朝我摇了摇头，"难呐，有个家。"

老赵是快五十岁的人了。他和他妻子都是知识分子，他们感情合不来已经多年了。但表面上，家庭仍然很平静。这平静如一潭死水，没有任何生命的活力。老赵人到中年，仍然很漂亮，又有学问，只要离了婚，一定能找到好对象，但他却说"为了孩子，算了。"

唉，让我又尊敬又无法理解的朋友们啊，愿你们幸福！

回答下面问题：
1. 周萌的生活苦不苦？她为什么不离婚？
2. 老赵为什么不离婚？
3. 你对周、赵二人有什么看法？

我国城市女性的特征

中国首次城市女性的特征研究已经完成。研究者经过广泛调查，综合出女性 62 条特征，而后分为四类因素，即：优良品质因素、不良品质因素、社交性因素和敬业精神。

优良品质因素包括：会体贴照顾人、善良、贤惠、能吃苦、有同情心、有忍耐力、爱丈夫、有自我牺牲精神、孝敬父母公婆、乐于助人等十项内容。这些品质是"东方女性"的特点，也是大多数男性选择配偶时所看重的因素。

（据《我国城市女性的特征》改写，见《报刊文摘》1990 年 7 月 31 日第 2 版）

回答下面的问题：

1. 中国"城市女性的优良品质因素"有什么特点？它是否突出了妇女自身的特点？这说明了什么？

2. 你如何评价这些"优良品质因素"？

请列表比较你们国家的城市女性与中国的城市女性，他们各有什么优点。

中国城市女性	你们国家的城市女性
1.	1.
2.	2.
3.	3.
4.	4.
5.	5.
6.	6.
7.	7.
8.	8.

给父亲的信

爸爸：

自从上了高中，我总觉得心里有些话要和您谈，但一次又一次话到嘴边又咽了回去。没办法，只好用这书面形式，希望您能理解。

　　今年，我已过了 16 岁生日，按理说儿子大了，父母的照顾应当少了，但您对我的关心却有增无减。也许您认为这是应该的，但我对您过多的关心感到反感。家中的事你都自己包了，买米、买煤这些小事也不让我干，我仿佛成了家中一件无用的物品。我有时为您出个主意，也会被一句"你懂什么"顶了回来，只得默默地呆在一旁。

　　以前我小的时候，你的关心使我感到父母的支持和家庭的温暖。可现在您那过分的关心却起着您想不到的反作用。说句老实话，我不希望回家，因为呆在家里远不如在学校快乐。您对我的关心，显然是为了我能很好地学习，将来能考个好大学。爸爸，您要知道事情并不这么简单，如果您儿子是个机器人，一个书呆子，您的愿望也许能达到。但我有自己的头脑——这不同于您的，您别生气。我爱学习，爱玩，爱交际，这些您也许不喜欢，您不择手段让我多读书，用您的关心织成一张大网，处处限制我。我学习之余出去走走，你就会问："又到哪里去玩了？好好读书吧！"我来几个同学，事后您总要问长问短。我养蚕（silkworm），您把它倒了，说是浪费时间。我看看小说，您说这会影响学习。……

　　爸爸，你的"望子成龙"的好心，在我看来却是限制，它使我感到烦恼。我读书是为了获得知识，而不是为了上大学。上大学也只是一个获得知识的良好机会，而不是最终目的。

　　爸爸，您 17 岁就出来工作了，可您的儿子 16 岁还是个笼子（cage）里的小鸟。而这样的小鸟，一旦飞进大自然中，肯定是经不起风雨的。

　　爸爸，请您放开手吧，归还我们中学生应有的天性和快乐，让我走自己的路。我相信我会成功的！

　　　　　　　　　　　　　　　　　　　　　儿：晓辉敬上

　　（据晓辉《请看一个男孩写给父亲的信》改写，见《现代家庭

回答下面的问题：

1. 儿子对父亲不满意，是不是因为父亲不爱他？
2. 你对晓辉有什么看法？你认为他的想法对吗？
3. 你对"父亲"有什么看法？为什么？
4. 谈谈你了解的中国家庭教育并与你的国家作比较。

新来的小两口

八号楼住着三十户人家。他们公用一个水房，那儿，常常是全楼的"新闻发布中心"。这不，前几天新搬来的那小两口，又成了人们谈论的中心。

那一家三口人。男的是助理工程师，女的是护士，有一个刚满月的宝贝儿子。前天做晚饭的时候，那位鼻子上架着"啤酒瓶底儿"的助工，端着扣在一起的两个脸盆，匆匆忙忙地来到水房。一打开呀，里面是满满一盆红、蓝、绿、白色的尿布（diaper）。他用食指往上推推"啤酒瓶底儿"，一把一把地洗起来，先用凉水洗，后用热水烫，洗过的尿布竟没一块黄点，真行呢！

这时，助工身后穿蛋青色裙子的女人，和一位梳着"马尾巴"的新媳妇，在小声议论："那家的护士真是的，找了个工程师，还让人家当着这么多人的面洗尿布，我要是找个大知识分子，可舍不得让他干那活儿！"另一个说："他呀，肯定是个'气管炎'（妻管严）。"

昨天，也是下午五六点钟，人们看见那两个扣在一起的脸盆，又飘到了水房。这次来洗尿布的却是那位护士。她用手理理额前的头发，就开始洗了起来。离她不远的一位穿娃娃衫的，在和自己男人小声说："她家的那位小助工，真不得了！连尿布都不能洗洗吗？人家跳高冠军朱建华还上街买菜、搬煤呢！就洗这几块小尿布，还非得让媳妇干？你可别学他！"说完，还用手指头点了一下丈夫的脑门。

今天，还是昨天那个时候，那位助工又端着两个扣在一起的脸盆，来到水房，先洗后烫。不一会儿，外面就挂满了红、蓝、绿、白色的小彩旗……

一个穿着高跟拖鞋正在洗鱼的女人，停下手，看了一会儿，对身边的一个大个子女人说："嗬！你瞧，还是人家小两口子好！"

（据刘斌《新来的小两口》改写，见《微型小说选》，江苏人民出版社 1985 年版）

回答下面的问题：

1. 在中国家庭，家务劳动是如何分配的？

2. 在你们国家，家务事如何处理？

3. 其他人对小两口的议论说明了什么？

4. 你对"大男子主义"和"气管炎"（妻管严）有什么看法？

九、跨文化交际问题讨论：

1. 下班后，家里需要做饭和照看孩子，丈夫和妻子往往如何安排这些事？

　　　　在中国——

　　　　在你的国家——

2. 一对夫妻离婚了，别人对他们怎么看？

　　　　在中国——

　　　　在你的国家——

3. 如果男女双方在地位差不多时结了婚，后来有一方地位高了并提出离婚，别人对这个人会有什么看法？

　　　　在中国——

　　　　在你的国家——

4. 一个有妇之夫或有夫之妇搞婚外男女关系，别人对他们怎么看？

　　　　在中国——

在你的国家——

5. 一个家庭本来关系很好，后来第三者闯了进来，使这个家庭分离了。人们对这"第三者"怎么看？

中国人——

你自己——

6. 一个人很有钱，但却不肯给父母生活费，人们会怎么看他？

在中国——

在你的国家——

7. 当父母面对一个生活中的小问题发表了错误的意见时，儿女们会怎样？

在中国——

在你的国家——

8. 孩子们结了婚以后，他们与父母的经济关系怎样？

在中国——

在你的国家——

9. 孩子长大了，选择的对象和职业不符合父母的愿望，他们会怎样？

在中国——

在你的国家——

10. 孩子找不到工作，父母们怎么办？

在中国——

在你的国家——

11. 孩子要结婚了，父母怎么办？

在中国——

在你的国家——

第十三课　乡土观念

乡　音

"少小离家老大回，
乡音未改鬓毛衰。
儿童相见不相识，
笑问客从何处来？"

（【唐】贺知章《回乡偶书》）

范月梅：高云飞，你瞧这首诗，诗人从小离家，到头发白了才回来，却乡音未改，多么真实啊。

高云飞：是啊，就像你母亲一样，到北京来几十年了，还是只会说上海话。看来，口音要改也挺难的。

范月梅：干嘛要改？说家乡话有什么不好！同乡聚会，几句家乡话一说，实在是太亲切了，你不觉得吗？

高云飞：（一眼看见王欢来了）是啊，是啊，看，王欢来了，你们同乡又要说上海话了，害得我这山东人听也听不懂。小王，来来来，我告诉你，今儿可不许说上海话。

王　欢：怎么啦，老高，凭什么不让我说上海话？

范月梅：他说听不懂，为了照顾他，我们今天就不说上海话了。我们正在讨论贺知章的诗，谈到乡音的亲切。

王　欢：说到乡音的亲切，出过国的人体会最深了。有一天我在德国汉堡的商店里遇到一位中国人，一谈起来发现我们还是上海小同乡，不觉又亲热了几分，真是"他乡遇故知"啊。在国外岂止是乡音，一出家乡戏、一支民歌、一种小吃，都会激起对家乡的无限思念。老高，你们出门在外也有这种体会吧？

高云飞：一点不错，不是有一支流行的歌吗？叫"谁不说俺家乡好"。谁都认为自己的家乡最好，都热爱自己的家乡，即使她再贫穷，她也是美丽的、温暖的。有人把这种感情叫做"乡土观念"。我觉得中国人的乡土观念没什么不好。你们说呢？

王　欢：嗯，是没什么不好，中国人的乡土观念的确很重，最主要的表现还是在人际关系方面，比如说，我们在人际交往中特别看重同乡关系，同乡就是朋友、亲人，就是可信任的人。从古到今，依靠同乡已成传统。无论哪个朝代，皇帝们打天下常常依靠家乡子弟；早期的华人去国外寻找出路，最初往往加入同乡会、县会馆之类的组织，互通信息，互相支持，在新的地方创立事业。同样，这些组织也千方百计地帮助它的成员。至今我们在生活中遇到困难，也常常会利用老乡关系帮忙解决。

范月梅：我认为除了你说的人际交往以外，中国人的乡土观念还表现为"叶落归根"的归属感，这个"根"就是家乡。许许多多的中国人在国外多年，老了总要回国看看，甚至回国定居。有的在外地工作多年，退休时也愿意回到故乡，为的就是回归到自己的"根"。"客死他乡"被看作人生的一大不幸。倘若真的客死他乡，那么也得托人把自己的遗骸埋入故土，才算有了归属，叶落归了根。至今回来探亲的许多台湾人就是如此。

王　欢：你说的很对。不过，有的人也不一定等老了才叶落归根，他们往往出外辛辛苦苦地挣钱，觉得挣够了就回乡了，为的是孝敬父母，帮助亲友，享受幸福平静的生活，在家乡做一个受人尊敬的人。

范月梅：与叶落归根相关的是"荣归故里，衣锦还乡"的信念。两千年来，这种信念被作为一种美德加以培养，这种传统被作为一种光荣加以珍惜。许多人在外乡辛勤地劳动，发财致富或有了一定地位后，回乡后必然会成为家庭、亲友和同乡心中的光荣，成为受人尊敬的人；否则，只会使亲人们难受，而自己也吃不消别人的议论。因此，又有一句话叫做"不是衣锦不还乡"。为了还乡，许多在外乡工作的中国人特别能吃苦，特别勤劳。我的两个朋友出国后就是这样，他们白天读博士学位，晚上做工，暑假时在饭店洗碗，在小卖部卖东西，顶着烈日给人割草，只要能挣到钱，不管三七二十一，什么都干。

高云飞：岂止是出国的人，现在进城的农民工也特别能干，特别能吃苦。乡土观念在这方面给人的影响是积极的、正面的。特别是当家乡面临灾难时，保家保土的思想使地方军、子弟兵具有特别强的战斗力。不过乡土观念在人际交往中的影响现在比以前淡薄得多了。

王　欢：你说这是为什么？

高云飞：我想这大概是因为人际交往中的乡土观念实际上是把家庭和宗族关系扩大到了同乡之中，"人不亲土亲"，"远亲不如近邻"。这在交通不发达，人口流动不大的社会条件下是可以理解的。在现代社会，人际交往早已跨出了一乡一县的区域，大家来自四面八方，人们的知识和经历使他们能够适应新的环境和新的事物，依靠老乡已不必要，有时也不可能，自然同乡关系也就淡薄了。你们说对不？

王、范：反正错不了。哈哈。

生　词

1. 乡土　xiāngtǔ　　（名）　①指家乡的：～风味；～观念。②指农村的、地方的；这支民歌有很浓的～气息。(native soil; home village/ of one's native land; local)

2. 鬓　bìn　　（名）　耳朵前长头发的地方：～发花白。(temples; hair on the temples)

3. 衰　shuāi　　（形）　弱，衰老：他大病刚好、身体还很～弱。 (decline; wane; weak; feeble)

4. 口音　kǒuyīn　　（名）　说话时的语音或所表现出的地方音：他说普通话时，南方～很重；听～你大概是广东人。(voice; accent)

5. 凭　píng　（动、介）　①依靠，靠着：他～着自己的努力获得成功。②凭借，根据：看电影得～票入场；你～什么说他拿了你的东西？ (rely on, lean on, base on)

6. 不觉　bùjué　　（动）　①没感觉到：他手割破了却～得痛。②不认为：我～得此事很麻烦。(not feel/not think)

7. 故知　gùzhī　　（名）　以前的好朋友：他乡遇～。 (old friend)

8. 岂止　qǐzhǐ　　（连）　不止，不仅：～是你，就连我也对他非常生气；困难～这些，麻烦还多着呢。(not limited to)

9. 出　chū　　（量）　"戏"的量词：上演一～戏。

10. 激起 jīqǐ （动） 引起，使产生：他的话～我的好奇心；这事～大家的愤怒。(arouse, e-voke)

11. 出门 chūmén （动） 外出：老王不在家，～了，你找他有什么事？(be away from home; go on a journey; go out)

12. 流行 liúxíng （动，形） 盛行：那首歌曲很～；那是今年～服装。(prevalent; popular; fashion-able)

13. 俺 ǎn （代） 我（方言）。

14. 信任 xìnrèn （动） 相信：小叶很有能力，领导也很～他，重要的事都交给他去办。(have confidence in)

15. 朝代 cháodài （名） 建立国号的帝王（一代或相传的好几代），所统治的整个时期：中国封建历史很长，经历了无数个～。(dy-nasty)

16. 出路 chūlù （名） 通向外面或向前发展的道路：他们在森林里迷路了，找不到～；如果没有文化，不懂技术，很难有～。(way out; outlet)

17. 最初 zuìchū （名） 刚开始时：～他不同意，后来我们说服了他。(initiate, first)

18. 加入 jiārù （动） ①参加进去：我也～你们的活动；他～了英国籍。②放进（液体等）：在茶水中～点糖水。(join; accede to / add; put on; mix)

19. …之类 zhīlèi 这一类，指同类的情况、物品等：他

喜欢看小说、历史故事~的书。(and so on; like the kind of)

20. 信息 xìnxī （名） 音信，消息：生产经营者要很快掌握市场~，才能生产出市场需要的产品。 (information; news; message)

21. 创立 chuànglì （动） 创造，建立：他希望~一种新理论。(found originate)

22. 成员 chéngyuán （名） 某个组织、集团中的一个：他是省作家协会的~；法国是"欧共体"(EEC) ~。(member)

23. 归属 guīshǔ （动） 属于；表示从属关系：那地方~这个县管理。(belong to; come under the jurisdiction of)

24. 定居 dìngjū （动） 固定地居住在一个地方：老李准备退休后回家乡~。(settle down)

25. 倘若 tǎngruò （连） 如果：~明天下雨，那就糟了。(if)

26. 遗骸 yíhái （名） 遗体，尸骨：他准备把父母的~送回家乡安葬。(remains of the dead)

27. 孝敬 xiàojìng （动） ①孝顺尊敬：~父母，尊老爱幼。②把物品献给长辈，表示敬意：你这次回家带些什么礼物去~你家长辈？ (show filial obedience and respect/give presents to one's elders or superiors)

28. 与…相关 yǔ…xiāngguān （短语） 与…有关系，和…相联系：卫生与健康密切相关，不注意卫生就容易

染上疾病；与健康相关的是讲究卫生。（be related to, have sth. to do with）

29. 故里 gùlǐ　（名）故乡：他自小离开家乡，一直到年老退休才回到～。（hometown）

30. 锦　jǐn　（名）一种有彩色花纹的丝织品：织～；～旗。（brocade）

31. 信念 xìnniàn　（名）可以确切相信的看法：李祥认为自己一定能获取冠军，他抱着必胜的～参加了这次比赛。（confidence; faith）

32. 培养 péiyǎng　（动）根据目的长期地教育、训练：要从小～孩子养成好习惯；～下一代。（foster, train; develop）

33. 珍惜 zhēnxī　（动）非常爱惜：～青春；～时间。（treasure; value; cherish）

34. 辛勤 xīnqín　（副、形）辛苦勤劳：～工作。（industrious; hardworking）。

35. 吃苦 chīkǔ　（动）经受痛苦：文化大革命中，她吃了不少苦，现在是苦尽甘来。（bear hardships）

36. 勤劳 qínláo　（形）不怕辛苦、努力劳作：她是一个～的主妇，家里家外忙个不停、各种事务都料理得很好。（diligent; industrious）

37. 不管三七二十一　（短语）指不考虑任何情况就做某一事情：他～，只要与汉语有关的书都买。（regardless of the consequences,

recklessly）

38. 正面 zhèngmiàn （名） ①指前面的、主要的、与外界接触或直接表现出来的那一面：人的身体～；楼的～临街；树叶的～很光滑。②指好的方面：～教育。(front, the right side positive）

39. 淡薄 dànbó （形） 不浓厚：酒味～。他以前很喜欢打牌，现在兴趣～了；多年不见，我对他的印象已经很～，记不清他什么样子了。(thin；flag；faint；dim）

40. 宗族 zōngzú （名） 同一家族：他们这个～后来分成了两支，一支在原地，一支迁往南方。(patriarchal clan）

41. 流动 liúdòng （动） 移动，变换位置：河水不停地～。(flow，going from place to place；on the more，mobile）

42. 区域 qūyù （名） 地区，范围：沿海～比内陆～发展快。(region；area）

43. 四面八方 （名词词组） 各个不同的方向：学校的学生来自
    sìmiàn—bāfāng 全国～。(from all direction）

练　习

一、根据课文内容解释下列词语的意思：

1. 他乡遇故知

2. 叶落归根

3. 客死他乡

4. 荣归故里，衣锦还乡

5. 不是衣锦不还乡

二、用下列词语造句。

①凭

    a 你凭什么_____？

    b 凭着多年的经验_____。

    c 只凭这一点_____。

    d 就凭他的能力_____。

②岂止

    a _____，大家都不高兴。

    b 岂止是他来了，_____。

    c _____，他们一家都喜欢。

    d 岂止是老王不同意，_____。

③……之类

    a 昨天我上街，_____。

    b 我喜欢_____。

    c 小李经常去_____的地方。

    d 王英不爱看_____的电影。

④与…（…）相关的是

    a 与友谊相关的是_____。

    b 与城市污染相关的是_____。

    c 与到中国旅游相关的是_____。

    d 与教育发展密切相关的是_____。

⑤不管三七二十一

    a _____，只要能买到明天的火车票就行。

    b 赵民雄不管三七二十一，_____。

    c 我不管你三七二十一，只要你_____。

    d _____，今天能到就行。

三、用适当的词语填空，做完后重读课文检查自己是否正确。

中国人的乡土观念不但__1__对家乡的深厚感情，__2__表现为在人际交往中对同乡的信任和帮助。除__3__以外，还__4__叶落归根的归属感__5__荣归故里、衣锦还乡的信念。__6__信念给__7__的影响是积极的，__8__。__9__使在外乡的中国人特别努力能吃苦。__10__，__11__在人际交往中的影响现在已比过去__12__得多了。

四、把下列词语和句子按照正确的顺序连成一段话。

①远远望去　②在亚洲西部　③但是　④巴勒斯坦和约旦交界处　⑤有一个"死海"　⑥"死海"的波涛此起彼伏，无边无际　⑦谁能想到　⑧甚至连海边也寸草不生　⑨如此浩荡的海水中竟没有鱼虾、水草　⑩这大概就是"死海"得名的原因吧

答案：②④＿＿＿＿＿＿＿＿。

五、给课文的每个段落加上标题：

　　　　　　[Ⅰ]

　　　　　　[Ⅱ]

　　　　　　[Ⅲ]

　　　　　　[Ⅳ]

　　　　　　[Ⅴ]

六、语段表达

用下表提示的内容谈谈第十三课的内容和你的想法。

语段框架	句际组合方法
话题	
课文开头	开始　开头　然后　接着　又　还　最后　结尾
中间	他　它　他们　如此　这样（一来）　这　那
结尾	但是　不过　其实（不然）　可是　然而　当然
我的看法	话又说回来
本课新词语：	
乡土　口音　凭　不觉　岂止　流行　吃苦	
出路　信任　信念　……之类　与……相关	

下面是五篇短文，显示了乡土观念的种种表现。快速阅读，然后讨论并回答短文后边的问题。

乡 情 如 酒

　　说真的，我在广州工作了三十年，还不知道这儿生活着那么多宁波老乡。

　　这天上午，当我应邀走进市里一家宾馆的一间明亮的会议室时，满屋子的宁波话仿佛一阵春风扑面而来，我几乎怀疑自己是不是一脚跨回了故乡的土地。

　　有人说："宁可听苏州人吵架，也不可听宁波人讲话。"这是形容苏州话柔和好听，宁波话太硬不好听。但是我的感觉里，那硬硬的宁波话正好表现了宁波人的性格，听着最亲切，最好听。

　　这个会是由宁波市一个郊县的县人民政府举行的，邀请部分长期住在广州的宁波人参加。家乡来的孙副县长给我们这些久住南方的宁波人拜年，送上家乡春节的传统食品——猪油汤团。这可是真正的家乡汤团啊！猪油汤团烫嘴热心，感谢故乡亲人对我们的一片深情。

　　人们对家乡的感情永远是深厚的。老乡与老乡的谈话，总是离不开家乡，互相很自然地就问起了家在哪里，曾在哪个学校读书。没想到我与孙副县长不仅同姓，而且还曾在同一所中学读过书。这真是一个意外。接着，我们又发现大家都知道的一位广州的领导竟是宁波市内有名的"天一阁"范家的后代。这又是一个意外。热烈的谈话，意外的发现，引起了一阵阵的笑声。此时此刻，对于我们这些远离家乡多年的人来说，这一声声熟悉的家乡话，一阵阵高兴的谈笑声，比任何音乐都好听。

　　最后，家乡来的亲人还为我们演唱了家乡的戏剧，这浓浓的乡情，好像杯杯浓酒，使人的心都醉了。

（据孙锦常《乡情如酒》改写，见《南方周末》1991 年 3 月 15
日第 1 版）

回答下列问题：

1. 为什么人们说苏州话好听，而作者却认为宁波话好听呢？

2. 你是不是觉得你的家乡话最好听？

3. 你来中国留学，如果在你所在的学校或城市里遇到你本国
的人，你觉得高兴还是无所谓？

名满江南"石菜"香

苏州木渎镇的石家饭店已经建店二百周年了。它初建于清代，
当时只是一家很小的夫妻饭店，到了本世纪二十年代开始有名，形
成了具有石家饭店的特点的十大传统名菜。

今日的石家饭店，楼上楼下四百多平方米面积。可同时接待
六百名顾客。有趣的是，在台湾省也有两家石家饭店，其中一家
的店主人还特地来大陆访问了木渎的石家饭店。不久前，从台湾
回大陆探亲的三位老人，特地来到木渎镇品尝"石菜"。他们是三
兄弟，家乡就在木渎附近，去台湾前都在石家饭店吃过饭，现在
都已七十多岁了。在台湾时，由于思乡之情，他们曾到台湾的
"石家饭店"吃过饭，他们说："那不过是用石家饭店的名，根本
没有石菜的味。这次回来尝到家乡真正的石菜，真是月是故乡明，
人是故乡亲，饭菜也是故乡的香啊！"

（据盛修济《名满江南"石菜"香》改写，见《扬子晚报》1990
年 4 月 17 日第 2 版）

回答下面的问题：

1. 除了苏州外，还有几家"石家饭店"，它们在什么地方？

2. 回大陆探亲的三位老人说哪一家"石家饭店"的饭菜好？
为什么？

3. 你是不是也觉得"月是故乡明，人是故乡亲，饭菜也是故

乡的香"？

归 来 之 后

王明的伯父从台湾回来探亲，王明全家非常高兴，特别是王明的奶奶，总是拉着伯父问来问去，似乎一下子就要把四十年的思念都补回来。

伯父非常大方，除了给王明家每人一份贵重的礼物外，还给他们带来了一台大彩电和一笔数量不少的钱。他说自己这几十年来没能孝敬母亲，这次要好好尽尽孝心。伯父还在兰都宾馆举行了一个宴会，招待家乡的亲戚朋友。被邀请参加宴会的有六七十人，饭菜很丰盛。宴会结束时，伯父又送给每人一份礼物。大家都说奶奶有福气，伯父有本事。反正在人们的眼里，伯父是衣锦还乡，荣归故里了，而王明一家也为此感到十分荣耀。

后来，王明的爸爸、妈妈在跟伯父聊天时，了解到伯父虽然在台湾生活得还不错，但也并不像大家想像的那样有钱。这次回乡，伯父几乎把他多年存下的钱都用得差不多了。奶奶知道了伯父的想法和情况后，坚决不要伯父的钱，她含着眼泪对伯父说："……这么多年来，我们一直在想你，不知道能不能再见上一面。现在见到你，知道你生活得不错，妈妈在这儿生活得很好。……妈妈知道你的心，可是这么多年的思念也不是用钱就可以补回来的……"奶奶再也说不下去了。

伯父要回去了，可他说他还要回来，一定回来。……

回答下面的问题：

1. 王明的伯父为什么要又送礼物又请客？他如此大方是不是因为他非常有钱？

2. 如果伯父不是这样，别人会怎样想呢？

3. 为什么王明的奶奶不要伯父的钱？

三 毛 回 乡

4月20日下午，台湾著名作家三毛乘的轮船，由宁波开来，正慢慢靠近舟山岛。

早已等在码头边的亲友和故乡人，看到正在靠近的轮船，大声喊着："三——毛！三——毛……"三毛在轮船上用力挥手，满眼泪水夺眶而出。

踏上故乡土地的三毛首先来到保存完整的陈家祖堂，点上一支清香，告诉祖先："我们海外的一支回来了。"

随后，三毛来到爷爷的墓地，磕了九个头后，深情地把脸贴着墓碑说："爷爷回来吧，让我们静静地说心里话。"过了一会儿，她又掏出一本小本子，迅速地记下了她此时的印象和感想。这大约是为了写书。临离开墓地时，三毛双手捧起一把黄土，深情地说："故乡的土最珍贵！"她包了一包土，又弯腰摘了一朵小白花和三片浅红色的叶子，小心地放进自己的包中，接着，她转身从当年爷爷亲手挖的井中，取了一小壶水。这些故乡的土、花、水，她要带回台湾去。

在故乡的日子里，三毛对故乡的一切都觉得新鲜，她除了与故乡的亲人交谈，游览、欣赏故乡的美丽风景外，还爱看家乡的工艺品。她对舟山街上的竹子做的椅子、篮子非常喜欢："这台湾可没有的。"一会儿，她又有点伤心："故乡的好东西太多了，我怎么能带得回去呢？"她见到一个摊子上有红红绿绿的线织的袋子，便问："是手工织的，还是机器编的？"当她知道是手工织的，就以每只"三毛"的价格买了红的、绿的各一只。

临别时，故乡政府负责人送给她三包烟："一包是宁波牌，我们都是宁波人，要抽家乡烟；一包是中华牌，台湾大陆都是中华民族；还有一包是双喜牌，你实现回大陆故乡的愿望，我们实现盼你回来的愿望，这是双喜临门！"三毛含泪把三包烟高高举起：

"多好的烟，多妙地话呀！宁波烟我拿回去，宁波老乡每人发一支，大家肯定很开心！中华、双喜这两包太宝贵了，我要好好珍惜它们。"

（据慰川《三毛的故事》（三十三）改写，见《扬子晚报》1991年5月7日第3版）

（一）填空：

1. 三毛在轮船上看到正在靠近的故乡和亲人时一边＿＿＿＿＿＿，一边＿＿＿＿＿＿。

2. 三毛在爷爷的墓地，包了＿＿＿＿＿＿，摘了＿＿＿＿＿＿，取了＿＿＿＿＿＿。她要把这些带回＿＿＿＿＿＿。

3. 三毛要走了，故乡的政府负责人送给三毛三包烟，它们是＿＿＿＿＿＿牌、＿＿＿＿＿＿牌和＿＿＿＿＿＿牌。

（二）问答：

1. 三毛为什么要把故乡的土、花、水带回台湾去？

2. 故乡的政府负责人送给三毛的三包烟，各有什么意义？

《回乡偶书》的由来

中国古代有个著名诗人叫贺知章，是浙江人，他有个叔叔在京城做教师，贺知章十五岁那年，他的父母为了让他更好地读书，将来能做上大官，就把他送到京城的叔叔家读书，经过十年的努力学习，贺知章终于考上了进士。以后他一直在外地做官。贺知章人到外地，可是心里却时时刻刻都在想念着家乡。

据说在贺知章八十岁时，生了一场重病，天天吃中药。在他吃的药中有一种药叫作"当归"，这两个字一下子激起了他对故乡的思念之情。他想到自己年纪已经大了，病好后，立刻收拾行李，回故乡去了。

回乡后，贺知章就写了这首著名的诗《回乡偶书》：

"少小离家老大回，乡音无改鬓毛衰。

儿童相见不相识，笑问客从何处来？"

回答并背诵：

1. 请解释"当归"的意思并复述贺知章的故事。

2. 背诵《回乡偶书》。

八、跨文化交际问题讨论

1. 一个人将离开自己的家乡到外地去生活，他会带走些什么呢？

中国人——

你自己——

2. 一个人在国外遇见了自己的同乡，会怎么表示？为什么？

中国人——

你自己——

3. 一个人在外地生活了很多年，仍然比较穷，他非常想念家乡和亲人，他会马上回家乡吗？为什么？

中国人——

你自己——

4. 一个人打算回故乡探亲，他需要准备很多的礼物吗？

中国人——

你自己——

5. 一个人回故乡探亲之后，又回到自己在外地工作、生活的地方，他一般会从家乡带些什么礼物给他周围的同事或朋友？

中国人——

你自己——

第十四课　忍让的人们

为什么"忍"？

【Ⅰ】

学　生：王老师，今天我到一位中国朋友家里玩。他家里有好几件有意思的东西，其中最特别的是在墙上贴了一个大大的"忍"字，另外在书桌上也摆了一个"忍"字。我很奇怪，问他为什么这么喜欢"忍"字。他说他碰到不高兴的事就不由得发脾气，这样一来，在人际交往中就容易得罪人，所以他要让自己经常看见"忍"字，使自己也能忍。老师，我还是不太明白，"忍"和搞好人际关系有什么联系？

王老师：你的问题很重要，与中国的文化传统很有关系。中国人为什么讲究"忍"，与三个方面有关系。第一，"好汉不吃眼前亏"，假如有五个凶恶的人欺负你一个人，你不忍，却不顾一切地与他们辩论甚至打架，那多半会吃亏。这时最好是及时撤退，"三十六计，走为上计"。先忍一下，避开冲突，然后再找机会对付他们，"君子报仇，十年不晚"嘛，你说是不是？

学　生：这个我懂，这叫以退为进，迂回战术，可我觉得，我的朋友指的不是这个。

【Ⅱ】

老　师：刚才是对"忍"的最表面的解释，你的朋友所指的当然不是这个，下面我要讲"忍"的第二个原因是为了避免冲突，保持人际关系的和谐，使人和人之间相互协助，和睦相处。你知道"将相和"这个故事吗？

学　生：我知道，我看过这出京剧，戏中的主人公蔺相如之所以忍，是因为他必须维护国家内部的团结，相互协作，共同对付外部的敌人。

王老师：很对。孔子说过："礼之用，和为贵"。"和为贵"不仅体现在国家民族利益的大事上，更体现在日常人际交往之中，人们对熟悉的人常常忍让和宽容，即使这个人作了使自己不高兴的事也是如此。比如说有一个旅游的机会，只能一个人去却有两个人想去，如果领导不指定某一个人去的话，这两个人中必定是坚持要去的人去，另一个会忍让，不会与之争吵。人们面对无礼的言语和行为，大半是忍让，不会马上争吵起来，尽管很可能从此以后就感情不好。因为不忍让就会爆发当面的冲突和争吵，这不但是缺乏修养的表现，而且通常会导致断绝关系的后果，必定会使经常见面的人难以继续打交道。因此，人们常常避免出现这种极端的局面，大家尽可能地忍让，客客气气地维持着外在的和谐气氛，以使相互之间的来往更为便利。然而，对于陌生人可就不一样了，自行车不小心撞一下，如果撞人者不及时道歉的话，被撞者是决不会宽容的。

学　生：以前您就告诉过我们，在人际交往中内外有别，对熟人和生人两种原则，想不到处处都是这样。

王老师：是啊，你的朋友要自己"忍"，多半指的是对熟人。

【Ⅲ】

学　生：嗯，不过您刚才说为什么要忍与三个方面有关系，那第三个方面呢？

王老师：第三个方面是"小不忍则乱大谋"，指的是在小事上不能忍让就会破坏自己的长远计划。就人际交往而言，由于人们的工作单位和居住地点较为稳定，人员流动很少，因而同事关系、朋友关系、邻居关系和上下级关系等也长期不变，若是处理不好，的确很伤脑筋。更由于人情和关系对人们的工作和生活影响很大，为了自己未来的前途和生活的安定，人们常常只得忍受别人带给自己的不快，以求得大致的和睦。比如说对不安静的邻居隐忍不发，对不公正的上级敢怒不敢言等等。

【Ⅳ】

学　生：但这样的忍太让人难受了，不是吗？

王老师：可不是嘛，所以"忍字心头一把刀"嘛，这个字本身就说明"忍"并不是一件令人心情愉快的事，只是因为主客观条件的需要不得不如此。还有些人的忍让是由于传统教育的结果。比如有人从小受到的教育就是，在人际交往中应该让自己吃点亏，生气时发脾气是没有教养等。出于这种观念，人们在吃亏时，总是忍让，但心里不见得不生气，只是没有表现出来或表现得不明显而已。

学　生：我能理解，因为中国人比较含蓄，又很自尊，爱面子。只要他不是愤怒到极点了，他就不会怒形于色，而只会隐忍不发。

王老师：你说得好极了。在很多时侯，中国人不是不生气，而是出于一种维持表面和谐的愿望。如果真的有人不讲道理，使别人觉得忍无可忍，熟人间的冲突有时也是很严重的，有的人之间甚至几年都不说话。

学　生：现在我总算明白我的朋友为什么要忍了。一是因为"好汉不吃眼前亏"，二是因为"和为贵"，三是因为"小不忍则乱大谋"，王老师，您说对吗？

王老师：对，不过任何事情走向极端就不好了，无限度地忍让就
　　　　意味着失去了自我，丧失了独立性。你说对吗？

学　生：那没说的，当然啦。

生　词

1. 不由得　　　（副）　忍不住，禁不住：听到这个笑话，正
　　bùyóu·de　　　　　在生气的老王～笑了起来。（can't
　　　　　　　　　　　　help; cannot but）

2. 发脾气 fāpíqì　（动）　发火：看到孩子的学习成绩报告单
　　　　　　　　　　　　后，李向明不由得大～，因为孩子
　　　　　　　　　　　　有好几门课不及格。lose one's tem-
　　　　　　　　　　　　per, get angry）

3. 凶恶　 xiōng'è　（形）　（性情、行为或相貌）十分可怕：那
　　　　　　　　　　　　是一条～的狗；大老张的长相很～，
　　　　　　　　　　　　但人很善良。fierce; ferocious）

4. 辩论 biànlùn　（动）　彼此用一定的理由来说明自己对某
　　　　　　　　　　　　一问题的看法，指出对方的不正确
　　　　　　　　　　　　之处，以便最后得到正确的认识或
　　　　　　　　　　　　共同的意见：～会；他们在大会上
　　　　　　　　　　　　展开了激烈的～。argue; debate）

5. 打架　 dǎjià　（动）　互相争斗动手打对方：别～；两个
　　　　　　　　　　　　孩子又打了一架。（fight; come to
　　　　　　　　　　　　blows）

6. 多半　 duōbàn　（副）　大概：他这么晚了还没来，～是不
　　　　　　　　　　　　来了。

　　　　　　　　　　（名）　超过半数，大半：假期中同学们～
　　　　　　　　　　　　回家了，只有少数留在学校里。
　　　　　　　　　　　　（probably; most likely, the greater

part）

7. 撤退　chètuì　（动）　（军队）放弃阵地或占领的地区：敌军已经从那个地方～了。（withdraw；pull out）

8. 迂回　yūhuí　（副）　绕到敌人侧面或后面（进攻敌人）：～进攻；～战术。（outflank；roundabout）

9. 战术　zhànshù　（名）　①进行战斗的原则和方法：在这场战斗中他们的～很灵活。②比喻解决某一问题的方法：小李找对象的～是正面进攻。（tactics）

10. 和谐　héxié　（形）　配合得适当：音调～；这张画的颜色很～；这个家庭有一种～的气氛。（harmony，harmonious；melodious）

11. 协助　xiézhù　（动）　帮助、辅助：你应该～他做好这个工作。（assist，help，give assistance；provide help）

12. 和睦　hémù　（形）　相处得很好；不争吵：家庭～；张良与邻居们关系很～。（harmonious，peaceful）

13. 协作　xiézuò　（动，名）　互相配合（来完成任务）：这座现代化的工厂是由好几个单位互相～才建成的。（cooperate；cooperation；coordination）

14. 体现　tǐxiàn　（动）　具体地表现出来：他的文章充分～了他们那些人的看法。（embody，reflect）

15. 忍让　rěnràng　（动）　容忍、忍受、退让：对于他们的无

礼行为，老赵总是～。（exercise for-
bearance）

16. 宽容　kuānróng　（动）宽大容忍，不计较：我不能～这种
坏事。

　　　　　　　　（形）他是个十分～的人；他对此事采取
了～的态度。（tolerate，tolerant）

17. 指定　zhǐdìng　（动）确定（做某事的人、时间、地点
等）：～他在会上发言；请到～的地
点等候。（appoint；assign；designat-
ed）

18. 必定　bìdìng　（副）①必然，一定：他的愿望～会实现。
②表示意志的坚决：明天我～来接
你。（be bound to；be sure to）

19. 大半　dàbàn　（名）过半数，大部分：这个班～是德国
人。

　　　　　　　　（副）表示较大的可能性，多半：他～不
来了。　（more than half；greater
part；　most/very　likely；　most
probaly）

20. 爆发　bàofā　（动）（力量或情绪）忽然发作，（事情）突
然发生：他们二人突然～了一场大
冲突；内战～。（burst out；break
out；erupt）

21. 断绝　duànjué　（动）原来有联系的不再联系或失去了联
系：～关系；～交通；～来往；～
音讯。（break off；cut off）

22. 后果　hòuguǒ　（名）最后的结果（多用在坏的方面）：食
品质量差会造成极坏的～。（conseq

uence)

23. 极端　　jíduān　　（形）　　达到极点的：～的兴奋；～的愤怒。

　　　　　　　　　　　（名）　　事物顺着某个方向发展达到的顶
　　　　　　　　　　　　　　　点：做事不要走～。（extreme, ex-
　　　　　　　　　　　　　　　ceeding）

24. 局面　　júmiàn　　（名）　　一个时期内事情的状态：稳定的～；
　　　　　　　　　　　　　　　非常紧张的政治～。　　（aspect;
　　　　　　　　　　　　　　　phase; situation）

25. 便利　　biànlì　　（形）　　方便、容易、不感到困难：这里交
　　　　　　　　　　　　　　　通～。附近就有百货公司，买东西
　　　　　　　　　　　　　　　十分～。　　（convenient; easy/
　　　　　　　　　　　　　　　facilitate）

26. 处处　　chùchù　　（副）　　各个地方，各个方面：东北～有我
　　　　　　　　　　　　　　　的朋友；她～照顾自己的孩子。(ev-
　　　　　　　　　　　　　　　erywhere, in all respects）

27. 谋　　　móu　　　（名）　　主意、计划：足智多～。

　　　　　　　　　　　（动）　　谋求：为大家～福利。（stratagem,
　　　　　　　　　　　　　　　plan/work for; seek）

28. 长远　　　　　　　（形）　　（未来的）时间很长：～打算；眼前
　　chángyuǎn　　　　　　　利益应服从～利益。（long—term;
　　　　　　　　　　　　　　　long—range）

29. 伤脑筋　　　　　（动，形）　形容事情难办、费心思：他们俩一
　　shāngnǎojīn　　　　　　个要这样，一个要那样，我在中间
　　　　　　　　　　　　　　　感到很～。（knotty; troublesome;
　　　　　　　　　　　　　　　bothersome）

30. 安定　　āndìng　　（形）　　（生活、形势等）平静正常：生活
　　　　　　　　　　　（动）　　～；社会秩序～。使安定：～人心。
　　　　　　　　　　　　　　　（stable; quiet; settled/stabilize;

— 231 —

maintan)

31. 只得　zhǐdé　（副）　不得不：河上没桥，我们～从水里走。（have to；be oblidged to）

32. 不快　bùkuài　（形）　不愉快：他的话令人～。（be unhappy；be displeased；be in low spirits）

33. 大致　dàzhì　（形）　大体上：他们俩的情况～相同。
　　　　　　　（副）　大概；大约：他～是五点钟左右来的。（roughly；more or less；approximately）

34. 隐忍　yǐnrěn　（动）　把事情或不满藏在内心，勉强忍耐：这一次他～不言，下一次可能就要发脾气了。（forbear；bear patiently）

35. 公正　（形）　公平正直：他是个～的领导，处理
　　　gōngzhèng　这个问题很～。（just；fair；fair－minded）

36. 可不是　（动）　在口语中强调"是"，就是："你看
　　　kě·bushì　那个人是不是宋维？""～嘛，就是他。"（yes，It's right.）

37. 本身　（代）　自身（多指集团、单位或事物）：产
　　　běnshēn　品质量和工厂～的管理很有关系。（itself；in itself）

38. 而已　éryǐ　（助）　罢了：他实际上是想去杭州的，只是没有说出来～。（that's all）

39. 极点　jídiǎn　（名）　程度上不能再超过的界限：感动到了～；忍耐到了～。（the limit；the extreme；the utmost）

40. 没说的　（短语）　又可说"没有说的"。①指完全同意，
　　　méishuō·de　不成问题：这些工作就让我们来做

吧，～。②指一定要做到，不必商量的：这次的作业明天一定要交来，没什么可说的。③指没有什么缺点：这姑娘又漂亮，又能干，真是～。（there's no need to say any more about it; it goes without saying / really good）

练　习

一、通过课文上下文的意思解释下面的词语：

1. 好汉不吃眼前亏
2. 三十六计，走为上计
3. 君子报仇，十年不晚
4. 礼之用，和为贵
5. 忍字心头一把刀
6. 小不忍则乱大谋
7. 敢怒不敢言

二、用下列词语造句：

1. 不由得

　　①听到这个坏消息，＿＿＿＿＿＿＿。

　　②＿＿＿＿＿＿＿，我不由得大发脾气。

　　③看到他干这种坏事，＿＿＿＿＿＿＿。

　　④＿＿＿＿＿＿＿，老周不由得高兴起来。

2. 伤脑筋

　　①老王上次借钱不还，这次又来借，＿＿＿＿＿＿＿。

　　②我最伤脑筋的是＿＿＿＿＿＿＿。

　　③隔壁邻居天天晚上吵吵闹闹，＿＿＿＿＿＿＿。

　　④他最近＿＿＿＿＿＿＿。

3. 本身

　　①这件事本身告诉我们＿＿＿＿＿＿＿＿。

　　②不是我穿鞋子不小心，＿＿＿＿＿＿＿。

　　③＿＿＿＿＿＿＿＿，而不是别人把这厂搞坏了。

　　④这个组织解散了，是因为＿＿＿＿＿＿＿＿。

4. 没说的

　　①A：你愿帮帮我的忙吗？

　　　B：

　　②A：那个人怎么样？

　　　B：

　　③我刚买的录音机＿＿＿＿＿＿＿＿。

　　④你明天一定要把书还给我＿＿＿＿＿＿＿＿。

三、选择适当的词语填空：

　　　　可不是　我　却　不由得　他　吵　你看
　　　　爆发　发脾气　只得　不快　哼　后来
　　　　伤脑筋　换　或　这样　吵架　是的　下次

　　大鹏：彼得，上街了吗？

　　彼得：＿_1_＿，大鹏。我刚从邮局回来。你看，我要寄个包裹，
＿＿_2_＿没寄成。

　　大鹏：怎么啦？看你这样子，是不是跟别人＿_3_＿了？

　　彼得：＿_4_＿，差点儿打起来。我要寄包裹，那营业员却说什
么包装不行，不让寄。＿＿＿_5_＿说没关系，损坏我自己负责。可
＿_6_＿还是不同意，而且态度凶恶。我＿＿_7_＿大发脾气，他也
＿_8_＿，我们就这样在邮局里＿9_＿了一场大冲突。＿_10_＿他们的
领导来了，叫我去街上买张厚纸。＿_11_＿，那要买到什么时侯？我
＿_12_＿把包裹拿了回来。＿_13_＿，弄了个老大的＿_14_＿，却没办
成事儿，真＿_15_＿。

　　大鹏：原来是＿_16_＿。＿_17_＿忍着点，别跟他们吵，＿_18_

也没用，明天你换个邮局__19__等原来邮局的营业员__20__了人再去，一定能寄成。

四、把下面的词语和句子按照正确的顺序连成一段话。

①因此　②比如说，电影开始了　③我发现在一般的情况下　④而女人有事求男人帮忙也比求女人容易些　⑤而我还没有买票　⑥男人与女人打交道比较容易　⑦于是　⑧若是男人我就上前去补票　⑨每当我求人办事时总是要先看看对方的性别　⑩补票是不怎么容易的　⑪若是女人就叫我丈夫去补票　⑫我先看看守门的是男人还是女人　⑬这种办法很少有失败的　⑭除非那个人特别难讲话

答案：③⑥_____

五、给课文的每个段落加上适当的标题。

〔Ⅰ〕

〔Ⅱ〕

〔Ⅲ〕

〔Ⅳ〕

六、语段表达

请你自己设计一个语段框架，并运用你已学过的句际组合方法和下列词语说一段话，谈谈人们为什么要"忍"。

> 不由得　发脾气　多半　和睦　忍让　伤脑筋
> 宽容　大半　后果　处处　长远　而已
>
> （本课新词语）

七、文化情景读和说

下面是五段短文，展现了人们忍让的种种情景。快速阅读，然后讨论并回答短文后边的问题。

买 东 西

安妮和刘燕一起上街买东西，她们想买书，安妮还想买一条裙子。到了书店以后，文学书籍柜台后有两个营业员正聊得高兴。她们前面的一位顾客对营业员说："我要买《三国演义》，请帮我拿一下。"两个营业员仍然在聊天。这位顾客等了一会儿，把同样的话又说了一遍，这时其中的一位女营业员才慢慢走过来，说："你要什么？""一套《三国演义》。"那顾客赶紧说。刘燕也急忙对她说："我要一套《西游记》。"可是那营业员看也不看刘燕一眼，刘燕只得又说了两遍："请给我拿一套《西游记》"。这时营业员发脾气了："急什么？你没见我得先卖他的吗？"安妮气极了，冲上去正想说几句什么，刘燕一把拉住了她。又等了一会儿，她们才买到了书。出了书店的门后，刘燕说："忍着点，吵也没用，白生气，算了。"安妮怎么也不明白，营业员怎么可以对顾客这么无礼，而刘燕又为什么要忍。

回答下面的问题：

你在中国已经待了好几个月了，又学了这么长时间的语言文化课，你能解答安妮的问题吗？

将 相 和

战国时期，赵国得到了非常珍贵的和氏璧，秦国知道这个消息后，表示愿意用十五座城市换这块和氏璧，赵王感到进退两难。如果同意换，秦王很可能把璧拿走了，却不给城市，失去这个国宝，太可惜了；如果不同意换，秦国的势力很强大，说不定会为了这块璧打起仗来的。这可怎么办呢？

当时赵国有一名官员推荐了一个叫蔺相如的人当使者，出使秦国。蔺相如靠他的机智和口才，把璧带回了赵国。后来在渑池会上他又为赵国取得了外交胜利。就凭着这两件事情他得到了赵王的信任，他的官位一下子就升到了将军廉颇之上。廉颇很不服气，到处说他要当面羞辱蔺相如。蔺相如知道这事后常常有意躲避廉颇。蔺相如的仆人觉得很难理解，都要离开他。蔺相如问他们："你们看，是秦王厉害还是廉颇厉害？"大家说："当然是秦王厉害。"蔺相如说："我连秦王都不怕，怎么会怕廉颇呢？我只是认为秦国之所以不敢进攻我们，是因为我国有廉颇这样的将军和我这样的文官。我们当官的应该先考虑国家的利益，后考虑个人的感情啊。"廉颇听到了这样的说法，感到非常惭愧，他背着一根鞭子上门请罪，两人从此就成了生死与共的好朋友。

秦国听说赵国这两个有才能的官员团结一心，所以几十年不敢侵略赵国。

回答下面的问题：

1. 蔺相如是一个什么样的人，他为什么要躲避廉颇？

2. 廉颇是个什么样的人？他开始看不起蔺相如，后来又为什么与蔺相如成了好朋友？

初到西班牙

那一年我从台湾去西班牙读书，父母亲到机场去送我，他们抹着眼泪嘱咐我：在外与人交往，要有中国人的修养，凡事忍让，吃亏就是便宜。

来到西班牙，我被送入一所在西班牙叫"书院"的女生宿舍。我分配到的房间是四个人一间的大卧室。

四个人住的房间，每天清晨起床了就要马上铺好床，打开窗户，扫地，换花瓶里的水，擦桌子，整理衣服。等九点院长上楼来看时，这个房间一定得干干净净才能通过检查，这整理工作，是四个人一起做的。

三个月以后，不知什么时候开始的，我开始不定期地铺自己的床，又铺别人的床，起初我默默地铺两个床，以后是三个，接着是四个，我还静静地擦着桌子，挂着别人丢下来的衣服，洗脏了的地，清理隔日丢在地上的废纸。而我的同屋们，跑出跑进，丢给我灿烂的一笑，我在做什么，她们再也看不到，再也不知道铺她们自己的床了。

我有一天在早饭桌上对这几个同屋说："你们自己的床我不再铺了，打扫每人轮流一天。"

她们笑咪咪地满口答应了。但是第二天，床是铺了，屋子仍然不整理。

我内心十分生气，但是看见一个房间那么乱，我有空了总不声不响地收拾了。我总不忘记父母叮嘱的话，凡事要忍让。

我有许多美丽的衣服，搬进宿舍时的确惊动了人们。我的院长还特别分配给我一个大衣柜挂衣服。

起初，我的衣服只有我一个人穿，我的鞋子也是自己踏在步子下面走。等到跟这三十六个女孩子混熟了之后，我的衣柜就成了时装店，每天有不同的女同学来借衣服，我忍着气给她们乱挑，一句抗议的话也不说。

开始，这个时装店是每日有借有还，渐渐的，她们看我那么好说话，就自己动手拿了。每天吃饭时，都有五、六个女孩子同时穿着我的衣服在说笑，大家都亲热地叫着我宝贝、太阳、美人……等等奇怪的称呼。说起三毛来，总是赞不绝口，没有一个人说我的坏话。但是我的心情，却越来越沉重起来。

我因为当时没有固定的男朋友，平日下课了总在宿舍里念书，看上去不像其他女同学那么忙碌。

如果我在宿舍，找我的电话就会由不同的人打回来。

——三毛，天下雨了，快去收我的衣服。

——三毛，我在外面吃晚饭，你醒着别睡，替我开门。

——三毛，我的宝贝，快下楼替我去烫一下那条红裤子，我回来换了马上又要出去，谢谢你了。

——替我留份菜,美人,我马上赶回来。

放下这种指挥人的电话,洗头的同学又在大叫——亲爱的,快来替我卷头发,你的指甲油随手带过来。

刚上楼,同住的宝贝又在埋怨——三毛,今天院长骂人了,你怎么没扫地。

这样的日子,我忍着过下来。我一直在想,为什么我要凡事忍让?因为我是中国人。为什么我要助人?因为那是美德。为什么我不抗议?因为我有修养。为什么我偏偏要做那么多事?因为我能干。为什么我不生气?因为我不是在家里。

我的父母用中国礼教来教育我,我完全遵从了,实现了;而且他们说,吃亏就是便宜。如今我真是货真价实成了一个便宜的人了。

对待一个完全不同于中国的社会,我父母所教导的那一套果然大得人心,的确这样一来,我是人人的宝贝,也是人人眼里的傻瓜。

（据三毛《西风不识相》改写,见《三毛作品选》）

（一）选择正确的答案:

1. 本文作者从什么时候起一个人铺床、扫地?
   ①一到西班牙就开始　　　②最初的一个月
   ③三个月以后　　　　　　④半年以后

2. 有人向"我"借衣服,"我"怎么样?
   ①很高兴借给别人穿
   ②不高兴,但还是借给她们
   ③对此表示抗议
   ④刚开始借,后来不借

3. 为什么会有很多人叫"我"做各种事情?
   ①因为"我"即使不愿意,也会答应帮助别人。
   ②因为"我"很能干。

③因为"我"是中国人。

④因为"我"喜欢为别人服务。

（二）思考题：

1. 本文作者一直忍让，是不是心甘情愿的？她为什么要忍让？

2. 本文最后为什么说"（我）是人人的宝贝，也是人人眼里的傻瓜"？

息 夫 人

息夫人是春秋时代陈国国王的第二个女儿，嫁给息侯做夫人，她不仅聪明美丽，而且还有治理国家的才能。公元前682年，楚文王听说息夫人长得十分美貌，就决心把息夫人抢到手。他带领五千兵马到息国边境，等待时机侵犯息国。

息夫人得到报告，就劝息侯早作准备。息侯不仅没有听取息夫人的劝告，反而亲自为楚文王安排住所，宴请楚文王。第二天楚文王回请息侯。酒刚喝了一半，楚文王就借口息侯对他不尊敬，把息侯抓了起来，然后带兵闯入后宫寻找息夫人。息夫人得知息侯被抓，正想投井自杀，楚国一位大将赶到，抓住息夫人的衣裙劝道："楚王侵犯息国只为了你一个人，如果你自杀了，那么息侯就要被杀，息国也要灭亡。"

息夫人眼看息国的安危就靠她了，不由得伤心到了极点，她下了决心，宁愿自己忍受奇耻大辱，也不能让息侯和息国的老百姓吃苦受难。她向楚文王提出了三个条件：一、不杀息侯；二、不灭息国；三、不准抢夺杀害息国的老百姓。楚文王为了让息夫人高兴，三个条件都答应了，于是息夫人强忍悲痛，跟随楚文王到了楚国。她到楚国后三年没有开口说话，默默反抗。历史上无数个帝王将相都成为匆匆过客，而身为弱女子的息夫人，却永远留在人们心中。

（据《中国女杰息夫人》改写，见《恋爱·婚姻·家庭》1991

回答下面的问题：

息夫人没有自杀而跟楚王去了楚国，为什么？你认为息夫人这样做值得吗？

逛 街 以 后

斯各特和乔治来中国不到一星期，就和英语系的学生杨海波成了好朋友。星期天，他们要进城逛逛街买买东西，请杨海波和他们一起去。杨海波高兴地答应了，他正好想去百货大楼买皮鞋。

进城后，杨海波陪他们逛了许多商店，买了书、工艺品，还去画店买了画，最后到了百货大楼，又陪他们去二楼挑选冬天的衣服。买完衣服后杨海波说："我要去四楼买皮鞋。"斯各特说："我还要去银行，咱们前面街上见。"说完对他们挥挥手就走了，乔治笑着对杨海波说："我想去对面的商店看看玩具，再见！"杨海波也微微一笑："再见"。说完他们就分手了。

第二天，斯各特和乔治又看到了杨海波，他们还像以前一样跟他打招呼，请他一起聊聊。但杨海波只是客气地跟他们打了一声招呼就走，没有停下来跟他们聊天。以后，杨海波总是避开他们，再也没有跟他们一起玩过。斯各特和乔治很奇怪，不知道为什么杨海波忽然对他们冷淡起来了，好像他们没有得罪过杨海波呀。

回答下面的问题：

1. 他们有没有得罪杨海波？在什么地方得罪了他？
2. 为什么斯各特和乔治不知道杨海波已经生气了？

八、跨文化交际问题讨论：（选择中可能不只有一个是对的）

1. 一个人的邻居在开晚会，到晚上十二点还不睡觉，这个人会怎么办？

中国人：

A、生气，但不说什么

B、生气，并且去叫他们安静点

C、不生气，随便它

D、生气，并且去叫警察

你自己国家的人——

2. 一个人的上级在一件小事上做得不对，很不公正，这个人会怎么办？

中国人：

A、生气，但不说什么

B、生气，并且告诉他

C、不生气，算了

D、生气，并向更上一级报告

你们国家的人——

3. 一个人请他的朋友做一件重要的事，那人满口答应了，可是却没有做，这个人会怎么办？

中国人：

A、不说什么，但以后再也不请他做事了

B、大发脾气，但以后仍请他帮忙

C、不生气，算了

D、生气，并且告诉每一个人

你们国家的人——

4. 在公共汽车上，乘务员的态度很不好，人们怎么办？

中国人：

A、生气，但不提出批评

B、生气并批评他

C、不生气，算了

D、生气并告诉他的领导

你们国家的人——

第十五课　敬老的社会

朋 友 聚 谈

【Ⅰ】

张 如 芳：我们难得有空聚在一起，哈里先生建议我们利用今天
　　　　　的机会集中讨论一个问题。前几天有人问中国人称呼
　　　　　年纪稍大的人为什么常用"老张，老王的"，我想，今
　　　　　天就讨论"中国——敬老的社会"，怎么样？（大家：行。）
　　　　　好，那我们就一边包饺子，一边随便聊聊。比如说敬
　　　　　老一般表现在哪些方面。

哈　　里：我先说。中国的敬老首先表现在家庭中。很多家庭从
　　　　　小就教育孩子孝顺长辈，"孝"是指从各方面关心、照
　　　　　顾、尊重长辈，"顺"指要服从长辈。对不？

【Ⅱ】

杨 建 明：对，哈，你可有点"中国通"的味道呢。在中国，敬
　　　　　老表现在家庭中，但并不限于家庭。整个社会从政府
　　　　　到单位都是敬老的，社会上有许多专门的老年人的组
　　　　　织，如各地的老年大学，各行各业的退休协会，"老人
　　　　　聊天站"等，他们组织各种适宜老年人的活动，像气
　　　　　功、太极拳、长跑比赛、书法之类，特别是老年迪斯
　　　　　科跳得我们年轻人都羡慕。我常想，等到我老了，我
　　　　　也天天去跳迪斯科。

白　　玫：还有，老人在社会上还可以得到许多照顾：老人退休

了可以免费进公园，商店里有专门的中老年柜台，供应中老年商品，对老人给以更多的方便。各级政府还时常举行"好媳妇大会"，表扬那些对老人照顾得好的人。报纸也时常歌颂这样的人，而那些敢于违背政府的法令，不赡养父母，对父母态度恶劣的人，不仅会受到单位的批评，法律的制裁，而且会受到周围舆论的讽刺，亲朋好友的责备和疏远。

张 如 芳：除此以外，各单位的许多规定也有利于年纪大的人。比如，按照工龄分配住房。年纪大的人大多工龄长，就排在前边分大的好的房子，年纪轻的只能分到小的差的房子甚至分不到房子；还有，年纪大的人因为工龄长，在干同样工作时可以比年轻人得到的报酬多，有时，同样的报酬，年纪大的人可以少干一些，而年轻人得多干一些。

【Ⅲ】

郭 建 国：我再补充一点，我觉得社会上的敬老与我们文化传统中的年龄等级有很密切的关系。同样的话，年龄大的人能说，年纪小的人不能说。同样的动作，如拍肩膀，年纪大的拍年轻人的肩是表示亲热，而年纪小的人去拍年纪大的人那就失礼了。在单位中年长的人即使无职务，领导也尊重他们，年轻些的领导尽量避免当众批评他们，对来自老职工的意见领导也比对年轻职工的意见更重视。无论什么社会活动，在相同地位的情况下，总是优先安排老的，安排他们先上车，先坐好座位，先发言，先离场……出外旅行，总是年纪轻的人去买票、找旅馆、提重行李等等。

【Ⅳ】

安　娜：得了，照你这么说，在社会上敬老和在家庭一样了？那

　　　　　　为什么有的人在公共汽车上不给老人让座呢？

郭建国：　这很简单，因为这个年轻人不认识这个老人。如果他
　　　　　认识这个人，即使仅比他大五岁，他也一定会主动让
　　　　　座的。对生人和熟人不一样，这是文化传统中的"内
　　　　　外有别"规则在起作用。

【Ⅴ】

穆罕默德：如果老人的批评是错的，人们会怎么对待呢？

杨建明：老人的批评不论对错，总是允许的，而且至少在表面
　　　　　上没有人会立刻当面指出他的错误，因为即使对方是
　　　　　平辈，也很少有人直截了当地指出对方的错误，更何
　　　　　况是老人呢。不论何时何地何种原因，年轻人与老人
　　　　　吵架在别人看来都是不对的，至少会认为他很没有礼
　　　　　貌。因此，年轻人都不愿意跟老年人正面冲突。当老
　　　　　人发脾气时，年轻人一般都用较为缓和的方式进行解
　　　　　释。

穆罕默德：这样一来，年轻人不就总是被动，没有面子了吗？

杨建明：那也不一定。一般认为年轻人受到批评是正常的，不
　　　　　伤面子的，所以年轻人面对批评时心理承受能力就强
　　　　　一些；而老人受到年轻人批评或顶撞被看作是不正常
　　　　　和失敬行为，所以很伤老年人的自尊心，他们会觉得
　　　　　受不了。为了避免闹到当面冲突的地步，老年人也往
　　　　　往注意不去得罪年轻人。从这个意义上说，老年人更
　　　　　是弱者，更怕丢面子，所以年轻人敬老也是应该的。

【Ⅵ】

安　　娜：那么多少岁才算是"老"呢？你们国家60岁的人就退
　　　　　休不在单位里工作了。难道单位里的"老"人比60岁
　　　　　还年轻吗？况且，60岁还不算老嘛。

白　　玫：这个吗，"老"在年龄上是相对的，对于40岁的人来

说，50 岁就算老了，对于 20 岁的人来说，30 岁也算老的。因此，确切地说，中国人的敬老是敬"长"，以年纪大的长者为尊。

穆罕默德：因为中国是敬老的社会，所以人们就不忌讳说自己"老"，也不忌讳问别人的年龄。称年纪稍长的人也常用"老张"、"老王"这类称呼，现在我明白了，我的中国朋友开玩笑叫他那不到 30 岁的妻子或丈夫为"老伴"，并没有什么恶意。

【Ⅶ】

哈　　里：是的，没什么恶意，他们的"老伴"听了不会生气的。不过，我遇到过一件事，好像不是以年长为尊的。有一天，我和一位 25 岁左右的中国姑娘陈丽明去参观她们单位的电器工厂，遇见了一位 30 来岁的男人，以前认识她，上前叫了她一声"丽明"，似乎想表示亲热。谁知那姑娘飞快地瞪了他一眼，问道："你叫我什么？"他脸一红，立即叫道："小陈，陈师傅"。我后来问小陈，他为什么不能叫她的名字。小陈说："两年前他刚工作时是我的徒弟。"你们说说看，这时候似乎年龄等级不起作用了。

郭建国：是的，这时他们还有一层师徒关系。古人说："一日为师，终身为父"。按照中国的称呼习惯只可以上对下称名字，不可以下对上称名字，师为上，徒为下，虽然，他已经不是徒弟了，但他们的关系没有变，所以称呼的方式也不能变。一般来说，当师傅的肯定工龄长，在单位里同等地位的人以工龄长者为尊，不论是否具有师徒关系。

杨建明：我认为那男人对比自己小不了几岁的姑娘称名字是不合适的，显得关系过份亲密了。很显然陈丽明是觉得反感，才对他那么不客气的。

郭 建 国：这的确是个重要的原因。总的来说，只有在地位相同，
工龄相同的情况下，年龄等级才显示作用。假若工人
中一个是领导，另一个尽管年龄大却是下级，则以领
导为尊；当然，这是指一般情况而言，不是绝对的。

张 如 芳：今天的讨论就到这儿为止吧。饺子已经下好了。

生　　词

1. 限于　　xiànyú　　（动）　只在某一范围以内：这个消息只～
你们几个人知道，不要告诉其他人。
（be limited to）

2. 协会　　xiéhuì　　（名）　一种有着共同事业的群众团体：作
家～；足球～。　　（association;
society）

3. 适宜　　shìyí　　（动）　适合：老年人不～作激烈运动。
（suitable, fit; appropriate）

4. 气功　　qìgōng　　（名）　中国特有的一种健身术。（Qigong,
a kind of breathing exercise）

5. 太极拳　tàijíquán　（名）　一种中国拳术。（Taijiquan）。

6. 书法　　shūfǎ　　（名）　指用笔写字的艺术：他的～非常不
错，是一个～家；钢笔～，毛笔～。
（penmanship; calligraphy）

7. 迪斯科　dísīkē　　（名）　指一种随着流行乐曲所跳的舞蹈：
年青人喜欢跳～，年纪大的也慢慢
喜欢了。（disco）

8. 免费　　　　　（动宾词组）　不需付费用；不需付钱：一米以下
miǎnfèi　　　　　　的儿童～入场。（free of charge）

9. 柜台　　guìtái　　（名）　文中指商店的售货台：商店的玻璃

— 247 —

～里放满了各种商品。(counter)

10. 供应　gōngyìng　（动）　提供东西，满足别人的需要：食堂早餐～稀饭、馒头、牛奶等；市场～。(supply)

11. 给以　kěiyǐ　（动）　给：她非常热心，经常～别人帮助；感谢你对我们～的支持。(give, grant)

12. 媳妇　xífù　（名）　①指儿子的妻子：做～的要孝敬公婆。②xí·fur 指年青男子的妻子：男的结婚也叫娶～。(daughter—in—law/wife)

13. 歌颂　gēsòng　（动）　用语言文字热烈赞美：那支歌是～祖国的。(sing the praises of；extol)

14. 敢于　gǎnyú　（动）　敢（做某事）：他性格直率，～批评别人。(be bold in；have the courage to)

15. 违背　wéibèi　（动）　违反，不遵守，不服从：～父母的愿望。～人情。(violate；go against)

16. 法令　fǎlìng　（名）　政府机关的命令、决定等：国家～不允许破坏森林。(decree)

17. 恶劣　èliè　（形）　很坏的：有些部门的服务态度很～，需要好好改进；他的行为很～。(odious；abominable；disgusting)

18. 讽刺　fěngcì　（动、形）　用含蓄、比喻、夸张等方法进行批评：～小说；你有什么意见可以提出来，但不要～别人。(satirize)

19. 疏远　（动、形）　在关系和感情上有距离,不亲近:我

shūyuǎn 跟他关系～，不太熟；洁茹和芳芳本是好朋友，可后来不知为什么两人～了。(drift apart)

20. 工龄　gōnglíng　（名）　参加工作的年限：小王去年才开始工作，～很短，还不到半年，而老王已经有三十年～了。(length of service)

21. 得了　dé·le　算了，行了：用于口语句首时，表示禁止或不同意别人的看法或做法：～别说了；～，你那样不行，还是看我的。(forget it)

22. 平辈　píngbèi　（名）　同辈：小王和小张是～，所以小王叫小张父母为伯父、伯母。(of the same generation)

23. 何况　hékuàng　（连）　表示更进一层的意思：我本来就不是很想出去旅游，～这一阵天气又不好，我更不准备去了。(much less, let alone)

24. 缓和　（形，动）　（局势、气氛等）变得不紧张，（态度）不严厉，不厉害：虽然他是批评别人，但语气很～，让人也容易接受。(relax, ease up; mitigate; alleviate)
huǎnhé

25. 被动　bèidòng　（形）　不主动的，不能按自己愿望做事，受别人的安排：谈判的时候要争取主动，不能～；他是一个～的人，没有自己的主张，上级叫干什么就干什么。(passive)

26. 承受　　　　　（动）　承担、接受：～痛苦；不能～别人
chéngshòu 的讽刺。(bear; support; endure)

27. 地步　dìbù　（名）　指状况，境地：他的病很厉害，已
经到了必须马上动手术的～。(con-
dition)

28. 相对　xiāngduì　（形）　①指在一定的条件下才存在，条件
改变了，情况也就跟着改变：天气
的冷和热是～的，30℃对北方人来
说也许是很热的了，而对南方人来
说，则可能是比较凉爽的。②面对
面的：～而坐。(relative/opposite)

29. 排列　　　　（动，名）　根据次序排出：按姓的第一个字母
páiliè 　～名单；长幼的～次序主要是根据
年龄。(arrange，put in order range)

30. 忌讳　　　　（动，名）　不能说或不能做的禁忌：中国人送
jìhuì 　礼物～送钟，因为这与"送终"同
音。(avoid as taboo; avoid as harm-
ful/taboo)

31. 电器　diànqì　（名）　指一些电子机械或需要用电的产
品：电冰箱、彩电、洗衣机等家用
～在中国越来越普及。(electrical e-
quipment)

32. 飞快　fēikuài　（形）　①极快的，像飞一样快：汽车～地
开过去了；时间过得～。②很锋利：
刀子磨得～。(very fast，at light-
ning speed /extremely sharp)

33. 瞪　dèng　（动）　(生气地)睁大眼睛看：孩子调皮时，
父亲～了孩子一眼。(stare; glare)

— 250 —

34. 徒弟　tú·di　（名）　跟着师傅学习（技术手艺等）的人：小林刚进工厂工作，现在正跟着老汪师傅当～。（apprentice；disciple）

35. 到……为止
dào……wéizhǐ
（介词短语）　到…开始停住：到现在为止，我还还不知道他在哪儿；排队的人到他为止，后面的人请明天再来。（up to，till）

练　习

一、解释下列词语：

1. 孝顺

2. 年龄等级

3. "老"在年龄上是相对的

4. 敬老即敬"长"

5. 一日为师，终身为父

二、填空

　　在中国，敬老__1__是敬长，敬年龄相对大一点的人。__2__人享有许多优先权，__3__可以优先提升职务，__4__分配住房，__5__享受休假等；而年轻人往往自觉地照顾他们，__6__出差时主动提最__7__的行李，坐车时让__8__坐最__9__的座位，到了目的地以后，让__10__先休息，__11__去联系买票、住宿、吃饭__12__，在工作中__13__也总是乐意__14__多干一点，让老的__15__干些。

三、造句

1. 得了

①得了，_____。

②_____，我可不相信你的话。

③得了吧，_____。

④_____，他们可没你说的这么好。

2. 何况

①这东西男人都搬不动，_____。

②_____，何况孩子呢。

③这个问题专家都解决不了，_____。

④他在家里都不大讲话，_____。

3. 相对

①房间的大与小是相对的，_____。

②对于孩子来说，这东西挺好玩的，对于大人来说，它没有什么意思，因此_____。

③美与丑也是_____。

④这里说的"年轻"是相对的，对于六十岁的人来说，他是年轻的，_____。

4. 到…为止

①到晚上8点钟为止，_____。

②他们的合作_____。

③到昨天上午为止，_____。

④时间不早了，_____。

四、把下面的几个句子改写为一句话，然后对照课文检查自己是否正确。

那些敢于违背政府法令的人和那些不肯赡养父母的人以及那些对父母态度恶劣的人都会受到单位的批评。他们还会受到法律的制裁。他们也会受到周围舆论的讽刺。他们也免不了受到亲朋好友的责备和疏远。

五、给课文的七个段落加上标题：

〔Ⅰ〕

〔Ⅱ〕

〔Ⅲ〕

〔Ⅳ〕

〔Ⅴ〕

〔Ⅵ〕

〔Ⅶ〕

六、语段表达

用下表提示的内容解释中国人"敬老"的含义，并谈谈整个社会是怎样敬老的。

语段框架	句际组合方法
主题句（可有可无）	
定义	"敬老"是（指的是、意思是、意味着……） ……的意思　一般地说　确切地说……
举例	
结论	由此可见　综上所述　总之
本课新词语： 限于　敢于　适宜　给以　承受　缓和 被动　地步　相对　忌讳　到……为止	

七、文化情景读和说

下面的五段短文，展示了敬老的社会的种种情景。快速阅读，然后回答短文后边的问题。

先　救　谁

山里的风夹着雪铺天盖地地刮着……根根和他的妻子香香就冒着这样的风雪，把高烧不醒的父亲背出了家门。村里人听说都赶来了，大家拦住根根说："不要命了！这种天气怎么能出山？"根根说："我爸才 47 岁！"香香说："爸爸一个把根根带大，恩比山重，我俩拼命也要把他救活。"

大伙儿都说："这才是真正的孝子！"……人们一直把他们送到村口。

根根和香香背着父亲，翻过一座山，来到了山下的一条河边。河上没有桥，河岸边有一棵大树上垂下一根粗绳子，人抓住这根绳子，就可以荡过河去。

河水已经结成了冰，根根放下父亲，抓住那根绳子，小心地在冰面上跳了几跳，没有听到破裂声他才放心地回到河岸。根根抱起父亲，然后对香香说："你先过去。""不。我比你轻六十斤呢，我背爸爸过去，保险些。"根根看了看香香的肚子，香香笑了笑背起父亲，下了河岸。

根根刚抓住那根绳子，准备荡过河接香香，忽然香香的脚下发出了冰块的破裂声，香香不由得惊叫一声，随着破裂的冰块，他们掉进了寒冷的冰水中。根根慌了，赶忙跳下河岸，看到香香已经抓住了一大块冰，两眼焦急地望着他。他爸爸不知是受冷水刺激还是什么别的原因，竟然也醒了。他抓着一块冰，嘴里似乎还在喊着："根——"

根根连忙用身边带的小刀割下一段绳子，朝下游跑去。他知道，绳子扔下去，拉一个上来，再救另一个肯定来不及了。

根根惨叫一声："爸爸——"将绳子扔了过去。

绳子很准确地落在了香香的面前，根根呼呼几下就把香香拉了上来。再看他爸，心里一喜，他爸爸竟然抓住了冰块，他赶快把绳子扔了过去，他爸抓住了。当他把爸爸拉上岸的时候，他爸爸颤抖着说："不孝的……东西，我……没有……你这……儿……"根根连忙给爸爸解释："爸爸，你不知道，香香有了咱的孩子，那是……咱的根……爸爸，咱不能……绝了后……"

他爸爸又昏过去了，闭着眼睛，却仍然咬着牙。

香香抱住根根泪流满面："咱们……臭了。咱们把爸爸背到哪儿，他都会说这事。咱们……就都……没法活了……"

根根没有看香香，只是傻了一样地看着父亲。

（据郑彦英《生命》改写，见《小小说选刊》1988 年第 2 期）

回答下列问题：

1. 村里人为什么赞叹根根和香香？

2. 根根为什么先救香香？

3. 根根和香香为什么会因为后救父亲而觉得没法活了呢？

4. 请给这个故事编一个结尾。

5. 假如你的父亲、母亲、爱人和孩子同时掉进河里，只有你会游泳，而且你只能救一个人，这时你先救谁？为什么？

我陪婆婆闲聊

公公不幸去世以后，婆婆一人住在郊区。为了使婆婆不孤独，丈夫和我就把她接到我们的家里。

可是没过三个月，我就发觉她仍然很孤独。我和丈夫以及儿子每天都是早出晚归，婆婆白天总是一个人呆在家里。虽然家里有电视机、录像机，但是婆婆喜欢的节目不多。有时候她想去找邻居说话，可是别人也都很忙。寂寞使婆婆经常呆呆地站在阳台上，长时间地盯着前方，一个人自言自语。

婆婆的饭吃少了，人也瘦了，怎样使她从孤独中"解放"出来呢？我和丈夫商量决定要多陪婆婆闲聊。

首先我改变了中午在学校吃饭的习惯，专门买了一辆自行车，每天中午骑车回家吃饭。虽说骑自行车比较累，但是我能利用吃午饭的时间，在饭桌上与孤独了一上午的婆婆聊聊。从早晨菜场上的价格、冷空气的南下直到今天报上的社会新闻，想到什么就讲什么，婆婆非常感兴趣。

吃晚饭更是我陪婆婆闲聊的好机会。因为时间比吃午饭时多，所以聊的内容也更多。

现在，陪婆婆闲聊已成了我每天必须要做的事了。我觉得努力使老人的生活更加快乐，也是我这个做媳妇的义务。

（据沈绿《我陪婆婆闲聊》改写，见《文汇报》1991年4月18日第3版）

回答下面的问题：

1．"我"把婆婆接到家里来住并陪她闲聊是为了什么？

2．"我"这样照顾婆婆是中国文化传统中的什么道德观念在起作用？

3．假如一个中国人的父母没有和儿女们住在一起，你认为他的儿女会经常怎样做？

为什么都不高兴

汤姆班上有十几个学生，年龄最大的叫布瑞德，快60岁了，最小的是汤姆，才22岁。中国老师也是二十多岁，大概是个新教师。

一天，他们全体和老师一起去西安旅游。上了卧铺车厢后，汤姆和几个年轻的同学跑得快，先占了下铺和中铺，只剩下几个上铺空着。老师帮布瑞德提着行李在最后上车。老师看了看剩下的上铺，感到极为不快，心想：这批学生真自私，一点儿也不照顾别人，也不懂礼貌。他想了想，然后对下铺的汤姆说："汤姆，你能不能去睡上铺？把下铺让给布瑞德先生，他年纪大了。"汤姆很不高兴，心想：为什么要照顾他？我们都是学生，是平等的！布瑞德也很不高兴：怎么老是说我年纪大了？刚才上车时就说我年纪大了，非要帮我提行李，现在又说我年纪大了，真没礼貌。我才五十多岁，还很年轻嘛，睡上铺有什么不可以？谁要他照顾！于是，他飞快地瞪了老师一眼，说："我就要睡上铺，不要睡下铺！"说完就往上铺爬。老师很奇怪，但还是关心地说："布瑞德先生，

— 256 —

您年纪大了，还是睡下铺吧，下铺方便些。"布瑞德不由得发脾气了："谁说我年纪大了？我就要睡上铺！"

老师吃惊得一句话也说不出来，他生气地想：这个怪老头，简直蛮不讲理，乱发脾气。

回答下面的问题：

1. 你认为汤姆他们自私吗？为什么？
2. 汤姆为什么不高兴？你认为他的想法对吗？
3. 老师为什么要照顾布瑞德？他说"您年纪大了"表示什么？
4. 布瑞德为什么发脾气？如果是你呢？
5. 老师为什么不高兴？你认为他应该怎么做？

情　意

春节时，我们去退休干部老刘家拜年，他正在整理冰箱。只见箱门开着，一包包的食品放了一桌。我们还没来得及开口，他就得意地说起来了："你们看看，我们退休了，单位分年货还没忘我们这些老人，每人都有一份。孩子们也都想着我们，今天他送几小包，明天她送几大包。你说冰箱能放得下吗？"

看他那高兴的样子，觉得他似乎一下子年轻了许多。我说："你们在单位工作几十年，单位能有今天，也有你过去的功劳嘛！儿女能有今天也都离不开父母的养育啊！这份情意怎能忘呢？"老刘更高兴了："你真说对了，老年人最重视的就是一个'情'字，单位分点年货，说明还想着我们，我们心里就舒服了。儿女来了，带点东西不在乎多少，我们也满足了。中国有句古话'礼轻情意重'嘛。"他停了一下，又说，"其实这么多东西，冰箱放不下，我们也吃不掉，只好再送给他们，虽然是送来送去，不过，送来送去和不来不去可不一样啊。"

老刘高兴，我们也高兴，忙说："是啊，送来的是一片孝心，送去的也是一番情意。"老刘的爱人连忙接上说："年前，女儿一家特地从外地赶来给我们拜年，即使不带东西，就他们这份心意，我们也已经很满足了。"

（据纪广盛《情意》改写，见《扬子晚报》1991 年 2 月 21 日第 2 版）

讨论：

1. 老刘的单位给他们送年货，老刘为什么这么高兴？

2. 儿女们把礼物送给老刘，老刘吃不了再送给儿女们，送来送去和不送有什么不一样？你认为应该怎样才好？

3. 谈谈你们国家老人退休后的情况。

师 生 之 间

一位博士研究生的老师已经八十岁了，他为自己能带上博士而感到十分高兴。老人对自己的学生抱有很大的希望，他不顾自己年纪大身体弱，亲自跑图书馆和资料室，为学生准备了他十分得意的课题。

但是学生在研究了这些资料后却认为：沿老师准备的题目走，是达不到国际水平的。他想推翻老师的题目，重新确定课题方向。可是他犹豫了很久，心里很怕，不敢对老师讲自己的主张。

经过反复考虑，最后他还是对老师说了自己的想法，但是说的时候，他觉得自己的心都在颤抖。

老师静静地听着，想着。学生讲完以后，老师又想了好久。

"你是对的。"老人对学生说，"你为什么不早告诉我？"忽然老师发现了学生早已涨红的脸，又说道："不要因为我是权威就牺牲真理。为了科学，我这张老脸算不了什么。科学……科学就是这个样子！"

（据张建伟、李玉成《第一代博士诞生记》改写，见《青年文摘》1990 年第 2 期）

回答下面的问题：

1. 这位博士生为什么不敢对老师谈自己的主张？他到底怕什么？他为什么怕？

2. 如果你是这位博士，你会怎样做？

八、跨文化交际问题讨论：

选择题（也许不只有一个答案是对的）：

1. 当老师在课堂上讲错了一个问题时，一个中国学生通常会：

①立刻指出 　　　②下课后单独向老师提出来

③决不告诉老师 　　④告诉学校的领导

你们国家的学生会：

2. 如果认为领导在大会上说的意见不对，一个中国人通常会：

①当众指出 　　　　②不告诉领导但生气并咒骂

③上告到上级部门 　④会后以缓和的方式指出

你们国家的人通常会：

3. 在 A、B、C 三个同样工龄、同样工作能力，不同年龄的人中，中国领导往往先提升哪个人？

①年纪最轻的 　　　②最漂亮的

③年纪最大的 　　　④最会说话的

讨论：

1. 你们国家是否存在年龄等级？朋友间对年龄大些的人怎么样？

2. 如果工作的报酬一样，但工作有轻有重，你认为应该怎样安排工作？

3. 当你学过这一课以后，再碰上中国人问你的年龄，你将怎么办？

第十六课　忌讳的话题

为什么她没来？

【Ⅰ】（周末的晚会已经进行了好久了，将近一点半的时候，麦克尔才来。哈里、阿迪、山本、穆罕默德和安妮、玛丽、莫妮卡等都很高兴。）

阿　　迪：麦克尔，你怎么现在才来？

玛　　丽：来，喝杯啤酒。（麦克尔接过啤酒，重重地往凳子上一坐，一言不发。）

哈　　里：怎么啦？麦克尔，你好像很不高兴。你不是说要带女朋友来的吗？她人呢？为什么她没来？

麦 克 尔：别提了！12点钟左右，我和她一起骑车往学校来，在文化宫门口碰到个警察。他好像怀疑我，问我为什么这么晚还和中国姑娘在外面逛，还要检查我的证件，可我偏偏没带学生证。于是他叫我设法证明我的身分。这么晚了，我想来想去，想到了留学生部王主任的电话号码。电话打通后，警察才放我们走。可是我的女朋友不高兴来了，她说太晚了，说不定学校的门卫也会拦住她。她还说如果有人看见她这个时候还和男人在外面玩，会认为她不像一个正派人。反正她无论如何也不肯来了，我只好把她送回家，一个人来了。

山　　本：嗯，在中国，现在确实是太晚了，人家会误会，以为

　　　　　　这姑娘和男人在外面过夜了。

阿　　迪：偶尔过过夜有什么不可以？中国的女孩子真是让人难
　　　　　　以理解，上星期我和乔治上黄山旅游，恰好遇到两个
　　　　　　年轻姑娘，我们四个人边爬山边说笑，觉得很愉快。晚
　　　　　　上我们在旅馆里又谈了很久。后来，我们请她们留下
　　　　　　来住一晚，谁知话刚出口，她们就立刻惊慌起来，找
　　　　　　个借口就走了，而且第二天理也不理我们，再也不跟
　　　　　　我们在一起玩了。我们又没有强迫她们，不愿意也用
　　　　　　不着生那么大的气呀。你们说是不是？

穆罕默德：哈哈，这可怪不得那两位姑娘，是你们自己太冒失，把
　　　　　　人家吓跑了。中国妇女的贞洁观念是很重的，不结婚
　　　　　　谁肯跟你睡觉啊？再说，你们认识才一天，又没有谈
　　　　　　恋爱，你们就提这样的要求，她们准以为你们是小流
　　　　　　氓呢。不信你们问问麦克尔，看看他有没有跟他的女
　　　　　　朋友同居过。

阿　　迪：怎么？听说你们都订婚了，难道还没有过？

麦　克　尔：可不是吗，我提都没提过。这可是个忌讳的话题，搞
　　　　　　不好，她跟我吹了怎么办？

【Ⅱ】

哈　　里：阿迪，据我了解，在中国的很多地方，一个姑娘不但
　　　　　　不应该在婚前跟人有性关系或未婚同居，如果她的身
　　　　　　体不幸被男人看见，而此事又被人知道了的话，也会
　　　　　　认为是很失面子的。

阿　　迪：真的？那模特儿怎么办？

安　　妮：听说好多模特儿受到周围舆论的压力，不敢公开自己
　　　　　　的职业。在这里，性和人体仍是个禁忌，是个人们不
　　　　　　愿谈，作家不愿写，电影导演和演员不太敢涉及的问
　　　　　　题。

玛　　丽：是这样。我们也碰到一件事：那天我到香港玩，随手买了本杂志，进海关时检查人员一翻，恰恰看到一张裸体照片。于是他满脸严肃地说，你怎么带腐朽的黄色书刊进来？结果，那本杂志我还没看过，就被没收了。当时我差点儿和那人吵起来。现在我明白过来了，幸亏当时没吵。不过，那本杂志除了那幅照片，并不是什么色情杂志，算不上黄书呀。

莫 妮 卡：据说二十年前，凡是描写爱情的书都被看作黄书，这也太过分了。

哈　　里：是呀，当时是太极端了，现在已经开放多了。谈恋爱或者描写爱情都是允许的，但婚外性关系和人体的过分裸露是不能被社会接受的。

安　　妮：谈论性或人体本身也是人们忌讳的事。

【Ⅲ】

山　　本：这不奇怪。在中国，性禁忌已经持续两千年了。孟子就说过："男女授受不亲，礼也。"到了宋朝则要求"存天理，灭人欲"。人欲不就是人的各种欲望吗？当然包括性欲。而性就是"淫"，"万恶淫为首"，它与"天理"这种封建的最高道德是不相容的。时间一长，自然使人感到谈性不洁，谈性有罪。

【Ⅳ】

玛　　丽：我赞赏中国人对待性生活的严肃态度，不过我觉得过分地禁忌不见得就有好的效果。这种禁忌会使人们对性和人体充满神秘感，从而产生一种不健康的好奇心。我认为与其禁忌，不如对人们进行必要的性知识教育，使人们对黄色的东西真正产生抵抗力。

哈　　里：这可不容易！这个问题好多人会觉得不好意思说。

山　　本：那也不一定。近年来人们已经在开始注意这方面的教

育了。那天我在街上看到一本杂志叫《科学博览》，里
面就有专家写的介绍文章。

哈　　里：这倒不错，这在以前是不可想象的。

麦 克 尔：不管有什么变化，反正交女朋友还不能乱来，要尊重
他们的风俗习惯。

安　　妮：交男朋友也同样如此，不然人家也会以为你不是正派
姑娘。

阿　　迪：好啦好啦。以后注意就是了，不谈这个了。咱们再跳
跳舞怎么样？

生　词

1. 别提了　　　　（短语）　别说了，常用于表示一种不满懊丧
bié tí·le　　　　　　的语气：昨晚的电影怎么样？——
　　　　　　　　　　　　　～，没意思极了；这次去北京玩得
　　　　　　　　　　　　　怎么样？——嗨，～，天天下雨，根
　　　　　　　　　　　　　本没能好好玩。（forget it）

2. 文化宫　　　　（名）　举办各种文化娱乐活动的建筑：去
wénhuàgōng　　　　　　～看艺术表演（cutural palace）

3. 怀疑　　　（动、名）　不相信，猜测：我很～他的话；我
huáiyí　　　　　　　～那家伙不是好人；你们的～没有
　　　　　　　　　　　　根据。（doubt, suspect/suspicion）

4. 证件　zhèngjiàn　（名）　证明身分、经历等的文件，如护照、
　　　　　　　　　　　　学生证等：出入海关必须检查～。
　　　　　　　　　　　　（creden tials）

5. 设法　shěfǎ　　（动）　想办法：能不能～帮助我买张明天
　　　　　　　　　　　　去北京的火车票？（think of a way
　　　　　　　　　　　　try, do what one can）

6. 说不定　　（动词短语）　可能，说不准，～明天会下雨；你

shuō·bu dìng 什么时候回国？——现在我还～。
(perhaps, maybe / can not say)

7. 门卫　ménwèi　（名）在门口负责安全警卫的人员：进门时，他因没带证件被～拦住了。(gate keeper, guard)

8. 正派　zhèngpài　（形）行为、品性严肃，光明：她是个很～的姑娘，你不要胡乱怀疑她会做什么不好的事。(upright honest, decent)

9. 无论如何　（短语）不管怎么样，后面常与"都"、"也"配合，表示在任何情况下都不
　　wúlùnrúhé 改变：明天的考试很重要，～我得参加。(in any case)

10. 偶尔　ǒu'ěr　（副）有时，不经常的：他不太喝酒，遇到高兴的事或有朋友来了，才～喝一点。(once in a while, occasionally)

11. 恰好　qiàhǎo　（副）正好，恰巧：我正要去找你，～你来了。(by chance, fortunately)

12. 惊慌　jīnghuāng　（形）害怕慌张：听说火山要爆发，周围的居民都～地逃离了那儿。(alarmed, scared)

13. 借口　　（名，动）找一个非真实的理由：他不想陪小
　　jièkǒu 李去逛街，～有事情没空，推辞了；丹尼想睡懒觉，便找了一个～，向老师请假，不上课。(use as an excuse)

14. 强迫　qiǎngpò　（动）用压力或武力使别人服从：我不喜

欢别人～我做这个做那个；自愿参
加 的 就 参 加，不 ～。　　（force,
compel）

15. 冒失　màoshī　　（形）　说话或办事不经过考虑，轻率；别
～地问一些不该问的问题，那样别
人会不高兴的；小心些，别冒冒失
失摔碎了杯子。（rash, abrupt,
without due considration）

16. 贞洁　　　　（名，形）　指女性在性生活方面的纯洁：中国
　　zhēnjié　　的传统道德要求女性保持～，不允
许有婚前或婚外性关系。（chaste
and undefiled）

17. 流氓　liúmáng　（名）　指下流。做坏事的人：公安机关最
近抓获了一些污辱妇女、干坏事的
～。（rogue hoodligan, gangster）

18. 订婚　dìnghūn　（动）　定下婚姻关系，但尚末结婚：小何
和小胡俩人～了，他俩准备春节结
婚。（be engaged, be betrothed）

19. 吹了　chuī·le　（动）　①指男女断绝恋爱关系：黄洁和古
明本是一对恋人，后来两人不知为
什么吵了一架，～。②指某些事情
没有成功：他调动工作的事～。
（break off, all through）

20. 据　　jù　　　（介）　根据，依据：～我看，你这次考试
没问题；～我所知，没这回事；～
他说，事情不是这样的。（according
to）

21. 模特儿 mótèr　（名）　作为绘画、雕塑对象的人：时装～；

人体～。（model）

22. 禁忌　jìnjì　　　（名）　　不便说的话和行动：以前许多～与
　　　　　　　　　　　　　　迷信有关系。（taboo）

23. 导演　dǎoyǎn　　（名）　　排演戏剧拍摄电影时指导演出的
　　　　　　　　　　　　　　人：中国电影界出了一批年轻有才
　　　　　　　　　　　　　　华的～。

　　　　　　　　　　　（动）　　指导演出：他～了一部话剧。（direc-
　　　　　　　　　　　　　　tor / direct）

24. 涉及　shèjí　　　（动）　　关联到，关系到：这不仅仅是语言
　　　　　　　　　　　　　　问题，而且还～到文化问题。（in-
　　　　　　　　　　　　　　volve，relate to，touch upon）

25. 随手　suíshǒu　　（副）　　顺手：出去时请～关门。（conve-
　　　　　　　　　　　　　　niently）

26. 恰恰　qiàqià　　　（副）　　正好：他们两人的性格～相反，一
　　　　　　　　　　　　　　个活泼好动，一个稳定沉静。（just，
　　　　　　　　　　　　　　by chance）

27. 裸体　luǒtǐ　（形，名）　　人没穿衣服露出的身体：他不让他
　　　　　　　　　　　　　　妻子去当～模特儿。（nude，naked）

28. 腐朽　fǔxiǔ　　　（形）　　败坏，堕落：整天吃喝玩乐的～生
　　　　　　　　　　　　　　活。　　（decadent，obsolete，
　　　　　　　　　　　　　　degenerate）

29. 黄色　huángsè　　（形）　　指低级带有色情的：查禁～书刊。
　　　　　　　　　　　　　　（obscene，decadent）

30. 没收　mòshōu　　（动）　　强制收归公有：～违反禁令的东西；
　　　　　　　　　　　　　　～非法财产。（confiscate，expropri-
　　　　　　　　　　　　　　ate）

31. …过来…　　　　（副词）　　用在动词后，表示从一种状态回到
　　　guò·lai　　　　　　　　另一种状态：醒～；明白～。

32. 色情　sèqíng　（形）　指低级腐朽带有性内容的：旧时的妓院是～场所。(pornographic)

33. 裸露　luǒlù　（动）　暴露在外面：森林草地破坏后，～出泥土。(uncover)

34. 持续　chíxù　（动）　保持、继续下去：这几天天气一直～高温，热极了。(continued, sustained)

35. 欲望　yùwàng　（名）　想要某种东西或想达到某种目的的愿望，要求：每个人都有追求幸福的～。(desire, wish, lust)

36. 淫　yín　（形）　行为放荡，不正当的男女关系：～乱；～荡。(loose in morals, lewd, obscene)

37. 神秘　shénmì　（形）　使人不易明白的：～的大自然。(mysterious, mystical)

38. 与其……不如……　（连）　把两种事情进行比较选择时，表示
　　yǔqí……bùrú……　一种不如另一种：与其去挤公共汽车，不如骑自行车；与其考试之前开夜车，不如平时抽点时间复习复习。

39. 抵抗　dǐkàng　（动）　用力量制止对方的进攻：～侵略；锻炼身体，增加身体对疾病的～力。(resiste; stand up to)

练　习

一、**解释下面的词语：**

　　1. 男女授受不亲

　　2. 存天理，灭人欲

3. 万恶淫为首

4. 黄色书刊

二、填空：

五月份，我和刘静文一起上黄山，碰到了两个外国留学生。
___1___很想跟我们说汉语，___2___呢，很想跟他们说英语。___3___我们四个人就把英语和汉语结合在一起，___4___聊天___5___爬山，觉得很有意思。晚上我们都住在北海的___6___里，晚饭后又在一起聊天。我们认为他们是正派的小伙子，一点也不___7___他们。谁知他们最后说："我们恰好是两对，在一起过一夜，怎么样，那我们会更高兴的。"唉！这时我们才明白___8___，原来他们一直在想这种坏___9___，___10___我们却把他们当朋友，信任他们。___11___不禁又羞又气，___12___又怕吃亏，忍住了没骂他们，马上就走了。第二天，___13___竟然还好意思再跟我们打招呼，叫我们一起玩呢。哼！___14___理他们呀，___15___他们本来就是小流氓，我们___16___也不会再上当了。

三、造句：

1. 说不定

①他今天晚上没来，_____。

②我不知道他是从哪里来的，_____。

③_____，咱们快点动身吧。

④_____，咱们去看看他吧。

2. 不禁

①看见他干这种坏事，人们_____。

②听到那个好消息，_____。

③_____，老王不禁气得大骂起来。

④_____，大家不禁鼓起掌来。

3. 吹了

①他们俩的婚事吹了，_____。

②因为小王几次约会都迟到，_____。

③我进公司工作的事_____。

④你的事_____。

4. 与其…不如…

①与其买布做衣服，_____。

②与其跑那么远去看电影，_____。

③_____，不如去三峡旅游。

④_____，不如自己一个人干。

5. …过来

①—— _____醒过来_____

②_____觉悟过来_____

③_____改过来_____

④_____救过来_____

四、把下面的词语或句子按照正确的顺序排列成一段话。

①天哪　②我不禁羞红了脸　③其实看的人又不是我　④那天　⑤一翻就是一张裸体照片　⑥看见他正在看一本杂志　⑦赶紧走到一边　⑧我紧张什么　⑨我到一个老外的宿舍去玩　⑩再一翻又是一张　⑪可我就是感到不好意思　⑫原来是本黄色杂志　⑬于是我也靠近去看看

答案：④⑨_____

五、给课文的四个段落加上适当的标题。

　　　　　　[Ⅰ]

　　　　　　[Ⅱ]

　　　　　　[Ⅲ]

　　　　　　[Ⅳ]

六、语段表达

用下表提示的内容解释什么是中国人忌讳的话题，为什么他们忌讳这些。

语段框架	句际组合方法
主题句	
定义	××是　××指的是　意思是　意味着 ××是……的意思
解释原因	因为……所以……　之所以……是因为…… ……因此……　由于……　正因为如此……
结论	

本课新词语：

忌讳　怀疑　正派　说不定　偶尔

冒失　禁忌　涉及　黄色　与其……不如……

七、文化情景读和说

下面的五段短文展示中国人对某些事情的忌讳。快速阅读，然后回答短文后边的问题。

儿 童 不 宜

《寡妇村》是我国第一部标明"儿童不宜"的电影，但你大概没想到吧，它之所以被人注意，竟然是由于海报（playbill）印刷失误的缘故。

事情原来是这样的，由香港和大陆合拍的《寡妇村》首先在香港上映，海报按当地规定打上"儿童不宜"几个字。等到《寡》片在大陆上映时，因为这里以前从来没有出现过这种情况，电影公司要求将海报上的"儿童不宜"挖去，但此事被美术编辑忘记了，发现时，海报已印出五六万张，并且全国各地都看到了。

"儿童不宜"引来了无数观众，据统计，该片票房收入达四千万元。

（据《海报印刷失误 ＜寡妇村＞"儿童不宜"引起轰动效应》改写，见《报刊文摘》1990 年 1 月 9 日第 3 版）

回答下面的问题：

"儿童不宜"的影片在中国人头脑中的概念是：

　　A、儿童看不懂的电影

　　B、黄色电影

　　C、有艺术性但不适合给儿童看的影片

　　D、要根据个人的文化水平而定

妈妈应该怎么办？

一个母亲有两个儿子，大的十五六岁，一天下午两个人在他们房间里边玩儿边说话：

"哥，听我们班人说外面在放一个什么'儿童不宜'的电影。"

"嘿嘿，就是你们这么大的孩子'不宜'吧。"

"可我们班有人都看过了，听说怪好玩的。不过还听说好像规定十八岁以上的才能看。你也'不宜'呢。"

"是吗？我要去看看。"

"我也要去。"

"你长大了再去看吧。"

"不，我要跟你一起去。"

……

他们的妈妈正好从他们房门口经过，这些话都听见了。这位母亲会怎么做呢？在你们国家父母怎样对待这些问题？

仍 然 害 怕

以前，一个人得了性病（venereal disease）去医院治疗，要登记自己的单位和住址。好多人因此不敢去看病。　从 1990 年 6

月开始，重庆各家医院就已经不再登记性病患者的单位、住址了。医院利用各种传播手段告诉这类病人他们完全可以放心地来治病。

然而到了这时候仍有不少病人怕"丢脸"，宁肯不治或花上一大笔钱去找水平不高的个体医生，也不肯进医院。尽管各医院都对性病患者的情况保密，他们也还是怕被单位和其他人知道。

（据《重庆采取措施让性病患者放心求治》改写，见《报刊文摘》1990 年 6 月 19 日第 3 版）

回答下面的问题：

1. 为什么这些病人不敢去医院治病？在你们国家有没有这种现象？

2. 在中国一个人得了性病，大多数人对他的看法会是：

A、这个人在生活上一定是乱搞男女关系

B、很可怜

C、这人生了病，应该去看医生

D、应该少跟这种人在一起

女中学生的呼吁 （appeal）

去年，电影《安丽小姐》放映后，上海有一群高中女学生写了一封呼吁信，题为《请尊重我们的人格 （personality）》，批评影片中出现的一些女性暴露镜头。这封信引起了社会的注意。

这些学生认为，对国产影视片中的暴露镜头不能一齐批判。但是《安丽小姐》中的有些镜头，则让人无法相信"安丽小姐"是一个有理想有能力的现代女性。

不少家长很支持这封呼吁信。

（据《一群女中学生就影视片暴露镜头呼吁"请尊重我们人格与胴体的尊严"》改写，见《报刊文摘》1990 年 6 月 26 日）

（一）选择你认为合适的答案（不限于一个）：

1. 这些女中学生之所以写信呼吁，是因为一些影视片中的女性暴露镜头……。

    A、与影视片本身内容无关   B、比较色情

    C、太含蓄   D、画面不美

    E、不适合中小学生观看

2. 你觉得在中国大部分家长在碰到这类电影的时候会怎么做？

    A、禁止孩子看，但自己却要去看看

    B、自己先去看，再决定是否给孩子看

    C、让孩子自己去判断好坏

    D、给孩子介绍别的电影

    E、以后再也不许孩子随便看电影

（二）回答问题：

1. 你看过中国拍的含有人体暴露镜头的电影吗？你认为怎么样？

2. 你知道玛丽莲·梦露吧？（MARILYN MONROE），你认为中国会出现这样的性感明星吗？

凤姑娘的痛苦

一天傍晚，一个凶恶的妇女因为怀疑凤姑娘是她丈夫的女朋友，叫上两个亲戚在大街上把凤姑娘的衣服脱光，把她打伤了。许多人看见了这场暴行，法律惩罚了那三个犯罪者。

然而事后凤姑娘遭受的命运又怎么样呢？不久，她不得不离开了她工作过几年的工厂，因为她不能忍受周围的人们那无情的嘲笑和冷眼，以及说不上来的各种压力。回去之后，她只能和60多岁的老母亲住在一起，没有工作。

她被打后住院花了好几百元，到现在这飞来的一笔沉重负担

还压在她自己肩上。

经济上的损失还在其次，原来准备不久同她订婚的男朋友也不想见她了。尽管后来经过解释，男朋友愿意谅解，可他母亲和亲戚坚决反对，她们认为凤姑娘"被人看了身子，名声坏了！"就这样男朋友也离开了她，直到今天她还没能交上男朋友。

前不久的一天，她难得上街，却碰到几个不认识的男青年，他们朝她大声喊叫："喂，过来，过来，脱衣服给哥们看看，给你钱……"一些不知情的行人纷纷朝她投来那种眼光，好像她做了什么见不得人的事，她只能流着眼泪逃开去，至于平常听到的议论，指着背的嘲笑，各种奇怪的眼光……更是经常不断！

……

（据《这奇耻大辱真的洗刷不尽吗?》改写，见《报刊文摘》1990年1月23日第2版）

回答下面的问题：

1. 为什么凤姑娘被打之后，厂里的人就嘲笑她？甚至连他的男友也不想见她？

2. 你觉得大街上朝她叫喊的那几个男青年是什么样的人？他们为什么对她这么喊？

3. 你能否想象一下凤姑娘以后的生活会怎样？

裸体模特儿

这小城人口十几万，画画的人少得可怜，搞油画的只有老 K 和小 B 二人。当画得不顺利，心里不痛快时，两人就只有聚到一起聊天。咳，风气太保守，小市民不懂得油画语言，想找个裸体模特儿画画比再造一个还难。可是，不画人体又怎么画得好油画呢？

日子一天天过去，机会终于来了。有一次小 B 竟打听到一位愿给人画裸体的女子。据说从大城市来，长得极好，而且开放得令小城人吃惊，已经数次为人当裸体模特儿。

小 B 立刻来找老 K 商量。二人热情很高。为了避免干扰，他向人借到了一个很少有人知道的住所。老 K 一生谨慎，考虑了半天，采取了种种保密措施：窗帘换成深色，怕一层太薄，再加一层。门上再装一把锁，门外贴一张"主人不在家，来客请回"的纸条。种种设想之外，老 K 还不放心，因为左右邻居是难瞒的，只怕给那位小脚老太——街道居民小组长发现，她不管你什么艺术不艺术，跑去一告，一下子就把他们当流氓抓起来（以前不是没有过这种事），即便后来解释清了，也会弄得全城谁都议论你。

老 K 左一条右一条考虑，弄得小 B 头都昏了：搞艺术，管他那么多干什么？

一切准备好了，小 B 就去把那女子请来。好个天生丽人！一见面就让老 K 欢喜不尽，心里升起了一种久已离去的热情，这正是那种创造的热情，在这种情绪里，是会画出好画来的。那女人休息了一会儿，收起笑容对二人说："画画前，我可有个条件哪。你们二位一定得答应哪——"

"你说，你说好了，我们听着呢！"老 K 和小 B 几乎同时回答。

"我做模特儿讲究这么一点，我不习惯人多来画我，我要你们一个先单独画，下一个画的时候我也一样来坐，不然，我会坐立不安的，也会让你们画不好的。"

话讲得很明白，并且看来没什么可商量的。

小 B 对此并不在乎，不就是分个先后吗？那好说，让老 K 先画好了，他小 B 这点耐心还是有的。

老 K 可大伤脑筋，一只手不停地抓头皮，头发也落了不少根，一句话不说，只管抽烟。过了一会儿，小 B 出去上厕所，老 K 赶忙也跟了过去，在墙后边对小 B 说了不少。小 B 听得不耐烦，张口答道："哎呀呀，你这人怎么了？画就是了，怎么想那么多，要么你先画，要么我先画，机会不能放过。"

"咳，你这人真是没脑子。这事不那么简单，你也不想想，万一后来这女子弄出什么事儿来，我们谁也说不明白，到那时就迟了……"老K也急起来，声音都变了，好像就要来一场灾难了似的。

"那我一个人画，"小B很不高兴地小声说，但觉得劲头小了不少。后来，那女子走了。小B说第二天还请她来，可实际上小B后来再没去找她。因为当天晚上，老K找到小B，讲了大半夜，终于说服了他。

往后的日子，两人仍旧喝啤酒，仍旧有说不完的失望，小B怪老K胆子小，白白放过了好机会，老K却时时想幸亏当时没答应画。

（据甲乙同名小说改写，见《小小说选刊》1988年第4期）

（一）选择题：

1. 在一般的中国家庭，如果女儿要去当美术模特儿，父母会：

    A、坚决反对

    B、列出理由劝说女儿别这么做

    C、让女儿自己决定

    D、支持女儿

2. 大多数中国人会怎么看模特儿

    A、可惜了   B、不理解

    C、看不起   D、觉得她们了不起

（二）这男孩子为什么紧张？

"有一次，我家里来了个乡下男孩，老老实实的。而我却发现他一看到我挂在墙上的一幅西洋油画之后，马上就把眼光移开了，好像因为不该看而变得有点紧张。要知道，那是一幅有名的油画，三个美丽的裸体女神正在山林中吟着乐器，欣赏音乐。"

请问，这男孩是怎么想的，他为什么紧张？

八、跨文化交际问题讨论

1. 孩子慢慢长大后，想知道"性"是什么，家长们会怎么办？

　　在中国——

　　在你的国家——

2. 一对青年男女在结婚前就发生了两性关系，人们会怎么看待他们？

　　在中国——

　　在你的国家——

3. 夫妻中有一方有性病或性功能不全，他们会怎么办？

　　中国人——

　　你们自己国家的人——

4. 一个姑娘知道她的男朋友很爱她，但却发现男友在外地工作时偶然与别的姑娘有过一次性关系，她会怎么办？

　　中国人——

　　你自己国家的人——

5. 一个小城市的姑娘觉得别人送给她的一条连衣裙很漂亮，但领口太低，她会怎么办？

　　中国人——

　　你们国家的人——

第十七课　生活的节奏

请　客

（林玉明和吴天成是好几年没见面的老朋友了。今天，林玉明应吴天成的邀请来他家做客。为此，吴天成和他妻子方萍在家忙了整整一天。这会儿，桌上摆满了冷盘、炒菜和酒，炉子上正在做最后一道汤，两个老朋友边喝边聊，方萍仍在厨房里忙着。）

林玉明：这几个菜味道真不错，小方好手艺。这么多菜，可把你们忙坏了。

吴天成：没什么，你来了，我们忙得也高兴。老朋友相见，最大的快乐不就是相对而坐，边喝边谈吗？今儿我们好好聊上一晚，机会难得啊。哎，本来我们昨天就可以见面的，我在你约定的地方等了你一个多钟头，你也没来，是不是被别的事耽误了？

林玉明：真是对不起，那会儿临时有个会，走不开，你家又没安电话，我没法通知你。真是对不起。不过，这电话早晚得安装起来，否则太不方便了。

吴天成：这事就别提了。我去年就申请装电话，到现在一年了，还没装上。真把人气得要死。

林玉明：现在要安电话的人太多了。

吴天成：人再多也不能那么慢哪？现在有的单位办事就是那么慢腾腾的，一点点小事也要请示汇报，这里批那里批。无论事情有多么急，他们只是慢慢来。告诉你要"研究研究",研究个十天半月也不给你回答,实际上有很多事根本用不着研究。害得你一趟趟地跑,一遍遍地催。浪费人们多少时间。

林玉明:这就叫"一慢二看三通过","研究研究"几乎成了一种坏习惯。不改变这种拖拉作风,"四化"什么时候才能实现?当然,这种现象在我们广东已经少多了,毕竟我们那边改革开放得快些。

吴天成:我们这儿不行,忙的忙,闲的闲。你看我们两口子每天早出晚归,在车间8小时上班就够累的,回到家还有那么多家务事要做。可是在机关的,看看报纸喝喝茶,轻松着呢。要是方萍也坐机关就好了。

林玉明:机关也不一定好。现在到处搞机构改革,在机关里收入比车间少多了。我妻子在她们厂的器材仓库当个小领导,原先挺好,工作轻松,报酬也不少,现在一改革,每月比车间的人少一百多块钱,她还想调回车间呢。

吴天成:真的?唉!什么时候我们这里也这样改革就好了。哎,玉明,你怎么样?你们大学老师用不着8小时上班,倒挺自由的。

林玉明:自由是自由,但也很辛苦。学校里竞争很激烈,每年都得有新成果拿出来才行。所以我们虽然没有课可以不上班,但在家的时间几乎都用在搞研究上了,没有节假日也没有星期天。比如说,我在家从来没有时间看电视。

吴天成:哦,想不到你们也这么忙。现在生活的节奏是比以前快多了,时间就是金钱嘛,所以我急着装电话,有了电话,可以节省好多时间呢。

林玉明:电话不但节省时间,它还在悄悄地改变我们人际交往的规矩呢。比如以前我们习惯于不预约就登门拜访,现在,在我们电话比较普及的广州,人们总是预先打电话约一下，省得自己白跑一趟或搞得别人措手不及。

吴天成：这个变化恐怕还只是刚开始，还没形成习惯。在我们这儿，即使有电话也常常不预约，一抬腿就去了，越是熟人越如此，随便坐坐嘛。除非有正经事或想找人谈好长时间才会预约。

林玉明：是这样，要形成新的习惯还得有个过程。虽说社会发展和变革会影响我们的生活方式，但在中国这个重人情的社会中，时间观念还得服从人情交际规则，无论人们怎么忙，朋友上门总是应该抽出时间来陪的，所以不预约也就没关系。因为没关系，人们就不预约。如果有谁不是急着出门，却对找上门的人说我忙，你下次来，恐怕就会永远地失去这个朋友了。

吴天成：那当然了。嗯，你刚才说得也对，因为忙，人际交往中有些事情正在悄悄地发生变化。就说请客吧，现在我们在家请客比以前少多了，一般的朋友来就上饭店，像你这样的老朋友才请到家里来。现在我们这里有些人家连大年三十的团圆饭也在饭店里吃呢。(方萍从厨房来到客厅)

方　萍：你们俩快吃呀！别光在那儿说话。老林，早就听说你喝酒有两下子，来，再喝一杯。

生　词

1. 节奏　jiézòu　　（名）　音乐中出现的有规律的强弱、长短现象，也比喻有规律的生活、工作进程：迪斯科的音乐～一般比较快速、有力，而小夜曲（serenade）的～一般比较舒缓；加快生活～，提高工作效率。（rhythm）

2. 应……邀请　　　（动）　接受…的邀请（也作"应邀"）：应
   yìng……yāoqǐng　　　　我朋友的邀请，星期天我去他家做
   　　　　　　　　　　　　客。(at sb.'s invitation；on invita-
   　　　　　　　　　　　　tion)

3. 整整　　　　　（形）　完全的，整个的；乘车乘了～七个
   zhěngzhěng　　　　　　小时；去了～一年；衣服装了～一
   　　　　　　　　　　　　箱。(all，whole)

4. 这会儿　zhèhuìr　（代）　现在，这时：他刚从外面回来，～
   　　　　　　　　　　　　又要出去了；他们～还在外地，没
   　　　　　　　　　　　　回来。(now，at the moment，at pre-
   　　　　　　　　　　　　sent)

5. 冷盘　　lěngpán　（名）　中餐中先上桌的供下酒吃的凉菜：
   　　　　　　　　　　　　先叫几个～下酒，再 叫几个热炒和
   　　　　　　　　　　　　一个汤。(cold dish)

6. 炒　　　chǎo　　（动）　一种烹调方法，把食物放在锅中加
   　　　　　　　　　　　　热并不断翻动：～鸡蛋；～菜。(stir
   　　　　　　　　　　　　fry)

7. 炉子　　lú·zi　　（名）　供做饭、取暖等用的器具：～上正
   　　　　　　　　　　　　在烧水；生～烤火取暖。(stove；fur-
   　　　　　　　　　　　　nace)

8. ……坏了……　　（形）　用于动词之后，表示程度很高：急
   huài·le　　　　　　　　～；气～；高兴～。(very，badly)

9. 约定　　yuēdìng　（动）　事先约好：～一个地方见面；～一
   　　　　　　　　　　　　个时间。(appoint；agree on)

10. 那会儿　nàhuìr　（代）　那时：～他还没出生呢；～我正在
   　　　　　　　　　　　　中国留学。(then；at that time)

11. 安　　　ān　　　（动）　安装,在某处固定某样机械或器具：
   　　　　　　　　　　　　～电灯；～自来水管。(install，fix；

mount)

12. 早晚　zǎowǎn　（副）　或者早，或者晚，在将来总有一个时间会（做某事）：这个问题～要解决；我～要找到他。

　　　　　　　　　（名）　早晨和晚上：这药～各吃一片。（sooner or later /morning and evening)

13. 安装　ānzhuāng　（动）　（见前文"安"）

14. ……（得）要死……　（de）yàosǐ　（副）　用于形容词之后，表示…极了：忙～；累～；乐～。（very, badly）

15. 慢腾腾　màntēngtēng　（形）　很慢（也写作"慢吞吞"）：快点走，别～的，要迟到了；说话～的。（unhurriedly; sluggishly; at a leisurely pace)

16. 请示　qǐngshì　（动）　向上级请求指示，请求上级的答复：这事下面的人不能决定，得～领导。（ask for instructions)

17. 汇报　huìbào　（动）　把情况告诉上级，或正式地告诉大家：向领导～工作情况。（report, give an account of)

18. 批　pī　（动）　批准，对下级表示意见：若要建一家新的工厂，得报请一些主管部门审～；你们的事上级～下来了，同意你们的做法。（ratify; approve/ give instru tions or comments)

19. 拖拉　tuōlā　（形）　指行动缓慢：办事～，一件事好久完不成；快点，别拖拖拉拉的。（dilatory, slow, slug gish)

20. 作风　zuòfēng　（名）　指工作、生活的态度、行为方式：～正派；工作～；生活～。（style；way）

21. 四化　sìhuà　（名）　中国政府提出的建设国家的目标，即工业、农业、国防、科学技术四个现代化。（four modernizations）

22. 忙的忙，闲的闲　有的人忙，有的人很空闲。（同样的
　　　máng・de máng,　格式如：说的说，笑的笑；走的走，
　　　xián・de xián　（短语）　留的留，等等。）

23. 两口子　liǎngkǒu・zi　指夫妻两个人：～带一个孩子；～
　　　（名词性数量词组）　都不在家。（wife and husband）

24. 家务　jiāwù　（名）　家庭里的活儿，如烧饭，打扫房间等：忙～；～劳动。（housework）

25. …着呢…　（助）　①用于形容词之后表示强调，有
　　　zhe・ne　"很、非常"的意思：漂亮～；好～；坏～。②用于动词之后，表示正在做某事：正吃～；洗～；他在睡～。

26. 机构　jīgòu　（名）　①指机关、团体等工作单位，也指单位内部的各组织：精简～；部门～。②指机械的内部结构。（organization/ organizational structure /mechanism）

27. 器材　qìcái　（名）　机器，材料用具等：照相～；教学～。（equipment，material）

28. 仓库　cāngkù　（名）　存放物品、粮食等的房子：粮食～；器材～；货物～。（storehouse，depository）

29. 规矩　guī・ju　（名）　指行动的标准、法则、习惯：遵守

～；要懂礼貌，别没～。没大没小，真不懂～。

（形）指行为正派老实，合乎标准：～的人。(rule；established practice，custom / well — behaved；well — disliplined)

30. 预约　yùyuē　（动）预先约定：～门诊；我俩～好今天见面。(make an apponi tment)

31. 拜访　bàifǎng　（动）敬辞，访问：～老师；～亲友。(pay a visit，call on)

32. 普及　pǔjí　（动、形）普遍推广：～卫生常识；～法律知识；～教育。(popularize，disseminate，spread)

33. 省得　shěng·de　（动）以免，免得：两只箱子一次拿下去，～再跑一趟；去饭馆吃饭吧，～自己烧。(so as to avoid)

34. 措手不及　cuì shǒu bù jí　（形）来不及应付，来不及处理：没想到一下子来了好几位客人，什么也没准备，弄得我～；突然出现了一个我事先没想到的问题，弄得我有些～。(be caught unprepared)

35. 正经　zhèngjīng　（形）正式的：我找你有～事儿，不是随便聊聊。(serious)

36. 变革　biàngé　（名，动）变化革新（多指社会、制度）：社会～。(transformation / transform)

37. 规则　guīzé　（名）让大家遵守的制度、规定：交通～。(rule；regulation)

38. 团圆　　　　（动；形）　一家人团聚在一起：夫妻～；中国
　　 tuányuán

　　　　　　　　　　　　　　人习惯在春节时全家～，共同过节。
　　　　　　　　　　　　　　（reunion）

39. 客厅　kètīng　　（名）　家中用于会客等的房间：这套房子
　　　　　　　　　　　　　　有两间卧室，一间～。（drawing
　　　　　　　　　　　　　　room）

40. 有两下子　　　（短语）　口语词，有技艺，有能力，有本事：
　　 yǒu liǎng xià·zi　　　他还真～，一会儿就把题目全做好
　　　　　　　　　　　　　　了，而且都对；要当好一名教师，可
　　　　　　　　　　　　　　得～，否则不受学生欢迎；你想超
　　　　　　　　　　　　　　过他，没两下子不行。（have real
　　　　　　　　　　　　　　skill；know one's stuff）

练　　习

一、解释下列词语：

1. 一慢二看三通过
2. 忙的忙闲的闲
3. 措手不及
4. 忙得要死
5. 笑得要死

二、填空：

　　病好出院以后，我到校医院去报销药费。第一次去，＿＿1＿＿的
人说药费单需要留学生部的领导签字，我＿＿2＿＿回来找领导签字；
第二次去，校医院的人说＿＿3＿＿需要留学生部盖了公章才行，我只
得回来盖了个章；第三次去，＿＿4＿＿说负责报销的人不在，请明天
来。我一看才下午四点多钟，没到＿＿5＿＿时间，就问他："＿＿6＿＿还
没下班呢，为什么人不在？"那人奇怪地看了我一眼，慢腾腾地说：

"我不知道。""那么你能不能为我办呢?""不行,这是___7___。"我真是气得___8___,___9___报销这么一件小事,跑了三趟还没办成。他们的工作作风怎么这么___10___呢?

三、造句:

1. …坏了

①……忙坏了…

②……气坏了…

③……热坏了…

④……乐坏了…

2. 早晚

①如果你不告诉他,他_____。

②如果你不注意安全,_____。

③_____,否则太不方便了。

④_____,否则他会生气的。

3. 省得

①你最好通知他一下,_____。

②还是早点动身吧,_____。

③_____,省得他找不到你。

④_____,省得浪费时间。

4. 有两下子

①_____,每次都是第一名。

②_____,好多人都不如他。

③小李说英语有两下子,_____。

④老王是个熟练的工人,_____。

四、把下列词语或句子按照正确的顺序排列成一段话。

①现在在车间里看不到闲逛的工人 ②我们厂的分配制度改革和机构改革已经改变了我们生活的节奏 ③不肯干不能干的报酬就少 ④迟到早退的现象也消失了 ⑤机关干部们再

也不是"一杯茶、一支烟，一张报纸看半天"了　　⑥分配制度改革后　　⑦在机关里的人只拿车间工人的平均工资　　⑧在车间工作的人干得多报酬也多　　⑨工资和奖金都是浮动的　　⑩而且由于机构改革减少了许多工作人员　　⑪工作量增加了

答案：②⑥_____

五、给课文的四个段落加上合适的标题。

〔Ⅰ〕

〔Ⅱ〕

〔Ⅲ〕

〔Ⅳ〕

六、语段表达

用下表提示的内容说一段话，谈谈与生活的节奏有关的问题。

语段框架	句际组合方法
主题句	
几点看法或某件事	要么　要不　或者　与其……不如……　宁可……也不……　要么……要么……　还是……还是……　要不……要不……
结束句	

本课新词语：

节奏　　整整　　这会儿　　那会儿　　约定　　早晚

…要死　　拖拉　　作风　　规矩　　预约　　变革

七、文化情景读和说

下面是五段短文，展示了不同人们的生活节奏。快速阅读，然后回答短文后边的问题。

"研究研究"

　　来到中国，经常听到"研究研究"这句话。开始我很奇怪，听多了也就习惯了。比如说，来了不久，我感到选的班级不合适，想换个班，得到的回答是"让我们研究研究"，后来，我又想多选一门书法课，需要专门请一位教师，得到的回答仍是"研究研究"；我发现另一个班用的一本课本很好，想自费买一本，得到的回答还是"研究研究"；我找管房子的人要求换房间、找办公室的人要求延长学习时间、找领导要求转到中文系学习等等，无论什么事，无论找到谁，我得到的回答大多是"研究研究"，很少在第一次就立刻告诉我"行"或"不行"的。这样一来，为了做成一件事，我至少要跑两次，一次提出要求，一次询问结果。若跑两次就办成功那就算幸运了。有时跑了三四次还办不成，我发了脾气，他们却说："急什么？下次再来嘛。"

　　这可真是急也急不起来，只好让他们再"研究研究"了。

回答下面的问题：

　　1. "研究研究"到底是什么意思？

　　2. 你在中国有没有碰到过这种情况？你是怎样处理的？

忙碌的一天

　　为人妻，为人母以后，才知道生活并不全是诗，更多的是平平凡凡的忙碌，实实在在的辛劳。

　　丈夫在一个新建厂当厂长，几乎将所有时间都用于厂里的工作，整天东奔西跑，顾不了家。即使在家，看着他那累得动都不想动的样子，我就心疼他。于是，我只好承包了所有的家务事。

　　每天一大早，再困也得起床。趁着孩子还没醒，赶紧起来取牛奶、买菜。回来后把衣服扔进洗衣机，就该拉孩子起床了。有时候孩子起不来，一边穿着衣服，眼睛还睁不开。可是，没办法，起晚了，我就得迟到。哄孩子吃完早饭，留给我自己的早饭时间就常常只有几分钟。随便吃了几口就得赶快出门，送孩子上托儿所。然后我自己挤公共汽车上班。顺利的话，也得个把小时；遇上交通阻塞，那就别提了。

上了班，我是个生产组长，什么事情都得带个头，除了完成自己的任务，杂七杂八的事情也得干。一天下来，累得要死。

下了班，急急忙忙往回赶，路上顺便接回孩子。回家洗菜做饭。等吃完晚饭，给孩子洗洗，哄他睡了，我再整理房间，看一会儿书，就十一二点了。

一天一天，就这么过。再没有时间看看天边的流云，听听树上的鸟声。我常常想，我是一架上足了发条（clockwork spring）的钟。

回答下面的问题：

1. 你认为妇女应该在家带孩子、处理家务，还是边工作边带孩子？为什么？

2. 你认为这个妇女的生活怎么样？

美　食

在古老的中国文化中，食文化有着特别的地位，人们甚至说，烹饪之道和治国之法有着相通之处。在众多的地方菜系中，苏州菜引人注目。

苏州菜有它一套完整的结构。一般地说，开始的时候，是冷盆，接下来是热炒，热炒之后是甜食，甜食的后面是大菜，大菜之后是点心，最后以一盆大汤结束。

在苏州，我参加过一次令人难忘的盛宴。那是在一个古老的花园中进行的。进门，但见一张大圆桌，桌子上没有花，十二只冷盆就是十二朵鲜花，红黄蓝白，五彩缤纷，盆边上配以雕刻成各种图案的水果。一盘盘菜，就像一件件艺术品，令人不忍破坏这美丽。十二朵鲜花围着一朵大月季，那是手工编织的桌布。以后，各种热菜便放在这大花上面。

当客人们想开始动筷的时候，主人告诉大家，丰盛的酒席不可以一开始便用冷盆，冷盆只是小吃，在两道菜的中间随意吃点，省得停筷停杯。我还是第一次听到这种说法。

上热炒了，第一个菜就使人十分惊奇：十只红红的西红柿装在雪白的盘子里，揭去西红柿的上盖，清炒虾仁都装在里面，虾仁味道特别，于鲜美之中带点儿西红柿的清香和酸味。接下去，各种热炒纷纷摆上台面。我记不清楚到底有多少，只知道三道炒菜之后必有一道甜食，甜食共进了五道。

然后是各种各样的苏州点心，到上大菜的时候，最能吃的客人也只能尝一两口了。

这一桌菜，真是把美食发展成了一门艺术，其中花费的人工和时间是不可想象的。我想，只有在一切都细细软软，悠悠闲闲的苏州才能做得出这样上等的菜吧！

（据陆文夫《美食家》改写）

回答下面的问题：

1. 如果有朋友从远方来了，或者有人在吃饭时间来拜访，中国人会怎么做？

2. 在中国人的生活中，除了工作，什么是他们花费时间最多的事？

3. 为什么在中国有那么多的美食家，食的艺术会这样发达？

4. 你会为吃饭花费很多的时间吗？

打 电 话

秘书胡达州吹着口哨走进办公室，脱下外衣挂上，从桌子上拿起季度工作报告，皱着眉头翻了两页，走到电话机跟前拿起听筒，他要找统计员核对（check）一个数字。

"早晨好"，他对着听筒笑哈哈地说："什么商业公司，你扯到哪里去了，是我，老弟，怎么还没睡醒吗？……好啦……找谁？当然是找统计员，叫他来听电话。"

对方告诉他，电话拨错了，统计科在隔壁。

他叹了口气，重新拨号。"喂，你好，是我……怎么打你那里了，我要统计科……最近怎么样……我？就那样儿，不好也不坏……回头聊，再见。"

再拨，占线。他放下听筒，点上根烟，坐到桌子上，抓过一张报纸，从第一版看到第四版。

一个小时后，他重新拿起听筒。

"统计科吗……我是谁你听不出来，再想想……不对。你呀，真是个小官僚。我干什么，工作呗，干四化，建设祖国嘛……觉悟？当然是挺高的喽……别开玩笑了，上班嘛，就要好好工作，对不对。说正事儿，我要统计科……你不是统计科，我知道，听你的声音我就知道打错了。好，我重拨号"。

他翻开电话号码本，仔细看了看统计科的号码。

"你是谁？我，胡达州……我要统计科。又错了，瞧这电话，简直是误人事，……谁开玩笑，你工作我也在工作。"他"啪"地挂上了电话，愤愤不平地在房间里转了个圈，恨恨地骂道："妈的，竟敢批评我。"

等心平气和了，他又拿起听筒。

直到下班，他还没接通统计科。胡达州把报告扔在桌上，离开办公室，走到门口，看见统计员顺着楼梯满面春风地往下走。胡达州说："天哪，为了找你，我整整打了一上午电话。"

统计员说科里电话坏了，直到下班才修好，"你有什么事？"他问。

胡达州告诉统计员是怎么回事。

统计员惊奇地睁大了眼睛："你到楼上来核对一下不就完了

嘛。"

胡达州不以为然："有电话干吗要走路？"他摆了摆手："算了，不说了，下午上班后我再给你打电话。"

（据晋川《打电话》改写，见《处理原子弹》，团结出版社 1990 年版）

回答下面的问题：

1. 从秘书胡达州的办公室到统计科远不远？
2. 胡达州这一上午做了什么工作？他为什么能够这样？

生活的变化

以往，"慢慢来，没准儿"是人们常说的口头语。确实没准儿。在农村，说吃完饭开个会，要等一两个小时人才到得齐；朋友约好下午二点来看你，三点能来就不错了；计划两年完成的工程拖上一年半年是常事。没准儿的事成了家常便饭。

可是，时代不同了，现在我们正处在争分夺秒的信息时代，生活的脚步越走越快。人们喊出了"时间就是金钱"的口号，再不欢迎误时误事的"慢慢来"，"没准儿"了。遵守时间，提高效率成了人们的新观念。就说青年男女约会吧，以前，姑娘们为了抬高身价，常会拖上半个小时一个小时的，让小伙子苦苦等待。可现在不同了，人们开始认识到，这是对别人的不尊重，是破坏自己的形象。

我在北京参加过一次一日游，发现在每个旅游点，游客们一般都比预定时间早一点回到车上。在十三陵下起了大雨，司机以为这下可得等一段时间了。可出乎意料的是，大家都冒雨回来了，没有一个人迟到的。

回答下面的问题：

1. 中国人的时间观念现在怎么样？
2. 在你们国家，人们对时间观念不强的人怎么看？

3. 如果有人跟你约会时迟到了，你怎么办？

八、跨文化交际问题讨论

1. 如果一个领导在会上说了许多无关紧要的话，用去许多时间，听众们会怎么做？

中国人——

你们国家的人——

2. 朋友之间的约会有一人迟到了，等待的人见到了迟到的朋友后怎么说？

中国人——

你们国家的人——

3. 朋友谈完正事后，到了该走的时候还没走，主人会怎么做？

中国人——

你们国家的人——

4. 如果一个人到某个部门办事，由于那个部门办事很拖拉，这人去了三次都没办成，他会怎么样？

中国人——

你们国家的人——

第十八课　向 前 看

为了孩子……

【Ⅰ】（工间休息，车间的人们随便聊天，小青年们凑到一起谈电影、足球赛和舞会，师傅们则在一起谈起了孩子。）

张 师 傅：老马，那天我托你办的事怎么样了？我家小孩能不能进四中啊？

马 师 傅：难哪，我问过我亲戚了，你孩子差了十几分，进不去呀！

张 师 傅：那我出赞助费行不行呢？你有没有帮我问过？

马 师 傅：问过了，要三千块呢。

宋 师 傅：啊！要那么多？

张 师 傅：是要那么多。我弟弟的小孩想进师大附小，户口不在那附近，还特地为此迁了户口，不然，恐怕给了三千块还进不去呢。行啊，老马，你跟你亲戚说说，请她帮帮忙，三千块钱我也出。

马 师 傅：那我试试，不过，这样一来，你的积蓄可就花得差不多了吧。

张 师 傅：有什么办法呢？孩子太粗心，平时他成绩还可以，想不到考初中的关头却考坏了，真倒霉。虽然我把他狠狠地骂了一顿，但还得为他花钱。要是就这样让他进非重点中学，以后别想考上大学。现在花点钱，让他进重点中学，考大学就有希望了。

马　师　傅：是啊，都是"望子成龙"，都想让孩子受到最好的教育；从小到大，要进最好的幼儿园，上重点小学、重点中学一直到重点大学。做父母的不容易，孩子们竞争的压力也大呀。我家强强，最近天天读书读到晚上十二点，比我还辛苦。为了他高考，我和老伴把电视机都收起来了，天天陪着他。我真恨不得自己代他去考才好呢，可惜我文化程度不高。

宋　师　傅：现在的父母为了孩子受教育，有好多自己也学文化。有一张报纸说一位母亲为了帮她的残疾儿子上大学，天天代孩子去听课。多不容易啊！（抬头看见梁技术员匆匆走来）哎，梁技术员，我丈夫已经为你找到了一个弹钢琴的家教，你什么时候跟她见面？

梁技术员：太谢谢你了，这个星期天就见面。怎么样？

宋　师　傅：行。不过，你每个月又要花费几十块钱了。上个月一台钢琴五千块，现在又聘请家教，你可真舍得花钱哪！

梁技术员：为了孩子成长，该花就得花，这叫"智力投资"，现在聘家教的多得很哪，光是我们车间就好几个呢。报上说天津已经有近四千户了，上海光是个体户聘家教就上千。如果我有钱，还愿意为我女儿聘个书法家教，不是让她长大了专门搞音乐书法，只是为了在艺术上熏陶熏陶，在学习上让她占些优势。

宋　师　傅：你让孩子学那么多东西，她吃力吗？

梁技术员：不吃力，小孩子，学习能力大着呢。要是有钱，我还想买台电脑，我和孩子都能用。

张　师　傅：对，电脑那玩意儿是高级，好多知识分子都买。

【Ⅱ】

宋　师　傅：你们说，为什么人们这么重视孩子的教育？

梁技术员：孩子上了学，特别是考上了大学就等于有了好工作，捧了铁饭碗。现在工厂招工，机关招干，至少也要高中毕业的人。家长们当然要不惜一切代价让孩子们受教育喽。

张 师 傅：不仅仅是为了铁饭碗，读书人的社会地位到底高多了。就说我吧，虽说工资加奖金收入可能比我那大学毕业的弟弟还高，但无论是我自己还是别人，都觉得我不如他。

宋 师 傅：就是呀，钱多不一定有地位，有些个体户不是钱多得很吗，谁会认为他们有地位呢？说实话，我就看不起那些不识几个字，就晓得赚钱，没修养的个体户。大知识分子虽然钱不多，可挺受尊敬的。

马 师 傅：是呀，孩子上了大学，解决了就业问题，地位前途都跟没上大学的不一样了。而且，看情形社会也越来越需要文化程度高的人了。你们看，我们厂这几年进口了这么多洋机器，看不懂洋文多着急啊。所以我呀，一心就指望我那儿子考上正规大学。

【Ⅱ】

梁技术员：万一考不上正规大学也不要紧，还可以上电大、职大、夜大，参加成人自学高考什么的。现在受到高等教育的机会比以前多得多了。

马 师 傅：这些好是好，到底不如正规大学地道。如果他考得只差几分，我宁愿出几千块钱，也要让他自费上个正规大学。

宋 师 傅：哟，那你们两口子可就苦了。

马 师 傅：那可不是，真那样的话，几十年积蓄就全完了，小宋啊，别看你孩子小，从现在起就得给他攒教育费，不然到那时就来不及了。

宋 师 傅：那还用说，我看到一份人民银行的调查报告说，现在，人们储蓄的主要目的就是为子女攒教育费。

张 师 傅：有能力攒钱的人还好，没能力攒钱的人就苦了。

梁技术员：现在我们国家有个"希望工程"，是由中国青少年发展
基金会搞的，这个基金会把人们赞助的钱集中在一起，
帮助没有钱的穷孩子继续读书，愿意出钱赞助的人还
真不少呢，这也是中国人的传统。

张 师 傅：那就好了。从家庭、社会到政府都重视教育，孩子们
的未来就有希望了。

马 师 傅：是啊，现在苦一点，让孩子上了学，将来的日子就好
过了，这就叫向前看哪。（上班的铃声又响了，人们各
自散去）

生　　词

1. 工间　gōngjiān　（名）　工厂工作当中停下来休息的一小段
时间：每隔两个小时有一会儿～休
息。(work—break)

2. 凑　　còu　　（动）　聚、合：两个人～在一起看一本书；
课间休息，同学们～在一起说笑。
(gather together)

3. 足球　zúqiú　（名）　一种用脚踢的球。(football)

4. 分数　fēnshù　（名）　考试的得分：他这次考试的～是80
分。(mark；grade)

5. 赞助　zànzhù　（动）　（用钱帮助某一个单位或某一件事：
电视台准备办一次艺术节，需要工
厂、企业出钱～。(assistance，help)

6. 特地　tèdì　　（副）　专门的：听说上海有水平一流的杂
技团正在演出，凯蒂～乘火车到上
海去观看。(for a special purpose，

specally）

7. 积蓄　jīxù　（名）平时存下来的钱财：用～来买彩电。
　　　　　　　（动）积存：～钱；～力量。（savings /
　　　　　　　　　　save）

8. 粗心　cūxīn　（形）不细心，不小心，马虎：这道题他
　　　　　　　　　　会做，可是却～地把答案写错了；他
　　　　　　　　　　很～，常常丢东西。（careless;
　　　　　　　　　　thoughtless; negligent）

9. 初中　chūzhōng　（名）初级中学：读完小学进～，然后再
　　　　　　　　　　上高中、考大学。（junior middle
　　　　　　　　　　school）

10. 关头　guāntóu　（名）最重要、起决定作用的时候或机会：
　　　　　　　　　　每年七月七、八、九号三天对参加
　　　　　　　　　　高考的学生来说是最重要～。
　　　　　　　　　　（juncture, moment）

11. 倒霉　dǎoméi　（形）不幸的（也写作"倒楣"）：骑车骑
　　　　　　　　　　到半路上，车坏了，周围又没有修
　　　　　　　　　　车的地方，真～。（have bad luck;
　　　　　　　　　　meet with reverses）

12. 高考　gāokǎo　（名）高中毕业后，上大学的入学考试
　　　　　　　　　　（中国在每年的七月七、八、九号三
　　　　　　　　　　天举行）：要想进入正规大学学习，
　　　　　　　　　　必须通过～。（the examination for
　　　　　　　　　　entering universities or colleges）

13. 恨不得　　（动词词组）恨自己不能够，非常希望：我真想
　　　hèn·bu·de　　　家，～明天就回去。（how one wishes
　　　　　　　　　　one could; itch to）

14. 残疾　cánjí　（名）身体某一器官失去作用，如两眼失

明、聋哑等：中国有个～人基金会，
专门用社会赞助的钱帮助～人。
(deformity)

15. 匆匆　cōngcōng　（形）急，忙：一年的时间很快就～过去
了；亨利起床迟了，他～忙忙赶到
教室，大家已经上课了。（hastily；
hurriedly）

16. 弹　tán　（动）用手指演奏某些乐器：～钢琴；～
琵琶。（play，pluck）

17. 钢琴　gāngqín　（动）一种西洋乐器，用手弹击键盘演奏。
(piano)

18. 家教　jiājiào　（名）①家庭教师：现今有不少大学生在
兼任～，给小学生、中学生辅导功
课。②家庭教育：不懂礼貌的人会
被人称作没有～。(private teacher /
family education)

19. 投资　（名，动）投入钱等资本，用来开设企业或做
tóuzī　某一事情，以便得到利益：现在中
国有不少外国人或港澳台同胞～办
的工厂、企业。　（investment /
invest）

20. 熏陶　（动，名）长期接触某种习惯、思想、学问等，
xūntáo　对人慢慢产生好的影响：小陶父母
都是从事音乐工作的，他从小就受
到音乐艺术的～，也很爱好音乐。
(nurture；edify)

21. 吃力　chīlì　（形）费力的，感到困难的：她一个人搬
那只大箱子很～，你去帮帮她吧；对

我来说，课文太难，所以学起来很
～。(be a strain; entail strenuous ef-
fort)

22. 电脑　diànnǎo　（名）　电子计算机：现今～越来越普及，很
多工作用～来操作，又快又好。
(computer)

23. 玩意儿　wányìr　（名）　指东西、事物（带有轻视、喜爱、不
满等语气）：你手里拿的是什么～？
你在搞什么～？(thing)

24. 高级　gāojí　（形）　水平、地位、技术等比较高的：那
是一种新型汽车，很～；科学技术
发展越来越～；～工程师。(senior;
high — level; high; advanced /high
— grade)

25. 知识分子　（名）　指受过高等教育，有知识、有文化、
zhī·shi fènzǐ　　　有修养的人：文化大革命中，～是
"臭老九"；现在～的地位大大提高
了。(intel lectual)

26. 招　zhāo　（动）　招收：～工；～生；～干。(recruit;
enlist; enrol)

27. 高中　gāozhōng　（名）　高级中学：初中毕业就要进～了；职
业～；～生 (senior middle school)

28. 代价　dàijià　（名）　为得到某种东西或达到某一目的，
所付出的钱、物质、精力等：用最
少的～办最多的事；做任何事都要
付出～，天上不会掉下大馅饼。
(price; cost)

29.洋　yáng　（名，形）　①指国外的，不是中国产的，带有

外国特点的：～货，～房；②指时
髦的，现代化的：打扮很～气；③
海洋：大西～，太平～。(foreign/
modern/ocean)

30. 一心　　yìxīn　　（形）　专心的：他～准备考大学，不考虑
别的事情。(whole heartedly；heart
and soul)

31. 地道　　dì·dao　（形）　真正的，好的：这是～的上海货；那
条街上有一家四川饭店，经营～的
川菜。(genuine/ pure / well—
done)

32. 攒　　　zǎn　　　（动）　积聚：～钱买家用电器；孩子把零
用钱～起来，准备买一件自己喜欢
的东西。(save；hoard；accumulate)

33. 储蓄　　chǔxù　　（动）　把节省下来或暂时不用的钱存入银
行中：我一发了工资就去银行～一
笔钱，准备以后结婚用；～所。
　　　　　　　　　　（名）　储蓄下的钱：一笔数目不大的～。
(save；deposit / savings)

34. 基金　　jījīn　　（名）　专门为兴办、发展某一事业而准备
的资金：教育～；残疾人康复～。
(fund)

35. 散　　　sàn　　　（动）　分开，由聚在一起而分离：～会；云
～了，太阳出来了；到了旅游点，旅
游团的人都～开，各自游玩，到规
定时间再集中。　　（break up；
disperse）

练　习

一、解释下列词语：

1. 望子成龙
2. 电大、夜大、职大、成人自学高考

二、填空：

在河北省的一个小村庄，全村文化程度最高的三年级小学生张胜利＿＿1＿＿能继续上学，用从村里收集到的大人指甲、头发换钱交学杂费。＿＿2＿＿湖北省一个叫汪杏春的孩子，失学后天天干活挣钱，＿＿3＿＿在下学期开学前攒够学杂费。＿＿4＿＿聪明可爱的孩子含泪失学，不是＿5＿要交学费，＿6＿付不起每年约40元的学杂费。中国青少年发展基金会近几年实施的"希望工程"，已使全国几万名像张胜利、汪杏春＿＿7＿＿的孩子回到了课堂，＿＿8＿＿的负责人说，我们保证，凡是赞助40元以上者，不仅可以使一名停学的孩子回到校园，而且还将得到＿＿9＿＿孩子的感谢信，他和他的父母将永远记住＿＿10＿＿者的爱心。

三、造句

1. 特地

　①为了能够与老朋友见一面，＿＿＿＿＿＿＿。

　②为了让孩子考大学，＿＿＿＿＿＿＿。

　③＿＿＿＿＿＿＿，他特地作了许多准备。

　④＿＿＿＿＿＿＿，她特地增加了一把锁。

2. 恨不得

　①听说十几年没见面的老朋友来了，＿＿＿＿＿＿＿。

　②这个东西真好吃，＿＿＿＿＿＿＿。

　③＿＿＿＿＿＿＿，我恨不得立刻就回家。

　④＿＿＿＿＿＿＿，我恨不得把他打一顿。

3. 倒霉

①昨天我遇到一件倒霉的事＿＿＿＿＿＿＿＿。

②＿＿＿＿＿＿＿＿，真倒霉。

③唉！＿＿＿＿＿＿＿＿。

④我骑自行车不小心摔了一跤，车也摔坏了，

＿＿＿＿＿＿＿＿。

4. 吃力

①课文不难，我学着＿＿＿＿＿＿＿＿。

②看她挺吃力的，＿＿＿＿＿＿＿＿。

③要学的东西太多，你＿＿＿＿＿＿＿＿？

④老太太提着一桶水＿＿＿＿＿＿＿＿。

四、把下面的词语和句子按照正确的顺序排列成一段话。

①目前居民存、取款的用途发生变化　　②据 90 年 6 月 30 日《金融时报》报道　　③在存钱打算作什么的选择中　　④在取款用途中　　⑤人民银行对全国二十个城市的城乡居民进行的调查表明　　⑥排在首位的是支付子女教育费，占答案的 25.2％　　⑦占选择答案人次总数的 22.8％　　⑧排在首位的是攒子女教育费　　⑨购买高级消费品的人不像以前那样多

答案：②＿＿＿＿＿＿＿＿

五、给课文的 Ⅲ 个段落加上适当的标题。

〔Ⅰ〕

〔Ⅱ〕

〔Ⅲ〕

六、语段表达

用下表提示的内容说一段话，谈谈为什么人们这么重视孩子的教育问题。

语段框架	句际组合方法
话题	
原因	由于　因为……所以……　之所以……是因为……　因此 第一……　第二……　第三……　一来……　二来……　三来…… 一方面……　另一方面…… 除此以外……　此外……　同样
结论	
本课新词语： 关头　恨不得　家教　投资　赞助　熏陶 吃力　次要　正规　代价　攒　知识分子	

七、文化情景读和说

下面的五段短文，显示了人们重视教育的种种情景。快速阅读，然后回答短文后边的问题。

个体户也着急了

按理说，个体户赚了钱，日子应该是过得很开心的。可武汉市汉正街的许多个体户都十分着急。

急什么？

普遍急的是自己没有文化，缺少知识。他们大多是小学文化程度，还有的是文盲（illiterate）。前些年，他们觉得没有文化照样可以赚钱。可是现在他们感到，文化知识对于做买卖来说是越来越重要了。为什么？过去农村的消费者也大多是文盲或文化水平不高的人，而近年来农村消费者的文化结构已发生了明显变化。现在到汉正街来进货的大部分是高中毕业的农村青年，消费对象也由老人、家庭妇女转向年轻人。现在的农村市场也有些"洋"味了，进口小商品也有市场潜力。外文说明书看不懂，这生意怎么做？

今年45岁的余某，从1981年开始在汉正街干个体户，从一个几乎是文盲的家庭妇女成为经商行家。一次，她对一位外国记者说："与国家干部比，我的生活要强得多呢！"然而，现在她却走进了汉正街个体工商户学校补习文化。

这个以补习文化为主的学校，是汉正街的个体户们自己办起来的。从1988年到现在，共培训7期学员，有700名个体户经过考试领到了结业证书。

不久前，有关部门在汉正街做了一次调查，87%的青年个体户认为"有必要上大学"。现在，武汉市的许多夜大学都有他们这样的学生。有大学文凭的个体户，在汉正街已不是新闻了。出高价聘请家庭教师为自己的孩子补习文化的人也越来越多了。

（据施勇峰、杨正文《腰缠万贯也着急》改写，见《人民日报》1991年4月25日第2版）

回答下面的问题：

    1. 个体户们为什么事着急了？

    2. 他们为什么要去学文化并且还聘请家教帮助孩子学文化？

    3. 这篇文章的第一段和第二段是如何连接的？第三段和第四段呢？第四段和第五段呢？请指出段与段之间的联系词语。

我为女儿上大学

1985年秋，女儿考上了高中。我和妻子开始很高兴，后来却有点担心。因为我和她文化水平都不高。怎样才能使女儿考上大学呢？我想了半天，终于想到了一个"一举两得"的办法。我报名参加了高等教育自学考试，以便为孩子树立一个学习的榜样。

第二年，我首先尝到了失败的滋味。一天下午，我收到市自学考试办公室寄来的信。女儿拆开一看，难过地对我说："爸爸，您大学语文没及格。"当时，我心里难受极了。但是为了在女儿面前树立一个对待失败的榜样，我对她说："没什么，失败是经常会有的。不过我一定要争取成功。"事后，我又认真地进行复习，重考时顺利地通过了。后来，女儿在高中二年级的考试时，从名列前茅突然掉到七八十名之后，她也毫不灰心，很快就又追了上去。我想这与我对她的影响是很有关系的。

1988年对我和女儿来说，都是关键的一年。对我来说，是关系到能不能首届毕业的问题。可我却还有三门课要考，其中一门是我最困难，连考两次都没及格的"高等数学"；对于女儿来说，是能不能考上大学的问题。为了鼓励女儿，我问她："我能不能放弃数学这门课，下一届再毕业？"女儿说："爸爸，你得努力一下，争取首届毕业。"于是我跟女儿互相竞赛。终于，我首先通过了三门考试，成为大学毕业生，接着女儿也拿到了大学入学通知书。

（据晓愚《我和女儿跳龙门》改写，见《现代家庭报》1990年10月9日第3版）

回答下面的问题：

　　1. 为什么作者要参加高等教育自学考试？

　　2. 作者对他的女儿有什么影响？

助人上学的老人

毕生才是山西省的一位养猪专业户，六年来，他已拿出近三万元钱赞助25名农村孩子上大学。

毕生才今年54岁，由他资助走进大学读书的农民孩子，有的已经毕业了。仍在读书的孩子，假期中从北京、广州等地回到乡下后，总要去看望这位令人尊敬的老人。记者问到毕生才为什么要这样做，这位普通的农民很实在，他说："没有文化不行，不搞教育那是太糊涂了，越来越多的农民都认这个理了。我资助的孩子大多数是别的村子的，与我没有亲戚关系，但他们上大学，长知识，可以为祖国贡献力量。办教育，不就是要有钱出钱，有力出力吗？我就只有这么个想法。”

（据刘海民《毕生才6年拿出3万元资助25名农家子弟上大学》改写，见《扬子晚报》1991年4月9日第2版）

回答下面的问题：

1. 毕生才是什么人？他资助的孩子都是他的亲戚吗？
2. 他为什么要资助这些农民的孩子上大学？

望 子 成 龙

梁立是琳达新认识的中国朋友，他是一个工厂的技术员。梁立有个儿子名叫伟伟，今年五岁，长得聪明可爱，琳达很喜欢他。

可是琳达每次到梁立家，总是看见伟伟不是在练习书法，就是在练习弹钢琴。琳达问他为什么不出去玩，他说：“我的功课不做好，爸爸就不许我出去玩。”

今天，琳达刚到梁立家，他就说：“我想让伟伟学英语，反正他早晚要学的，晚学不如早学。你说对吗？”

琳达说：“他又学书法又学钢琴，已经很吃力了，怎么还要学英语？”

梁立说：“没关系，我看他不吃力，就是玩的时间少一点儿。好多家长都在让孩子从小学外语，我只不过是让他多学了一点儿吧。这对他的将来有好处啊。”

“可是他更没有时间玩了。”

“没时间玩有什么关系，我们做父母的更辛苦，为了让他受教育，我们不但花了许多钱，休息时间也全用来陪他了。只要伟伟将来有出息，我们再苦再累也愿意。”

琳达感到无话可说了。

回答下面的问题：

1. 梁立为什么要让只有五岁的儿子学习书法、钢琴和英语？
2. 你对梁立这样的做法有什么想法？你能理解吗？

棋坛大师尤国钟

1988 年，一个很少有人知道的胥浦小镇在江苏省少年国际象棋比赛中，一下子获得了团体、个人三项冠军，震惊了棋坛。一个小小的乡镇怎么会有这么多的象棋人才呢？棋坛大师尤国钟立下了很大的功劳。

尤国钟的棋艺是家传的。尤国钟的父亲不仅是一位著名的医学教授，而且也是一位国际象棋高手。尤国钟的棋艺超过了他的父亲，早在 1956 年，他就获得了国家首届国际象棋表演赛冠军。

尤国钟有两个女儿，他十分希望女儿能继承尤家棋艺，可遗憾的是，两个女儿都对国际象棋不感兴趣。正当尤国钟十分苦闷的时候，有人劝他在胥浦小学办一个国际象棋班。他一听，觉得这个主意非常好，立刻表示赞成。

尤国钟从小学生中挑出了 20 名成绩较好的学生，正式办棋班。每周三次，每次三小时。无论春夏秋冬，刮风下雨，他都不怕辛苦，不怕麻烦，坚持辅导小学生训练。国际象棋没有教材，他就自己抽时间翻译俄文资料，为学生编了一册 60 多页的教材。学生买不起象棋词典，他自费买了十几本送给学生。每到星期日，尤国钟总要将徒弟们集中起来，进行专门训练，由尤国钟一人和五名学生对下。下棋时学生坐着，他站着，不停地从一张桌子走到另一张桌子。半天下来，累得腰酸腿疼，但心情却十分舒畅。经过几年的精心培养，他终于训练了一批好徒弟。

他们的汗水没有白流。1988 年，国家体委正式授予尤国钟"国家国际象棋大师"称号，他培养的由四批近百名小棋手组成的"尤家军"已在多次比赛中显示出力量。

（据刘永铭《棋坛大师尤国钟》改写，见《扬子晚报》1990年4月21日第2版）

（一）选择填空：

1. 胥浦小镇在1988年江苏省少年国际象棋比赛中，获得了三项＿＿＿＿＿＿＿＿＿＿。

    A. 冠军　　B. 第三名　　C. 第二名

2. 尤国钟的棋艺＿＿＿＿＿＿＿＿＿＿。

    A. 不如他的父亲

    B. 超过他的父亲

    C. 跟他父亲一样

3. 尤国钟的两个女儿对国际象棋＿＿＿＿＿＿＿＿＿＿。

    A. 都不感兴趣　　　　B. 都很感兴趣

    C. 一个感兴趣、一个不感兴趣

4. 尤国钟办国际象棋班是因为＿＿＿＿＿＿＿＿＿＿。

    A. 他没有工作

    B. 他想赚钱

    C. 他想把自己的棋艺传下去，为国家培养人才。

5. 尤国钟已经培养了＿＿＿＿＿＿＿＿＿＿小棋手。

    A. 三批五百名

    B. 四批近百名

    C. 十批近百名

（二）请你复述一下尤国钟是怎样训练学生的？

八、跨文化交际问题讨论

1. 一个人的孩子就要参加大学的入学考试了，他会怎样对待孩子？为孩子做什么？

        中国人——

        你们国家的人——

2. 为了让孩子受到好的教育，家长们会做什么？

中国人——

你们国家的人——

3. 如果自己的孩子在重要的考试中失败了，家长们会怎样？

中国人——

你们国家的人——

4. 如果一个孩子仅仅因为没有钱而不能继续受教育，他周围的人会怎么样？

中国人——

你们国家的人——

5. 一个人收入很高但文化程度较低，另一个人收入一般但文化程度很高，别人对他们的评价怎样？

中国人——

你们国家的人——

第十九课 协调和均衡

在老师的家里

【 I 】（快毕业了，彼得、麦克尔、珍妮、马林诺夫、吉迪等学生到老师家喝咖啡、聊天，聊着，聊着，又与老师展开了讨论）

彼　　得：王老师，您已经给我们讲了许多与人际交往有关的中国文化现象和理论，在您看来，中国文化最大的特点是什么？

老　　师：我认为是协调和均衡。它不仅表现在人与人的关系上，还表现在人与环境的关系上，表现在中国传统的艺术、体育、医学、文学等各方面。你们到中国已经好几个月了，又上了这么多文化课，一定能举出很多例子来说明这个问题。

马林诺夫：我想，中国人在人际交往当中的自谦和敬人，为了照顾别人的面子而说话拐弯儿绕圈子，还有种种的客套和礼节，特别是相互忍让，为朋友愿意吃点亏等等，就是为了避免冲突，保持人和人之间的和谐与协调。

珍　　妮：人们的同一观念，平均主义等等，大概也是为了协调与均衡吧？对了，古代中国人就有"均贫富"的思想，反对贫富不均。

吉　　迪：还有中国人的等级观念、敬老观念，在某种意义上也是为了有利于维持社会和家庭的秩序，使社会达到稳定协调。

【Ⅰ】

老　　师：你们刚才说的都是在人际关系方面如何达到协调与均
衡。除此以外，协调与均衡在其他方面的表现是什么？
你们观察到了吗？

麦克尔：我觉得，除了人际关系以外，中国人还追求人与环境
的协调，对了，我听说过古代中国"天人合一"的理
论，我对这个理论不太了解，但我觉得它认为天和人
是一样的，人与环境应该合成一体、互相依存。

吉　　迪：我注意到中国的街道和建筑物特别讲究对称，这是在
追求一种平衡的美。

麦克尔：就连地名也往往是对称的呢。在我们学校附近就很明
显；有北阴阳营、南阴阳营、北东瓜市、南东瓜市，还
有……

珍　　妮：中山南路、中山北路、北京东路、北京西路，啊，太
多了。

穆罕默德：中国人喜欢双数，不喜欢单数，大概也是为了达到均
衡吧。

彼　　得：我学美术时注意到中国的山水画理论主张"山性即我
性，山情即我情"，这是指画要体现人的精神、人的感
情，山水和人的感情合一。在画的空间安排上也要求
疏密高低适当，互相配合。

珍　　妮：中国的古典戏剧也不像西方悲喜剧那样具有明显的悲
剧或喜剧色彩，中国的传统戏剧中悲剧总要加上一个
"大团圆"之类的喜剧尾巴，以减少悲剧的气氛，不让
悲剧的感情太过分。

马林诺夫：我觉得体现协调和均衡的典型是中国的体育运动，像
气功和太极拳之类，动作十分缓慢、柔软，然而柔中
有刚。强调身体内部、外部意念各方面的协调、配合。

太极拳的动作要"圆",要似行云流水般流畅;气功则要静中有动、动中有静。这一切与我们那种剧烈的肌肉运动方式完全不同。就是中国武术,包括各种各样的棍术、刀术、拳术等,运动量虽然也很大,但却讲究刚柔相济,一张一弛,"动若猛虎,静若处子。"

吉　　迪:我觉得中医才最能体现协调与均衡呢。它的理论核心是阴阳五行说,中医认为假使阴阳失去了平衡人就会患病,中医把疾病的各种症状分为阳症和阴症两大类,并力求使阴阳达到平衡。

珍　　妮:等等,什么阴阳,我不懂。

吉　　迪:中国的古代哲学认为世界上的各种事物都可分为阴和阳两个方面,如太阳属阳,月亮属阴;天属阳,地属阴;火属阳,水属阴;白天属阳,黑夜属阴;生病发烧是阳症,发冷出冷汗是阴症……总之,凡是热的、亮的、运动的、积极的事物都属阳,与它相反的属阴。阴和阳必须互相配合好,不能一方多一方少。

珍　　妮:照你这么说,阴阳所代表的,不但有具体的物质,也有抽象的概念了。

吉　　迪:阴阳所代表的内容和范围很广。阴阳两方面又相互联系、相互转化并在不断的运动中维持着动态的平衡。老师,您的看法呢?

老　　师:你们的看法都对,特别是阴阳的对立和统一,它不仅仅是中医理论的基础,而且也是古代中国人朴素的世界观的一部分。至今它还影响人们的日常生活,特别是医疗和饮食。我还想指出一点,中国有句古话叫"文如其人",是说人的文章和人一样,能表现人的精神、气质和风格,你们在读汉语的各类文章时,有没有感觉到它也表现了协调与均衡呢?

彼　　得：感觉到了，比如古代诗词就讲究对仗，也就是对称，要求上下诗句之间在句型和词类等方面都相同。此外还讲究平仄，就是指平声和上声、去声对称。对称不就是均衡的一种表现吗？中国人在门上贴的对联也是这样。

珍　　妮：就是散文也向来讲究文章的整体布局，要求段落之间的上下文具有协调性和连贯性。

老　　师：英语文章也很讲究协调性与连贯性，只是达到协调性的方法与中文不一样罢了。各民族的文化中都有一些共同点，使我们能够互相理解，如礼尚往来、自谦敬人之类的，都具有这种交际的准则，只是人们表现的方式有所不同而已。你们说对吗？

麦克尔：对，不过，映照性文化的确很特别，与我们不同。我觉得，中国文化的主流固然是追求协调和均衡，但现代社会的发展和中外文化的交流，已给中国文化带来了许多不协调的新因素。如同行中的竞争心理，新建筑的不对称风格、文学创作中的新方法等等，服装更是越来越讲究多样化了。

吉　　迪：嗨，你说得好极了。改革开放不但已经给中国带来了这些变化，而且即将带来更多的变化。

老　　师：来来来，再吃点香蕉片、花生、开心果，过会儿再吃西瓜。别光说不吃呀。

生　词

1. 协调 xiétiáo　（形、动）　互相配合得适当：他们两人一个很高很瘦，一个很矮很胖，走在一起真不～；衣服的颜色、式样要搭配得～，否则就不美；～好每个人的

工作。(harmonious; concerted / har
monize; coordinate)

2. 均衡 jūnhéng （形） 平衡，各方面在数量上、质量上相
等：经济、文化等各方面～发展。
(harmonious, balanced; proportion-
ate)

3. 竭力 jiélì （形） 尽力，尽可能地：小刘是个很热心
的人，别人有困难，他总是～帮忙。
(do one's utmost)

4. 对了 duì·le 用于一句的开头，表示想起来某件
事：～，小王说他今天不来了，让
我告诉你。

5. 对称 （形，动） 两边相同或相当：人的身体是左右
duìchèn ～的。(symmety)

6. 古典 gǔdiǎn （形） 传统的，古代的：～音乐和现代音
乐不同。(classical)

7. 喜剧 xǐjù （名） 戏剧的种类之一，主要表现一些快
乐的、引人发笑的内容和团圆的结
局：查理·卓别林是著名的～演员。
(comedy)

8. 悲剧 bēijù （名） 戏剧的种类之一，主要表现激烈的
矛盾和悲惨的结局：《奥赛罗》是莎
士比亚著名～之一。(tragedy)

9. 典型 （形，名） 有代表性的、突出的人或事：她无
diǎnxíng 论从外貌到性格都是～的东方人。
苏州园林是东南园林艺术的～。
(typical; representative /typical
case; model; type)

10. 柔软 róuruǎn （形） 不坚硬，小孩子的皮肤总是很～；～的体操。(soft；lithe)

11. 刚 gāng （形） 硬的，～硬；～健。(firm；strong)

12. 意念 yìniàn （名） 气功上指思想、意识：集中～。(thought，mind)

13. 流畅 liúchàng （形） 像水一样顺利地流动，不停止，不受阻碍：句子的语法有错误，读起来就不～。舞蹈的动作很～不生硬。(easy and smooth)

14. 剧烈 jùliè （形） 运动得很厉害，很猛：踢足球是一项比较～的运动。(violent；strenuous；acute；severe)

15. 肌肉 jīròu （名） 人体和动物体的一种组织：健美表演者向观众展示身上一块块的～；运动员们大多～比较发达。(muscle)

16. 各种各样 （短语） 很多不同的种类和样式：世上有～的人，～的事。(of all kinds)
　　gè zhǒng gè yàng

17. 棍 gùn （名） 棍子，细长条状的竹子、木头、金属等：球滚到床下去了，拿根～子把它拨出来。(rod；stick)

18. 济 jì （动） 帮助，补充：救～；无～于事。(aid，relieve，help，be of help)

19. 弛 chí （动） 放松。(loosen；slacken)

20. 处子 chǔzǐ （名） 处女，姑娘。(virgin；maiden)

21. 中医 zhōngyī （名） ①中国传统的医学：～西医互相结合；②用中医方法治疗的医生：老～。(traditional Chinese medicine /

doctor of traditional Chinese medicine)

22. 核心 héxīn （名） 最重要的部分，中心：～作用；领导～。(core; kernd; uncleus)

23. 假使 jiǎshǐ （连） 假如，如果：～你不去，大家会失望的。(if)

24. 患 huàn （动） 生（病）：～有胃病；～者也就是生病的人。(suffer from)

25. 疾病 jíbìng （名） 病：医生的职责就是为患者治疗～，解除痛苦。(illness; sickness; disease)

26. 症状 zhèngzhuàng （名） 生病时表现出的状态，如发烧，咳嗽等：咳嗽，流鼻涕是感冒的～。(symptom)

27. 黑夜 hēiyè （名） 夜，夜晚：白天与～。(night)

28. 广 guǎng （形） 广大，范围很大：他交际～，有很多朋友。(wide; vast; extensive / numerous)

29. 转化 zhuǎnhuà （动） 从一个方面转向另一个方面（多指矛盾双方）：从国内矛盾～为国际矛盾。(change, transform)

30. 对立 duìlì （形） 相反的、互相矛盾、互相斗争的两个方面：阴和阳是～面，但又互相联系，互相依靠；他们两人闹矛盾了，互相很～。(oppose; set against; be anta gonistic to)

31. 医疗 yīliáo （名、动） 医学治疗：～卫生，～部门，～保险。(medical treatment)

32. 饮食 yǐnshí （名） 喝与吃：～行业，病人要注意～保养。(food and drink)

33. 气质 qìzhì （名） 人所表现出来的性格特点：东方人的～是含蓄，沉稳，～高雅、沉静。(temperament；disposition)

34. 散文 sǎnwén （名） 指除诗歌、小说、戏剧以外的文学作品，如杂文，特写等。(prose)。

35. 向来 xiànglái （副） 从来，一向，一直：他办事～很认真，没出过什么错；～如此。(always；all along)

36. 整体 zhěngtǐ （名） 整个的部分：中医治病要求从人的～上来考虑，不是头痛医头，脚痛医脚；一个班级就是一个～。(whole；entirety)

37. 布局 bùjú （名、动） 全面安排：下棋的～；文章的结构～；一个城市的住宅区、商业区、交通道路等要合理～，才能方便群众。(composition of a picture，piece of writing，ect. /layout；distribution)

38. 连贯 liánguàn （形、动） 各部分之间相互连接贯通；句子与句子之间意义上要相互～，不能东一句，西一句；长江大桥～了南北交通。(link up；piece together；hang together)

39. 固然 gùrán （连） 当然，用于主语之后，表示肯定，后面常跟"但是"、"然而"一类表示转折的词：得了病～需要吃药，但更重要的是平时要加强锻炼，增强

抵抗力。(no doubt; it is true /of course; admittedly)

40. 主流 zhǔliú （名） 主要的方面：世界上爱好和平反对战争的人是～。(main stream/main trend; essential or main aspect)

41. 即将 jíjiāng （副） 将要，马上要：夏季～到来，气温一天天升高了。(be on the point of; be about to begin)

42. 花生 huāshēng （名） 一种长于地下的植物根部的壳果：～米；～糖。(peanut; groundnut)

练　习

一、解释下面的词语。

1. 均贫富。

2. 山性即我性，山情即我情。

3. 刚柔相济，一张一弛。

4. 动若猛虎，静若处子。

5. 对仗、平仄。

二、填空

阴阳两个方面不但互相对立，而且互相依存，___1___联系，并且在一定的条件下互相转化。___2___，阴阳二方各自以___3___的存在作为自己的条件，没有阴，就___4___阳；没有阳，也不可能有阴。___5___人体的各种功能活动（阳）都必须由体液（阴）供给它营养，___6___就不能维持其正常的功能活动；而没有___7___功能活动，饮食就不能变成人体可以利用的营养物质（阴）。___8___阴阳在一定的条件下也可以互相转化。___9___地面上的水（阴）经过蒸发可以变成气体（阳）；天上的水蒸气（阳）遇冷结成水（阴），又下降到地面上来，这就是阴阳的___10___。

三、造句

1. 对了

①我那天看见了李明英，＿＿＿＿＿＿。

②我终于在书店买到了我想要的书，＿＿＿＿＿＿。

③他已经走了，对了＿＿＿＿＿＿。

④小张来信了，对了，＿＿＿＿＿＿。

2. 假使

①假使你不来，＿＿＿＿＿＿。

②假使你不同意我的意见＿＿＿＿＿＿。

③＿＿＿＿＿＿，那么你的看法是什么呢？

④＿＿＿＿＿＿，请早点通知我。

3. 向来

①他做事＿＿＿＿＿＿。

②他这人＿＿＿＿＿＿。

③他们这些人＿＿＿＿＿＿。

④我去北京＿＿＿＿＿＿。

4. 即将

①我们＿＿＿＿＿＿。

②他们的会议＿＿＿＿＿＿。

③小李＿＿＿＿＿＿。

④这些情况已经发生了变化并且＿＿＿＿＿＿。

四、把下面的词语和句子按照正确的顺序排列成短文。

①在家的时间　　②思想变成了文字　　③著名作家老舍先生每天要写一两千字到两三千字　　④静静地擦桌子，还写　　⑤他静静地吸烟，然后写　　⑥他都给了这一至三千字　　⑦静静地浇花，继续写　　⑧静静地喝茶，又写　　⑨静静地看画儿，写，写，写……

五、给课文的 II 个段落加上标题。

[I]

[II]

六、语段训练

用下表提示的内容谈谈你对课文的看法和感想。

语段框架	句际组合方法
主题句	
几点看法	几点看法之间凭意义连接，用同义词和代词呼应并选择相同的句式
本课新词语： 协调　均衡　对称　各种各样　假使 向来　固然　主流　整体　即将	

七、文化情景读和说

下面是五篇短文，展示了协调和均衡如何影响人们日常生活的种种情景。快速阅读，然后回答短文后边的练习。

凉、热与药的世界

在广东，凡是能吃的，似乎都被划出了凉（阴）、热（阳）属性，甚至还分出了中性。三性中，当然是中性的最好，吃起来最放心，像猪肉、鸡肉、菜心、油菜、黑豆等，基本上人人能吃，四季能吃。但凉性、热性的就不能随便乱吃，一定要吃得合适。大白菜是凉的，而它又产在冬天，所以广东人基本上不喝大白菜汤。老豆腐大白菜汤，别看也冒着热气，可在冬天不行，凉。夏天也不能吃得太凉，像西瓜，广东人多少天才吃那么一点点，见到我们北方人每人一天一个瓜，他们总是摇摇头，"太凉了"。等到需要去火散热的时候，凉的就成了好东西。盖菜性凉，感冒头疼的时候，广东人就劝你烧一锅盖菜汤，说是去火。生菜大概也是性较凉，吃火锅的时候，一定要用它当配菜。芥蓝是热的，这东西在北京贵得要命，广东却有的是，不把它当成什么好东西，据说吃了不但上火，还是"发物"，所以吃起来很小心，体弱的人是不能吃的。元白菜，不仅热，而且湿，"湿热"简直是广东人的大敌。他们认准吃了"湿热"的元白菜定会使人腰弯背驼（hunchback）。最热最热又最好最好的东西要算生姜了。广东人认为这东西很热，但不是"发物"，还能抵抗湿热，所以汤汤菜菜都离不开它，不仅当配料，还做主菜。

凉的、热的这么一分，一搭配，平常的饭菜吃起来就像吃中药一样，吃得合适，吃得是时候，就像吃了上好的良药；吃得不合适，不是时候，就和吃了毒药差不多。如果觉得饭菜本身的药力还不足，凉热还不能均衡，那就直接往里面加中草药。所以有时简直分不清是吃药还是吃饭，饭中下药，药当饭吃。广东人喜欢冬天吃"炖品"，夏天喝凉茶。所谓"炖品"是在肉里加上配料、水和枸杞、黄芪一类的补药、消化药等一起炖了吃。"凉茶"则是草药烧成的热汤，凉是它的药性，去暑的意思，并不是冷的意思。所以凉茶是热的，而且很苦。广东人爱凉茶如命，不仅街上卖，家家还准备着，作用也不只是去暑，感冒喝，不消化喝，身体不舒服也喝，有事没事都要喝，从一两岁的小孩喝到七八十的老人。

（据罗琳《凉、热与药的世界》改写，见《旅游》1991年第5期）

（一）用连线方式分出右边各种东西的凉热属性。

热性　　　　　西瓜

　　　　　　　菜心

　　　　　　　猪肉

中性　　　　　黑豆

	油菜
凉性	生姜
	大白菜
	芥蓝
	生菜
	鸡肉

（二）回答问题：

1. 广东人吃东西时最讲究什么？为什么？
2. 广东人夏天喝的"凉茶"有何特点和作用？
3. 你们国家的人吃东西有讲究吗？

饮食协调、健康长寿

现在的人越来越重视吃。到底怎样吃才算科学？在南京双门楼宾馆，一位专家告诉我们，吃东西也要讲究协调与均衡，天天鸡鸭鱼肉很难健康长寿。

人的体质、年龄、工作性质和所生活的地方等都不全相同，喝什么吃什么当然也应该有所选择，这就得讲究饮食协调，营养均衡。

拿人的体质作例子来说明吧。古人说："人之生也，有刚有柔，有弱有强，有阴有阳"，体现在饮食上，怕冷怕动的阳虚质人，应该多吃点温热补气助阳的食物；怕热好动的阴虚质人，应选择补血养阴的食物；胖人不要多吃油腻的东西，瘦人不要吃辛辣的东西。如果不重视个人体质的区别，乱吃乱喝，对身体是没有好处的。为了使饮食中的营养更加均匀，有时还要在食物中加入一些中药。这些中药具有有病治病，无病健身的作用。

在双门楼宾馆，我们还看到了专家设计的养生宴席之一"太极阴阳席"。这种宴席由 20 多种菜点组成，都很重视阴阳配合，凡是属于温阳的食物盘中有红花作标记，属于养阴食物的，用白花作标记。食客可根据自己的体质情况有选择地食用，如果身体情况不明，温阳食物和养阴食物可各吃一半。

专家还说，他们将继续设计养生宴席，并和双门楼宾馆一起研制养生宴席电脑，到时候你只要把自己的体质特征输入这种电脑，就能得到电脑选的一张食卡，帮你点菜，同时指导你今后合理地安排饮食。

（据郑葆铨《辩证用膳可以养生》改写，见《扬子晚报》1991年 4 月 28 日第 2 版）

练　习

（一）下列说法对吗？为什么？

1. 天天只吃鸡鸭鱼肉，身体一定会好起来。（对/不对）

2. 人一生下来，体质都差不多。（对/不对）

3. 怕冷怕动的人要多吃补血的食物。（对/不对）

4. 太瘦的人不要吃辣的东西。（对/不对）

5. 吃什么东西没什么讲究，你想吃什么就吃什么。（对/不对）

6. 吃东西只与个人体质的差异有关，与别的没什么关系。（对/不对）

（二）根据课文回答问题：

1. 你属于什么体质？按照协调饮食的原理，你应该吃什么，不应该吃什么？

2. 请你说说气候潮湿地方的人与气候干燥地方的人，气温高的地方的人与气温低的地方的人，饮食各有什么区别？

3. 海员和飞行员、教师和农夫在饮食上应该有些什么不同？

4. 中国菜的特点是"南甜北咸、东辣西酸"，它说明了什么道理？

北京地名学（相声）

甲　咱们好久没见面了。

乙　是啊，你上那儿去啦？

甲　我呀，太忙啦！好多大学都请我去给教授讲课。

乙　嗬，给教授讲课。都讲些什么呀？

甲　我创立了一门新学科——北京地名学。

乙　北京地名学？没听说过。能不能在这儿给我们讲讲？

甲　当然可以。我这里免费讲授，希望你虚心学习。

乙　嗬！这就神气起来啦！你说，北京地名学有什么学问。

甲　学问可大啦！对称理论就是我发明的。

乙　对称理论？怎么个对称法呀？

甲　就是说，北京任何一个地名儿，都有另一个地名儿跟它对
　　得上。比方说，东单对西单，东四对西四，懂了吧？

乙　好，我现在就来考考你的北京地名学，看看你的理论行不
　　行？

甲　考吧，没问题！

乙　我说天坛。

甲　我对地坛。

乙　我说日坛。

甲　我对月坛。

乙　嘿，行啊！我说南长街。

甲　我对北长街。

乙　我说南池子。

甲　我对北池子。

乙　你知道吗？宣武区有个南菜园。

甲　据我所知，朝阳区有个北菜园。

乙　我怎么不知道？

甲 你当然不知道。过去叫北菜园,现在叫黄木庄。

乙 噢,这么回事儿!我说北太平庄。

甲 我对两个南太平庄。

乙 怎么还有两个?

甲 不知道吧?一个在海淀区,跟北太平庄相对;另一个在朝阳区。怎么样?对称理论多行啊!哈哈哈——

乙 别神气,我说东交民巷。

甲 我对西交民巷。

乙 我说东大桥。

甲 我对西大桥。

乙 有这地名儿吗?

甲 没有。我是指靠近东大桥西边的那个大桥。

乙 这不算。重来。我说天桥。

甲 我对地桥——哎,这个也不算,你换点儿别的好不好?

乙 怎么样,对称理论不行了吧?换点儿别的,你也对不上来。

甲 没问题!北京地名学专家嘛。张口就来。

乙 地名儿头一个字带数目字的,要快点儿对上来,行吗?

甲 行啊。

乙 一亩园。

甲 二老庄。

乙 三里河。

甲 四眼井。

乙 五道口。

甲 六铺炕。

乙 七圣庙。

甲 八大处。

乙 九道湾。

甲 十里堡。

乙　五魁手哇——

甲　六六顺哪——咱们这里猜拳来啦！

（据沙砾《北京地名学》改写，见《学汉语》1991年第1期）

（一）根据北京城是个方城，北京的地方地名都是对称的这一理论，
你能否标出下图中几个指定地点的地名？

（二）北京城是中国的首都，也是中国古代的王城，全城在布局上
是对称的，这代表了中国人的一种什么文化心理？

正月十五夜

（唐）苏味道

火树银花合，星桥铁锁开。

暗尘随马去，明月逐人来。

游妓皆秾李，行歌尽落梅。

金吾不禁夜，玉漏莫相催。

回答下面的问题：

1. 中国古代的律诗，绝句不仅字数有规定，而且上下诗句之
间还要求在句型、词类、词性上相同，称之为"对仗"（即

对称)。你能否用这一"对仗"的写作特点来分析上面这首五言律诗？

2. 请说说律诗、绝句这种文体的长处和它的局限性。

那　　个

正是下班的时刻下起了雨。因为没带雨具，十几位男女老少困在办公室焦急地等待雨停。

范迪古是带了雨衣的。天有不测风云，范迪古办事周到又从不嫌麻烦，雨衣是他的常备武器。然而，就在他准备打开提包取出雨衣高高兴兴地离开办公室的一刹那，没想到心里有些那个。在这样的时候，如果自己不管一屋的同事，在大家羡慕或者嫉妒（envy）的目光中离去，不是太那个了吗？

范迪古把手从提包上缩回，突然想到了一个好办法：把雨衣让给别人，一方面作了好事，另一方也免得自己那个。那么给谁呢？范迪古开始动脑筋了。科长，对，就是科长。科长坐在自己的对面，如果是别人，只要看一眼科长那让人尊敬的白发也会那个的。范迪古堆起笑脸要表示自己的意思，忽然又那个了。目前正传说单位要分新房子，这样做难免有那个之嫌。他迪古是个真正的男子汉，还不喜欢来那个的。实在对不起了，范迪古心里对科长说。

那么把雨衣让给刘姐吧，范迪古又想。刘姐比谁都显得着急，她得去幼儿园接儿子，去迟了阿姨会那个的。但是，迪古很快又否定了。现在男女之间稍微热情一些就要那个！这一屋十几位，他只把雨衣给她，更何况刘姐又长得太漂亮，这就一定会被别人那个的。刘姐呀，你的模样要是丑那么一点点，不就，不就那个了么？范迪古心里又说声请原谅。

那边大张在骂天。对，把雨衣让给大张。大张三十多岁了，现在又正那个。上午大张的那位第一次来电话，约大张下班后去看电影，叫人讨厌的雨下得大张围着桌子直转圈。范迪古觉得这是做好事的机会，可话到嘴边还是那个了。这大张平时很有些那个。说起来自己也算得上这办公室的老职工，可大张也太那个了，总是为一些小事弄得自己在众人面前丢面子，今天主动借给他雨衣，简直，简直算是那个。范迪古心里真有点儿生气了。

　　胖李、小赵、小高……范迪古脑子里迅速闪过一个个形象，又都一个个地那个，最后想到了老王。是啊，怎么没想起他来呢？老王是近邻，好友，知交，小小老百姓，岁数大，当然还是男的，把雨衣让给他，从哪方面看都合适，一定那个。范迪古终于坚决地把手伸向提包，同时很响亮地喊了声老王。老王正埋头看一本小说，被这一声突然的喊叫吓了一大跳，转过脸来莫明其妙地看着他。忽然，办公室椅子乱响，大家呼啦啦地站起来往门口走。范迪古抬起头看一眼窗外，妈的，雨已经那个了。

　　（据丁言《那个》改写，见《小小说选刊》1988 年第 5 期）

（一）、解释下列各句中"那个"的确切含义。

　　1. 在这样的时候，如果自己不管一屋的同事，在大家羡慕或嫉妒的目光中离去，不是太那个了吗？

　　2. 如果是别人，只要看一眼科长那让人尊敬的白发也会那个的。范迪古堆起笑脸要表示自己的意思，忽然又那个了。

　　3. 说起来自己也算得上这办公室的老职工，可大张太那个了，总是为一些小事弄得自己在众人面前丢面子，今天主动借给他雨衣，简直，简直算是那个。

　　4. 胖李、小赵、小高……范迪古脑子里迅速闪过一个个形象，又都一个个地那个，最后想到了老王。

　　5. 范迪古抬起头看一眼窗外，妈的，雨已经那个了。

（二）回答下面的问题：

　　1. 范迪古心里想不想把雨衣让给刘姐用？他在是不是把雨衣让给刘姐这件事上有什么顾虑？为什么会有这些顾虑？范迪古最

终有没有把雨衣让给刘姐？你是怎么知道的？

2. 看了这篇短文，请你谈谈范迪古是一个什么样的人？

3. 本篇课文最大的语言特色是什么？举例说明。

八、跨文化交际问题讨论

1. 甲乙二人从同一国家同一学校来到国外学习，过了一段时间，乙发现有一个人请甲去做客，却没有请自己，他会怎么想？

中国人——

你们国家的人——

2. 某人认识了来自同一国家并且同住一屋的甲和乙两人，但他只喜欢甲，想请甲做客，同时他会不会请乙？为什么？

中国人——

你们国家的人——

3. 丙想送礼物给甲，却发现甲乙两个好朋友同时在场，他会怎么办？

中国人——

你们国家的人——

4. 如果甲和乙都有孩子，丙称赞了甲的孩子以后，甲和丙会不会再称赞乙的孩子？

中国人——

你们国家的人——

5. 如果甲对乙和丙诉说自己生活中的烦恼，乙和丙为了安慰他会不会说自己也有差不多的烦恼？

中国人——

你们国家的人——

第二十课　手势和体态

为什么不喜欢对方

【Ⅰ】

　　南方某省，一个寒冷的冬天，玛丽的房间里来了两个中国男子，他们是玛丽的朋友。玛丽看见他们很高兴，然后把屋内的另一个朋友介绍给他们："这是克劳迪娅，我的朋友，刚到中国来。"克劳迪娅微笑着伸出了手，两个中国人看见她仍然坐在椅子里没有站起来，心里一阵不快，心想好大的架子！但还是伸出了手。克劳迪娅发现他们仍然戴着帽子，握手也只是微微伸出了手指，给人软弱、迟疑的感觉，这在她的国家是典型的死鱼式握手，这不禁使她十分反感：两个不懂礼貌的人。她脸上的笑容消失了。两个中国人坐下来和玛丽说着话，发觉克劳迪娅把双脚放在椅子上，头伏在膝盖上，他们不禁皱了皱眉头：她怎么这样放肆！而克劳迪亚也同时发现二人中的一人随手拿起桌子上她的书就开始翻起来，根本就不问问她同意不同意。"自高自大的家伙"，她生气地想。玛丽感觉到她的朋友互相都不喜欢对方，谈话的气氛很不融洽，但又不明白是为什么。

【Ⅱ】

　　克劳迪娅和两个中国青年的第一次交往失败了。这其实是两种不同文化的体态语引起的冲突。体态语包括面部表情、手势、站和坐的姿势、身体的动作和相互间身体的接触等等。体态语的不同与一个民族的生活环境、文化传统和风俗习惯有密切的关系。

从生活环境来看，中国的南方有的省冬天较冷，却没有暖气，人们没有进屋摘帽的习惯。此外，中国人口众多，从国外来的人会发现大街上人山人海，人与人之间的距离较小，中国人因为习惯了这种距离，常常成群结对地走，不会迅速地变成单行给对面的人让路；饭店里餐桌也很拥挤，很可能一张只限于坐8人的餐桌边实际上坐了10个人。也可能别人尚未吃完，就有人站在一旁等候空座位。如果你在一张空桌子旁边坐下来，你只对椅子有占有权，而不是对整个桌子或其他椅子有占有权。别人要坐在你的旁边可能看也不看你，因为他用不着向你表示歉意，假如你想为你的同伴占一个座位，必须在那个座位上放一样东西或是不停地告诉每个想坐这个座位的人：这里已经有人了。

【Ⅲ】

因为空间的距离小，又因为在映照性文化中人们常把熟人看作自己家庭的人，导致了他人和自己的界限不很分明，所以中国人常常会随意地看别人放在自己身边的小东西，比如，帽子、眼镜，特别是书。他们觉得为这点小事去征求主人的意见是多余的，太见外了。许多人翻看别人的东西丝毫没有轻视主人的意思，也没意识到有什么不好，而是一种自然的习惯，甚至还带有一点表示喜爱和赞赏主人的意思。物品的主人一般也容许别人这样做。

中国人把"喜怒哀乐不形于色"作为有教养、有礼貌的表现，这使得中国人的面部表情也与外国人有差别。中国人在交谈时的头部摆动、撅嘴、动眉毛、皱眉头、瞪眼睛等动作都比西方人少，也没有耸肩的动作。中国人在一般的熟人面前总是克制自己的感情，这常使外国人觉得不知道中国人在想什么，甚至认为他们的反应太迟钝，而对那些把内心的感情完全表现在脸上的外国人，中国人则感到他们太天真或是太放肆。因此，假如中国人把脸沉下来，不说话，甚至还皱了皱眉头的话，他所表达的不满可能比一般外国人想像的要强烈得多。

由于自谦和敬人的传统,中国人听到表扬时习惯性的反应是,脸上常常露出否定的不相信的表情,连连摇头;而他们对别人的称赞往往比其他文化的人更加热烈,这两方面都会使外国人误认为这些中国人不够真诚。

因为含蓄而又自尊,中国人常用眼睛示意,叫别人注意某事。对某些自己不愿意回答的问题会含糊其词或干脆沉默,如有人在饭店做客时觉得菜很好吃,就向主人打听这一桌菜花了多少钱。主人说他找了朋友,没花什么钱,没有正面回答,一般的人也就明白主人不愿意回答这个问题。若是还有人再问,主人也许笑笑:"没什么,没什么",或沉默不语或转移话题,中国人认为在这种时候沉默比直接说"我不想告诉你"更礼貌,而有的国家人则相反,认为听清了问话却表示沉默是对人极大的侮辱。

【Ⅴ】

因为含蓄,中国人身体的姿态也显得更为拘谨一些,一般来说,在公开场合特别是在陌生人或比自己地位高的人面前,坐姿要端正,从不将脚放在桌子上,也不会放在椅子的扶手上。这种动作和其他的仰卧姿态都会被看作无礼和不尊重他人。由于在中国没有"女士优先"的传统和习惯,女人在礼节上也应和别人一样,在被介绍给别人时,只要别人是站着的,她也应该站起来,否则就显得不尊重别人;在敬酒时被敬的人也应和敬酒的人一样站起来表示感谢。

【Ⅵ】

由于中国存在男女交往的传统禁忌,异性之间的身体接触有着严格的限制。除了偶尔握手以外,身体其他部分都不可任意接触。有的外国学生高兴时喜欢把手搭在异性的中国朋友或教师的肩膀上说话,常令这些中国人感到很不好意思。同性之间的接触则没有什么特别的含义。外国男学生一旦发觉他们的男朋友想要拉他们的手或搂住他们的肩,总是马上拒绝,而中国小伙子的这种行为仅仅表示友好，没有特别的意思。而中国人看见外国男女经常拥抱，特别是在告别时要拥抱甚至亲吻面颊，往往觉得很难接受却又不好意思拒绝，常常弄得极不自然，面红耳赤。

总之，不同的文化有不同的行为方式，不同的体态语，希望你注意观察，以免像克劳迪娅和两个中国青年那样彼此误解。

生　　词

1. 手势 shǒushì　　（名）　表示一定的意思的手的动作，如招手等：他俩远远看见，互相用～打招呼；交通警用～指挥交通。（gesture）

2. 体态 tǐtài　　（名）　身体的形态：～安详；～优美。（posture）

3. 架子 jià·zi　　（名）　指高傲、看不起别人的心理和做法：你有什么了不起?别在人面前摆～；官～。（haunty manner）

4. 软弱 ruǎnruò　　（形）　性格不坚强，没有力量：那人太～，遇到困难就害怕；人不能～，要敢于保护自己的利益。（weak，feeble）

5. 迟疑 chíyí　　（形、动）　行动缓慢犹豫、不知道是应该做还是不应该做：到底去不去呢？他有些～。（hesitant）

6. 不禁 bújìn　　（形）　忍不住：听了他的话，大家都～哈哈大笑起来。（can't help）

7. 发觉 fājué　　（动）　发现、觉察到：到了火车站，约翰才～火车票忘在宿舍里了。（find，discover）

8. 膝盖 xīgài　　（名）　大腿与小腿连接处的关节部分：～

碰到椅子上，碰痛了；～弯曲着。
(knee)

9. 皱 zhòu （动、形） （纸、布、皮等）不平：～眉头；脸
上有～纹；衣服压～了。(creased)

10. 眉头 méi·tou （名） 眉，眉毛。生在两只眼睛上方的两
道弯弯的毛：皱着～考虑问题。
(eyebrow)

11. 放肆 fàngsì （形） 言行不顾礼貌，不受约束：说话不
要太～，别什么鬼话都说。(unbri-
dled，wanton)

12. 自高自大 （形） 自己认为自己很了不起：他是个～
zì gāo zì dà 的人，非常骄傲。(self－conceited，
arrogant)

13. 家伙 jiā·huo （名） 指某个人（些）人，带有厌恶、不
满或亲热的开玩笑语气：那～真讨
厌，别人在休息他把收音机开得那
么响；那些～都不是好东西；你这
～，躲哪儿去了？我找了你半天。
(guy)

14. 融洽 róngqià （形） 彼此关系好，感情不疏远：关系～，
两人一见如故，谈得很～。(harmo-
nious，on friendly terms)

15. 姿势 zīshì （名） 身体表现出的样子（也写作"姿
式"）：坐的～；看书的～；跑的～
很好看。(posture，gesture)

16. 拥挤 yōngjǐ （形） 非常挤：车上人太多，很～；电影
结束了，人们～着走出电影院。
(crowded)

17. 歉意 qiànyì （名） 抱歉的意思：他带着～说："对不起"。(apology，regret)

18. 假如 jiǎrú （连） 如果：～天气不好，我们还要出去旅游吗？(if)

19. 同伴 tóngbàn （名） 在一起做某件事的人：找个～一起出去玩儿。(companion)

20. 随意 suíyì （形） 随便：挑自己喜欢的～吃，别客气。(at will)

21. 多余 duōyú （形） 多出来的，不必要的：只要三个就够了，另外两个是～的。那事我已经告诉他了，你再去告诉他就是～了。(unne cessary)

22. 意识 yìshí （动） 感觉，发现：话一说出口，王迪就～到自己不该说。我问她多大年纪，她反问："你看呢?"我～到她大概不愿意告诉我。

 （名） 想法，观念：主观～；公众～。(realize，thought)

23. 丝毫 sīháo （形） 一点儿，形容非常少：我对打牌～不感兴趣；他坐在那儿～不动。(a bit)

24. 容许 róngxǔ （动） 准许，同意：有事请假是～的；考试时不～看别人的答案。(allow，permit)

25. 耸 sǒng （动） （肩膀、肌肉等）往上动：～～肩 (shrug)

26. 撅 juē （动） 翘起：～嘴巴；～尾巴。(stick up)

27. 克制 kèzhì　　　（动）　压住心中的感情，不表现出来：～
　　　　　　　　　　　　住心中的怒火，尽量平静地说话。
　　　　　　　　　　　　（restrain）

28. 迟钝 chídùn　　（形）　反应或行动很慢：他真～，我说了
　　　　　　　　　　　　半天他还没明白；他说话很～，一
　　　　　　　　　　　　个字，一个字地说半天，还是没有
　　　　　　　　　　　　说完整。（slow, obtuse）

29. 示意 shìyì　　　（动）　用行动等暗中告诉别人什么意思：
　　　　　　　　　　　　见了面，互相点头～；他对我摇摇
　　　　　　　　　　　　头，～我别说话。（signal, hint）

30. 含糊 hán·hu　　（形）　不清楚：意思～别人听不明白。
　　　　　　　　　　　　（ambiguous）

31. 转移 zhuǎnyí　（动）　改变，换一个地方：～别人的注意
　　　　　　　　　　　　力；～视线。（shift, transfer）

32. 姿态 zītài　　　（名）　姿势，态度：平静的～；～优美。
　　　　　　　　　　　　（posture, attitude）

33. 拘谨 jūjǐn　　　（形）　行动不随便，很小心：在这么多人
　　　　　　　　　　　　面前，小赵有些～，不敢随便说话、
　　　　　　　　　　　　走动。（over cautious, reserved）

34. 扶手 fúshǒu　　（名）　椅子两旁放手的支架或楼梯旁的栏
　　　　　　　　　　　　杆：沙发两旁各有一个～；扶着楼
　　　　　　　　　　　　梯的～慢慢往上走。（handrail）

35. 任意 rènyì　　　（形）　想干什么就干什么，非常随便：～
　　　　　　　　　　　　走动；小心汽车，别让孩子～乱跑。
　　　　　　　　　　　　（wantonly, wilfully）

36. 含义 hányì　　　（名）　所包含的意思：在中国农村很多人
　　　　　　　　　　　　家把"福"字倒过来贴在门上，它
　　　　　　　　　　　　的～是"福倒（到）"，也就是福气

到来的意思。　　　　（meaning,
implication）

37. 搂　　lǒu　　　　（动）　　抱：妈妈把孩子～在怀里；两人～
着走。（hug, embrace）

38. 面颊 miànjiá　　　（名）　　脸蛋儿，眼睛下面，鼻子嘴巴两旁
的部分：～冻得红红的。（cheek）

练　习

一、解释下列词语：

1. 体态语

2. 人山人海

3. 成群结队

4. 含糊其词

5. 沉默不语

二、填空：

中国还有许多其他的　1　，例如努嘴，是指示方向，　2　
不是飞吻。点头，　3　是表示同意，有时是表示打招呼：看见你
了，你好，而不是自高自大。大拇指朝上往前指，表示"很好"，
"太棒了"；往后指，也是　　4　　方向。小手指朝上往前指，则
　5　"不怎么样"，"最差了"。用食指在头的一侧，耳朵上边划
圈圈，　6　是"让我们想想"。　7　用手抓头皮　8　"怎么办
呢？让我想想办法。"拍肩，老年人拍年轻人的肩　　9　　亲热，
　10　年轻人却不可拍老人的肩，　11　那样显得不敬。　12　
大人可以摸小孩的头，但不可以摸成人的头。

三、造句：

1. 不禁

①看见他干这种坏事，人们＿＿＿＿＿＿＿＿。

②听到那个好消息，＿＿＿＿＿＿＿＿。

③_____，老王不禁气得大骂起来。

④_____，大家不禁鼓起掌来。

2. 架子

①老王虽然当了官，但_____。

②他处处喜欢摆架子，_____。

③你不要_____。

④我不喜欢_____。

3. 意识

①当他问哈里年龄的时候，_____。

②玛丽_____，马上转移了话题。

③她没有意识到_____。

④我终于意识到_____。

4. 示意

①他用手势向那个孩子示意_____。

②我对他摇摇头，_____。

③他拍了我一下，_____。

④他用眼睛_____。

四、把下面的词语和句子连接成一段话。

①有一天　　②才发现不知什么时候衣服的纽扣掉了一个　　③如果他们觉得别人有什么不适当的地方　　④常常用眼睛示意而不直接说出来　　⑤中国人的含蓄和人情味也表现在体态语上　　⑥还有一次　　⑦比如　　⑧发现一个老朋友看看我又看看我的衣服　　⑨我走进一个会议室　　⑩我低头一看　　⑪当我刚说完一句话的时候　　⑫我发觉我的朋友在对面眨了眨眼睛　　⑬总之你会发现人们的眼睛是会说话的　　⑭我明白我刚才说错了话，立刻不做声了

答案：⑤⑦_____

五、给课文的六个段落加上适当的标题。

[Ⅰ]

[Ⅱ]

[Ⅲ]

[Ⅳ]

[Ⅴ]

[Ⅵ]

六、语段训练

请你自己设计一个语段框架，并运用你已经学过的句际组合方法和下列词语说一段话，谈谈下面的某个问题：

1. 中国或你们国家的某种体态语
2. 中国与你的国家在体态语方面的不同
3. 你所遇到的由于体态语而产生的误解

> 手势　体态　自高自大　发觉　不禁　姿式
> 随意　意识　容许　克制　示意　含义
>
> （本课新词语）

七、文化情景读和说

下面的五段短文，显示了不同文化的体态语对交际的影响。快速阅读，然后回答短文后边的问题。

在公共汽车上

乔治乘公共汽车去西双版纳旅游，上车后他在一个中国人旁边坐下来，随手掏出一份《中国日报》(China Daily) 看了起来。看着看着，他发觉旁边的中国人向他靠近了一些，又靠近了一些，然后把头凑过来看他的报纸。乔治感到很奇怪：这是我的东西，你怎么能不征求我的意见就看呢？但他不想为这事得罪人，就忍耐着继续往下看。看完第一版后,他打算翻过来看第二版,但那个中国人打了一个手势,微笑着用英语说,请等一等。原来他还没看完。乔治看了看他那友好的态度,知道他不是在表示对自己的无礼,可对他这种看报纸的行为实在不理解。

回答下面的问题:

　　1. 为什么这个中国人这样做?

　　2. 乔治为什么不理解这个中国人的行为呢?你呢?

照　　相

　　九月三十日晚,校长举行国庆招待宴会,招待校内的外国专家、留学生和我们留学生部的全体教师。留学生大多是新来的,虽然我只教了他们两周课,但已和大部分学生搞熟了。

　　我们吃着谈着,校长到每张桌前来敬酒,他们也去各张桌上敬酒,渐渐地,宴会的气氛越来越热烈。当大家差不多都吃饱了的时候,学生们拿着相机开始照相,这时我们班的两个女学生索菲和克劳迪娅跑过来,说要与我合影,我当然不好拒绝。克劳迪娅拿着相机,索菲先和我照,照时她突然把手搭在我的肩膀上。我的脸上火辣辣的,我看见同桌的中国教师在笑我,但我不好意思叫索菲把手拿开,就这样我照了一张。然后克劳迪娅又挽着我的胳膊照了一张,我还是不好意思把胳膊抽回来。她们俩走后,同桌的中国教师笑着说:"小黄,如果刚才你的妻子也在这儿,就有意思了。"我嘴里说着:"她在这儿也没关系。"心里却在想,这两张照片不但不要让我的妻子看见,最好也别让其他的人看见,否则,人家会怎么想呢?

回答下面的问题:

　　1. 为什么小黄不愿意索菲把手搭在他的肩膀上,却又不好意思叫她把手拿开?

　　2. 为什么小黄认为这两张照片最好不要给其他人看见?

谁 不 严 肃

阿迪和严林已经是好朋友了，所以说话也就直截了当，这天，他们为"到底谁不严肃"这个问题争论起来，争得面红耳赤。

阿迪说："你说我们西方人太随便，不严肃，我认为你们才是这样呢。举个例子吧，你们看戏的时候，如果戏演得不吸引人，就会有人说话、吃东西，东看西看，走来走去，剧终时演员出来谢幕，你们不但不向台上扔鲜花、鼓掌，很多人就先离场。这不是太不严肃了吗？对演员也很不尊重。我们到了剧场就像到了教堂，不管戏演得怎么样，人们都坐得端端正正，决不会有人像你们中国人那样。"

严林笑了："剧场是娱乐的地方，当然可以随便些，放松些，不需要那么严肃。再说这也和中国的传统有关。中国传统的剧场同时又是茶馆，人们一边听戏一边喝茶吃点心，一边高声喝彩（Cheer，acclaim），也可以随意走来走去，进进出出，干吗要像在教堂一样呢？我觉得你们不严肃也不是没有根据的，比如说，你们在课堂上就太随便，外籍教师有时坐在桌子上上课，学生呢则穿着背心，拖鞋就来上课了，有的还吃东西，把脚翘得高高的，太放肆了。这不但表明他上课不认真，也表明他们对教师不尊重。我们中国人不论教师还是学生一进课堂总是严肃认真，坐得端端正正的。只有教师可以喝点水，学生是不可以吃东西的。

阿迪：那我们的习惯就是跟你们相反，课堂就应该是生动活泼、可以随便的地方，用不着那么严肃的，你的例子不能说明问题。

严林：你的例子也不能说明问题。

（他们双方互相看看，好像突然明白了什么，一起都笑了。）

回答下面的问题：

1. 用你自己的话说说中国人在剧场的行为，并解释他们为什么有这样的行为？

2. 西方人在课堂上表现如何？为什么？

3. 阿迪和严林最后都明白了什么？

用一只手表示 10 个数

你知道吗？中国人常用一只手来表示 0—9 这样 10 个数字。例如，用食指和大拇指捏成一个圆形，表示零，这个手势很像阿拉伯数字的零；只伸出一个食指，表示一；再加上一个中指表示二；把食指和拇指捏在一起，伸出中指、无名指、小指，表示三；再加上个食指，表示四；五个指头全部伸出，也就是张开手掌，表示五。

五以上的数字怎么表达呢？中国人用大拇指代表五，伸出大拇指和小手指表示六；伸出大拇指和食指、中指表示七；伸出食指和大拇指表示八，这个手势很像汉字的"八"；伸出一个食指做成弯钩状，表示九，这个手势有点像阿拉拍数字的"9"。这样零到九这十个数字用一只手就表示清楚了。

那么"十"如何表示呢？有的人仍用一只手，捏成一个拳头来表示十，更多的人用两只手，把两手的食指相交成汉字的"十"字。

回答下面的问题：

1. 中国人怎样用一只手表示"六、七、八、九"？

2. 你如何用手势表示 1—10？

握手的差别

握手留给人的第一印象是很重要的。英语国家的人认为握手有五种含义：沉着有力的握手、用力过猛的握手、微伸手指的握手、死鱼式握手和政客式握手。他们认为只有第一种握手是尊敬人、礼貌适当的。而中国人却会感到它有些过分，把它看成是第二种用力过猛的握手；反过来，由于中国人把不碰触或轻轻碰触他人看作有礼貌，所以中国人的礼貌式握手，英语国家的人又会误以为是死鱼式握手，太软弱无力了。

另一个常见的区别是：英语国家礼节性的握手是两人以手相握，然后马上松开，两人身体的距离也马上拉开。中国人的礼节性握手却是两人先握一下手，然后相互靠近，再过一会儿才会慢慢松开。这两种不同的动作常会造成误会。中国人误认为英语国家的那种握手是表示冷淡、疏远；而英语国家的人则感到中国人的握手过于热情，过分亲近。总之，双方都感到难以接受。

了解了握手的差别后，也许我们能够避免产生不好的第一印象，顺利地进行跨文化交流。

（节选自《中国和英语国家非语言交际对比》第22—26页。[美] 莱杰·布罗斯纳安著，北京语言学院出版社1991年第1版）

八、跨文化交际问题讨论

1. 一个人走进了朋友的房间，发现桌上有一本很好看的书，这时他会怎样做？为什么？

中国人——

你自己——

2. 一个妇女被介绍给地位差不多的男人时，她会怎么样？为什么？

中国人——

你自己国家的人——

3. 一张餐桌边已经坐了一个人，另一个人也想坐在那儿，他会怎么做？为什么？

中国人——

你自己——

4. 小伙子们手拉着手或互相搭着对方的肩膀表示什么意思？

中国人——

你们国家的人——

5. 小伙子和姑娘手拉着手在街上走，表明他们之间是什么关系？

中国人——

你们国家的人——

生词汉法对照

第一课

生　词

1. 客套　　　formule de politesse
2. 礼节　　　cérémonie
3. 闹笑话　　être un objet de risée
4. 误解　　　mal interpréter
5. 同事　　　collègue
6. 直截了当　sans détour
7. 堆　　　　entasser
8. 挑选　　　chaisir
9. 谢绝　　　refuser poliment
10. 心意　　　bonne intention
11. 千方百计　par tous les moyens
12. 礼让　　　céder par courtoisie
13. 总之　　　en un mot
14. 独特　　　particulier
15. 告辞　　　prendre congé de
16. 西服　　　costume européen
17. 难得　　　rarement (ad.), difficile à obéir (vi.)
18. 串门儿　　rendre visite
19. 焦急　　　impatient, pressé
20. 赶忙　　　en hâte, rapidement
21. 表情　　　expression des sentiments

22. 不是吗	n' est - ce pas
23. 预先	d'avance
24. 知趣	avoir du tact
25. 行为	acte, action
26. 再说	de plus. en outre
27. 见怪	prendre en mauvaise part

第二课

生　词

1. 管闲事	se mêler de ce qui ne (nous, vous) regarde pas
2. 愣	être stupéfait
3. 挣	gagner
4. 舍不得	être extrêmement attaché à qqch.
5. 舍得	abandonner de bon gré
6. 独自	seul
7. 玩具	jouet
8. 干吗	pourquoi
9. 隐私	vie privée
10. 映照	comparer, contraster
11. 以便	pour que
12. 询问	questionner, interroger
13. 时时	souvent, à tout moment
14. 异性	du sexe opposé
15. 称呼	s'appeler (v. pr), appellation (n.)

16. 竟然	qui aurait pu croire que
17. 辈	génération
18. 称谓	titre
19. 亲热	chaleureux，intime
20. 尊重	respecter
21. 长幼	jeune et vieux
22. 难怪	il serait difficile de（lui en）faire grief（v.）il n'y a rien d'étonnant
23. 冤枉	porter un jugement injuste sur qqn. accuser faussement
24. 好奇	curieux
25. 围观	entourer et regarder
26. 评论	commenter
27. 指点	critiquer qqn. dans son dos，conseiller
28. 干涉	intervenir，s'immiscer dans
29. 侵犯	violer
30. 善恶	bon et mauvais
31. 咳	Zut！Aï！Hélas！

第三课

生　词

1. 编辑	rédiger（v.）rédacteur（n）
2. 夸	louer
3. 敬意	respect

4. 谦虚　　　modeste

5. 美德　　　vertu parfaite

6. 流传　　　se répandre, circuler

7. 成语　　　locution fixe

8. 自满　　　plein de soi, suffisant

9. 鄙　　　　mon

10. 贱　　　　mon

11. 书籍　　　livre

12. 赞美　　　louer, faire l'éloge de

13. 丰盛　　　abondant et bon

14. 可口　　　savoureux

15. 明明　　　manifestement, il est évident que

16. 交往　　　fréquenter, se fréquenter

17. 以…为　　prendre qch. comme

18. 准则　　　règle, principe

19. 吹捧　　　flatter

20. 似乎　　　comme si, on dirait que, il semble que

21. 淡化　　　relativiser

22. 功劳　　　mérite, contribution

23. 分明　　　évidemment, certainement

24. 有限　　　limité, peu nombreux

25. 归　　　　rentrer, rendre

26. 显示　　　manifester, montrer

27. 优势　　　supériorité

28. 雇　　　　engager, embaucher

29. 差别　　　différence

30. 应聘　　　chercher un travail

31. 自信　　　être sûn de soi, avoir confiance en soi

32. 参考	consulter, se référer à
33. 其实	en réalité
34. 把握	certitude (de la réussite), saisir
35. 来往	aller et venir
36. 反而	au contraire
37. 不安	inquiet

第四课

生　词

1. 人情	sentiment humain, considérations per sonelles, faveur
2. 白血病	leucémie
3. 捐	donner, contribuer, faire don de
4. 采购	acheter
5. 照应	prendre soin de, s'occuper de
6. 和气	gentil, aimable, sympatique
7. 调动	muter, déplacer, déployer
8. 见外	considérer qqn. comme un étranger
9. 行业	métier, profession
10. 陌生	inconnu
11. 打交道	avoir affaire à qqn.
12. 碰钉子	se heurter à un refus, tomber sur un bec
13. 老乡	compatriote
14. 甚至	tellement ... que, à tel point que

15. 吃亏　　　　subir les inconvénients

16. 亲密　　　　intime, familier

17. 礼尚往来　　à la courtoisie répond la courtoisie

18. 走后门　　　par piston, se faire pistonner, recherche des
　　　　　　　　passe - droits

19. 风气　　　　terdance, inclination

20. 负担　　　　se charger de, prendre la responsabilité de,
　　　　　　　　fardeau, charge matériel ou psychologique

21. 丧　　　　　perdre, funérailles

22. 亲眼　　　　de ses propres yeux

23. 总共　　　　en tout, au total

24. 吃不消　　　insupportable

25. 简直　　　　tout à fait

26. 糟　　　　　raté, manqué, Zut! Dommage!

27. 人际　　　　entre les personnes

28. 角色　　　　rôle

29. 居民　　　　habitant, population

30. 组成　　　　former, composer

31. 亲　　　　　intime

32. 疏　　　　　distant

33. 交情　　　　amitié, relations d'amitié

练　　习

1. 柜台　　　　comptoir

2. 名目　　　　nom, titre

3. 障碍　　　　obstacle

第五课

生 词

1. 含蓄　　　implicite
2. 情感　　　sentiment
3. 开怀　　　joyeux
4. 神情　　　air
5. 惊讶　　　(être) surpris，(être) étonné
6. 难以　　　difficile à
7. 将军　　　général
8. 作战　　　se battre，combattre
9. 下棋　　　jouer aux échecs
10. 等候　　　attendre
11. 镇静　　　calme
12. 若　　　　si
13. 前方　　　avant，front
14. 一旁　　　côté
15. 打仗　　　faire la guerre，se battre
16. 顿时　　　immédiatement
17. 忍不住　　ne pouvoir s'empêcher de
18. 奔　　　　courir
19. 不知不觉　sans s'en apercevoir
20. 一向　　　depuis toujours
21. 喜悦　　　joyeux

22. 悲哀　　　triste

23. 欢乐　　　joyeux

24. 欣赏　　　admirer

25. 为…所…　que...serve... (que l'ancien serve l'actuel)

26. 失掉　　　perdre

27. 风度　　　allure

28. 暴露　　　se démasquer

29. 妥当　　　convenalle

30. 坦率　　　franc

31. 不满　　　mécontent

32. 吵架　　　se disputer, se quereller

33. 伤害　　　blessé

34. 一一　　　un à un

35. 目光　　　regard, vue

36. 场合　　　circonstance

37. 吻　　　　baiser

38. 依依不舍　ne pas vouloir se séparer

39. 意味着　　signifier, vouloir dire

40. 色彩　　　couleur

41. 鲜艳　　　joli, éclatant

42. 式样　　　mode, modèle

43. 比喻　　　métaphoriser

44. 宁静　　　calme, tranquille

45. 波浪　　　vagues

46. 围墙　　　mur d'enceinte, mur de clôture

47. 真诚　　　sincère

48. 友情　　　amitié

1. 玫瑰　　　　　rose
2. 名片　　　　　carte de visite
3. 羽毛球锦标赛　championnat de badminton
4. 收集　　　　　collectionner, recueillir

第六课

生　词

1. 见解　　opinion
2. 错别字　caractère erroné et caractère utilisé à tort.
3. 委婉　　euphémique
4. 不足　　insuffisance
5. 严厉　　sévère
6. 责备　　réprimander
7. 除非　　à l'exception, sauf
8. 权力　　pouvoir
9. 面子　　face, apparence
10. 温和　　tiède, doux
11. 身分　　position sociale ou juridique
12. 乐意　　vouloir avec plaisir, être satisfait
13. 冷淡　　froid, sans empressement
14. 即使　　même si, bien que
15. 侮辱　　déshonorer
16. 发火　　se fâcher

17. 弊病　　　　abus，défaut

18. 官僚主义　　bureaucratisme

19. 聚　　　　　rassembler，se réunir

20. 遭　　　　　subir，éprouver

21. 反驳　　　　réfuter

22. 惊奇　　　　surpris，étonné

23. 住宅　　　　maison d'habitant

24. 本身　　　　soi‑même，propre

25. 若　　　　　si

26. 本人　　　　je，moi，soi‑même

27. 尊严　　　　dignité

28. 轻视　　　　dédaigner，sous‑estimer

29. 一旦　　　　si un jour，si jamais

30. 同胞　　　　compatriote

31. 动机　　　　motif，intention

32. 气愤　　　　se fâcher，s'indigner

33. 免得　　　　éviter，échapper à

34. 敏感　　　　sensible

35. 愈…愈…　　plus … plus…

36. 慎重　　　　prudent

37. 轻易　　　　facile，à la légère

38. 即便　　　　même si，même quand

39. 假装　　　　feindre，faire semblant de

40. 思念　　　　penser avec affection à

41. 无所谓　　　s'en foutre，être indifférent

42. 神色　　　　air，physionomie

43. 借机　　　　profiter d'une occasion

44. 过分　　　　exagéré，excessif

45. 固执已见　s'en tenir fermement à son opinion première

46. 恶意　malveillance

练　习

1. 文化休克　avoir un choc de culture

第七课

生　词

1. 利　argent, monnaie

2. 个体户　travailleur (ou famille) individuelle

3. 结　régler

4. 帐　compte

5. 对半分摊　répartir (des frais) en deux moitiés

6. 彼此　l'un et l'autre

7. …似的　comme

8. 何必　pourquoi

9. 各自　soi-même, chacun

10. 饮料　boisson

11. 照样　sur le modèle

12. 赠送　offrir en présent

13. 要好　être en bons termes

14. 花费　dépenser, frais

15. 掏腰包　payer

16. 讨价还价　mener des marchandages avec qqn.

17. 面红耳赤　rougir jusqu'aux oreilles

18. 满腔　　　　être plein de

19. 面孔　　　　visage

20. 欺负　　　　malmener, maltraiter

21. 不像话　　　inqualifiable, abusif

22. 国营　　　　(entreprise) financée par l'Etat

23. 固定　　　　fixer, fixe

24. 不择手段　　mettre en oeuvre tous les moyens pour arriver à
　　　　　　　　ses fins

25. 追求　　　　rechercher, courir après une personne de
　　　　　　　　l'autre sexe

26. 金钱　　　　monnaie, argent

27. 罢了　　　　sans rien d'autre que

28. 大方　　　　généreux, large, naturel, sobre

29. 斤斤计较　　accorder trop d'attention à ses intérêts jusqn
　　　　　　　　'aux moindres détails

30. 中　　　　　atteindre le but, être affecté de

31. 收集　　　　collectionner

32. 障碍　　　　obstacle

33. 催　　　　　presser, hâter

34. 品质　　　　moralité, qualité d'un objet

35. 高尚　　　　sublime, noble

36. 情义　　　　affection, bonne volonté

37. 品德　　　　moralité

38. 低下　　　　bas, inférieur

39. 看重　　　　estimer, apprécier

40. 以免　　　　pour éviter

41. 教养　　　　éducation

42. 赚　　　　　gagner l'argent

43. 艺术家　　artiste
44. 报酬　　　rétribution
45. 争吵　　　se quereller, se disputer
46. 以致于　　tellement que
47. 法院　　　tribunal, cour de justice
48. 声誉　　　réputation
49. 零用钱　　argent de poche

第八课

生　　词

1. 意在言外　l'idée est sous - entendu, parler à mots cou-
verts

2. 请教　　　demander un renseignement

3. 名著　　　chef - d'oeuvre

4. 格外　　　extrêmement, extraordinairement

5. 无可奈何　être à bout de ressources, pas moyen de faire
autrement

6. 回　　　　épisode (d'un roman de type traditionnel)

7. 土　　　　local

8. 出洋相　　donner dans le ridicule

9. 无疑　　　indubitable, sans aucun doute

10. 唠叨　　　radoter, bavard

11. 废话　　　paroles oiseuses

12. 嫌　　　　être mécontent de, prendre on grippe

13. 罗嗦　　　compliqué, radoter

14. 况且　　　de plus, en outre

15. 拐弯儿　　parler avec détours

16. 万一　　　au cas où, si toutefois

17. 推说　　　prétexter, s'excuser

18. 手头　　　à portée de la main situation économique d'une personne

19. 开口　　　se mettre à parler

20. 体面　　　honorable, dignité

21. 撒谎　　　mentir, faire un mensonge

22. 谅解　　　pardonner

23. 猜想　　　deviner, supposer

24. 得意　　　être infatué, satisfait

25. 总而言之　en un mot, bref

26. 修养　　　formation, capacités, contenance

27. 味　　　　goɒt

28. 幸亏　　　par chance, heureusement

29. 得罪　　　offenser, blesser

30. 可见　　　ainsi, c'est dire, c'est la preuve que

31. 绕圈子　　tourner autour du pot

32. 脸色　　　mine, trait du visage

33. 口气　　　ton, sous - entendu

34. 未必　　　pas nécessairement

35. 心理　　　psychologie, mentalité

36. 推销　　　écouler

37. 反感　　　répugnant, détestable

38. 原先　　　au début, à l'origine

39. 特征　　　caractéristique, particularité

40. 厌烦　　　s'ennuyer, se lasser

练　习

1. 侄儿　　　neveu (fils du frère)
2. 正好　　　convenable, juste à point
3. 丫头们　　servantes
4. 骆驼　　　chameau
5. 寒毛　　　duvet
6. 检讨书　　écrit de mea - culpa

第九课

1. 黄昏　　　crépuscule
2. 至于　　　à tel point que, quant à
3. 大都　　　la plupart
4. 忍受　　　subir, endurer
5. 分离　　　séparer, quitter
6. 漫长　　　long
7. 分手　　　se séparer
8. 分居　　　habiter séparément
9. 令　　　　faire faire
10. 貌　　　　physionomie, apparence
11. 才能　　　capacité
12. 贫穷　　　pauvre, indigent
13. 不顾　　　sans tenir compte de, ne pass'occuper de
14. 宁可　　　de préference, plutôt
15. 贫苦　　　pauvre, indigent
16. 钱财　　　argent, richesse

17. 占有	prendre possession, occuper
18. 朝	matin
19. 暮	crépuscule
20. 天下	monde entier
21. 眷属	les siens, parents
22. 长久	pour longtemps
23. 浪漫	romantique
24. 看重	estimer, apprécier
25. 亲情	sentiment parmi les proches parents
26. 抛弃	abandonner
27. 青春	jeunesse
28. 生存	exister
29. 忍耐	endurer
30. 富有	riche
31. 清高	avec hauteur et distance
32. 清贫	pauvre
33. 卷	tome, volume
34. 拿…来说	citer l'exemple de
35. 电子	électron
36. 冲击	heurter
37. 预言	prédire, prédiction
38. 继承	hériter

第十课

1. 等级	catégorie, classe, hiérarchie, rang
2. 观念	conception, idée, notion

3. 征婚　　　demander conjoint(e)

4. 启事　　　annonce, avis

5. 户口　　　dénombrement des habitants

6. 科室　　　services administratifs

7. 优惠　　　preférentiel, favorabe

8. 丰收　　　faire nne bonne récolte

9. 稳定　　　stabiliser, stable

10. 副食　　　aliments secondaires

11. 如此　　　tel, ainsi

12. 就业　　　trouver un travail, prendre un emploi

13. 保障　　　assurer, assurance

14. 待业　　　attendre de trouver un travail

15. 居住　　　habiter

16. 设施　　　installations, ouvrage

17. 幼儿园　　jardin d'enfants

18. 迁　　　　transférer

19. 集镇　　　bourg

20. 怪不得　　il n'est pas étonnant que, rien d'étonnant si

21. 经营　　　entreprendre, gérer

22. 保险　　　assuré, assurance

23. 退休　　　retraiter

24. 待遇　　　traitement, rémunération, avantages matériels

25. 自负盈亏　entreprise assumant ses profits et pertes

26. 脑力　　　intellectuel

27. 体力　　　force physique

28. 职务　　　charge, fonction

29. 一律　　　sans exception

30. 反正　　　malgré tout, de toute faнon

31. 优先　　　préférentiellement
32. 舞厅　　　salle de danse
33. 理　　　　répondre, saluer
34. 界限　　　ligne de démarcation, limite, frontière
35. 亲近　　　proche, intime familier, fréquenter

第十一课

1. 大模大样　se donner de grands airs
2. 渴望　　　brûler d'envie de
3. 容　　　　permettre, autoriser
4. 债　　　　dette
5. 筹办　　　prendre des dispositions pour
6. 舒畅　　　joyeux, gai
7. 偏偏　　　(1)délibérément, obstinément(en parlant d'une personne qui prend une attitude contrariante) (2)par une coïncidence (malheureuse, fâcheuse) contre toute attente
8. 愚蠢　　　bête, sot
9. 闲话　　　bavardage, cancans, médisances
10. 类似　　　semblable
11. 支配　　　disposer, contrôler
12. 评价　　　évaluer, évaluation
13. 时常　　　souvent
14. 消极　　　passif, négatif, découragé
15. 公众　　　public
16. 舆论　　　opinion publique

17. 当事人　　les intéressés

18. 懊丧　　　découragé, démoralisé

19. 压力　　　pression

20. 在于　　　dépendre de

21. 平衡　　　équilibrer

22. 普及　　　généraliser, s'étendre à tous

23. 导致　　　conduire à, aboutir à

24. 供不应求　l'offre ne satisfait pas la demande ne pouvoir

　　　　　　satisfaire les besoins

25. 不解　　　ne pas comprendre

26. 攀比　　　comparer (sens péjoratif)

27. 一旦　　　si un jour, brusquement

28. 孤立　　　seul, isoler

29. 出头　　　se présenter, intervenir

30. 蜻蜓　　　libellule

31. 志愿　　　volontairement, désir, volonté

32. 日益　　　de jour en jour, peu à peu

33. 竞争　　　rivaliser, concurrencer

34. 施展　　　déployer, faire valoir

35. 缓慢　　　lent

36. 毕竟　　　enfin de compte, après tout

练　习

1. 时髦　　　à la mode

第十二课

1. 主持　　　presider, préconiser

2. 缩小	réduire, diminuer	
3. 功能	fonction	
4. 就	se consacrer à, s'approcher de	
5. 率	taux	
6. 面临	être confronté à, être aux prises avec	
7. 外部	extérieur, apparence	
8. 面对	en face de	
9. 难题	question difficile, problème	
10. 悲伤	s affliger	
11. 折磨	tourmenter, épreuves, torture	
12. 报	payer de retour, rendre grâce à	
13. 恩	bonne grâce, faveur	
14. 畸形	difformité	
15. 维持	maintenir, entretenir	
16. 迫害	persécuter	
17. 乡村	campagne, région rurale	
18. 娶	prendre femme, épouser	
19. 艰难	difficile, dur	
20. 难	malheur, calamité	
21. 良心	conscience, sens moral	
22. 配偶	conjoint, époux	
23. 谨慎	prudent, circonspect	
24. 性	sexe	
25. 丑	laid, vilain, scandaleux	
26. 名声	réputation	
27. 游戏	jeu, amusement	
28. 财富	richesse, ressources	
29. 分担	partager	

30. 同工同酬　à travail égal, salaire égal
31. 权利　droit
32. 依赖　se subordonner à, dépendre
33. 冲突　entrer en conflit avec, conflit, être en contra-diction avec
34. 孝顺　pieux
35. 免得　éviter
36. 当面　en présence de, ouvertement
37. 顶撞　heurter (par ses paroles)
38. 义务　devoir, obligation
39. 凡是　tout, tous, chaque, quiconque
40. 虐待　maltraiter, brutaliser
41. 谴责　condamner, stigmatiser
42. 制裁　appliquer des sanctions contre
43. 达　réaliser, arriver
44. 出息　promettre beaucoup, (avoir) de l'avenir
45. 阻碍　empêcher, obstacle, empêchement
46. 实施　exécuter, pratiquer
47. 合不来　s'entendre mal
48. 生育　procréer
49. 自愿　être volontaire
50. 致　adresser, faire en sorte que
51. 下降　descendre, baisser
52. 不愧　être digne de son nom

练　习

1. 蚕　ver à soie
2. 尿布　couche

第十三课

1. 乡土   local，pays natal
2. 鬓   tempe，favoris
3. 衰   faible，décrépit
4. 口音   accent
5. 凭   s'appuyer，compter sur
6. 不觉   sans s'en apercevoir，sans sentir
7. 故知   ancien ami
8. 岂止   non seulement...mais...，plus de
9. 出   (utilisé avec les pièces de théâtre) une honne pièce
10. 激起   exciter，stimuler
11. 出门   sortir(de cheg soi)
12. 流行   se répandre，être dans le vent
13. 俺   moi，je
14. 信任   avoir confiance en，se fier à
15. 朝代   dynastie
16. 出路   sortie，avenir，issue
17. 最初   commencement，début
18. 加入   adhérer，prendre part，participer
19. ···之类   etc placé après des choses énumérées en déterminant，indique des personnes (au sens péjoratif) ou des choses de même genre
20. 信息   nouvelles，information
21. 创立   établir，fonder
22. 成员   membre

23. 归属	appartenir à	
24. 定居	s'établir, s'installer	
25. 倘若	si	
26. 遗骸	dépouille, mortelle	
27. 孝敬	respecter, donner qch. aux parents pour marquer ses respects	
28. 与…相关	relatif à	
29. 故里	pays natal	
30. 锦	brocart	
31. 信念	foi, conviction	
32. 培养	former, élever	
33. 珍惜	épargner, estimer	
34. 辛勤	travailleur, laborieux	
35. 吃苦	souffrir, supporter des privations ou des difficultés	
36. 勤劳	travailleur, laborieux	
37. 不管三七二十一	sans se soucier des conséquences, n'importe comment	
38. 正面	faнade, face, recto, positif	
39. 淡薄	faible, léger, vague, flou	
40. 宗族	clan	
41. 流动	circuler, couler	
42. 区域	circonscription, gone, région	
43. 四面八方	de tous côtés, partout	

第十四课

1. 不由得　　ne pouvoir s'empêcher de, malgré
2. 发脾气　　se mettre en colère, s'emporter
3. 凶恶　　　mauvais, méchant
4. 辩论　　　débattre, discuter
5. 打架　　　se battre se bagarrer
6. 多半　　　peut-être, la plupart
7. 撤退　　　se retirer de, évacuer
8. 迂回　　　faire un détour, tourner (les positions
　　　　　　 ennemies), sinueux
9. 战术　　　tactique
10. 和谐　　　harmonieux, mélodieux
11. 协助　　　assister, aider
12. 和睦　　　en bon terme, en bonne intelligence
13. 协作　　　collaborer, coopérer, collaboration
14. 体现　　　manifester, incarner
15. 忍让　　　tolérer et céder
16. 宽容　　　se montrer tolérant, indulgent
17. 指定　　　désigner, déterminer
18. 必定　　　certainement, sтrement
19. 大半　　　la majorité, la plupart, il est fort probable que
20. 爆发　　　éclater, exploser
21. 断绝　　　rompre, arrêter
22. 后果　　　conséquence, résultat
23. 极端　　　excès, extrême

24. 局面　　　état, situation

25. 便利　　　facile, commode

26. 处处　　　partout

27. 谋　　　　stratagème, moyen

28. 长远　　　lointain, à long terme

29. 伤脑筋　　se creuser la tête

30. 安定　　　tranquille, calme, stabiliser, calmer

31. 只得　　　être obligé à, le mieux serait de

32. 不快　　　mécontent

33. 大致　　　dans l'ensemble, environ

34. 隐忍　　　cacher, endurer

35. 公正　　　impatial et honnête

36. 可不是　　c'est bien vrai, bien sûr

37. 本身　　　soi-même, propre

38. 而已　　　simplement, sans plus

39. 极点　　　extrême, comble, paroxysme

40. 没说的　　irréprochable, rien à redire, pas de problème,
　　　　　　　c'est entendu

第十五课

1. 限于　　　se limiter à, se réduire à

2. 协会　　　association

3. 适宜　　　convenable, approprié

4. 气功　　　une méthode spéciale d'exercice physique de
　　　　　　　chine

5. 太极拳　　la boxe taiji

6. 书法	calligraphie
7. 迪斯科	disco
8. 免费	gratuit
9. 柜台	comptoir
10. 供应	fournir, offrir
11. 给以	donner, offrir
12. 媳妇	bru, belle fille
13. 歌颂	louer, chanter
14. 敢于	oser, avoir le courage de
15. 违背	aller à l'encontre de, désobéir
16. 法令	loi et décret
17. 恶劣	mauvais, déplorable
18. 讽刺	satiriser, ironiser
19. 疏远	se tenir à distance, distant, froid
20. 工龄	ancienneté
21. 得了	passons, c'est assey, cela suffit
22. 平辈	la même génération
23. 何况	d'ailleurs, d'autant plus que
24. 缓和	détendre, detendu, calme
25. 被动	passif
26. 承受	supporter, enduvrer
27. 地步	situation, état
28. 相对	relatif, face en face
29. 排列	ranger, mettre en ordre
30. 忌讳	avoir horreur de, s'abstenir de, tabou
31. 电器	produit électrique
32. 飞快	rapide comme le vent, tranchant
33. 瞪	écarquiller, faire les gros yeux

34. 徒弟　　　apprenti, disciple

35. 到…为止　jusqu'à(en, dans, etc.)

第十六课

1. 别提了　　laisse tomber

2. 文化宫　　palais de la culture, maison de la culture

3. 怀疑　　　douter, pressentir, doute, soupнon

4. 证件　　　carte, certificat

5. 设法　　　chercher à, tâcher de

6. 说不定　　incertain, peut-être

7. 门卫　　　gardien

8. 正派　　　honnête, probe

9. 无论如何　de toute faнon, en tout cas

10. 偶尔　　　parfois

11. 恰好　　　justement, à propos

12. 惊慌　　　affolé, fou de terreur

13. 借口　　　prétexter, prétexte

14. 强迫　　　forcer, contraindre

15. 冒失　　　étourdi, écervelé

16. 贞洁　　　chasteté, chaste

17. 流氓　　　coquin, voyou, canaille

18. 订婚　　　se fiancer

19. 吹了　　　en avoir terminé avec qn, sans réussir

20. 据　　　　selon, d'après

21. 模特儿　　modèle

22. 禁忌　　　tabou

23. 导演　　　metteur en scène, mettre en scène une oeuvre
　　　　　　　dramatique
24. 涉及　　　concerner, porter sur
25. 随手　　　en passant, à l'occasion
26. 恰恰　　　justement, exactement
27. 裸体　　　nu
28. 腐朽　　　pourri, corrompu
29. 黄色　　　licencieux, pornographique
30. 没收　　　confisquer
31. …过来　　exprime l'idée de revenir à un état normal,
　　　　　　　habituel
32. 色情　　　érotisme
33. 裸露　　　mettre à nu
34. 持续　　　continuer, durer
35. 欲望　　　aspiration, désir
36. 淫　　　　pornographique, obscénité
37. 神秘　　　mystérieux
38. 与其…不如… plutôt que, mieux voudrait que de
39. 抵抗　　　résister à, s'opposer à

练　　习

1. 海报　　　affiche
2. 性病　　　maladies vénériennes
3. 呼吁　　　faire appel à, appeler
4. 人格　　　personnalité

第十七课

1. 节奏　　　rythme, mesure
2. 应…邀请　accepter une invitation
3. 整整　　　tout entier, complet
4. 这会儿　　pour le moment, maintenant
5. 冷盘　　　hour-d'oeuvre
6. 炒　　　　sauter(cuire à feu vif)
7. 炉子　　　four, fourneau
8. …坏了　　très
9. 约定　　　convenir de qch.
10. 那会儿　　alors, à cette époque
11. 安　　　　installer, fixer
12. 早晚　　　matin et soir, tôt ou tard
14. …得要死　très
15. 慢腾腾　　sans se presser, lambin
16. 请示　　　demander des instructions
17. 汇报　　　rendre compte de, rapporter
18. 批　　　　autoriser, approuver
19. 拖拉　　　lambin, traînard
20. 作风　　　style de travail, comportement
21. 四化　　　les quatre modernisations
22. 忙的忙,闲的闲 les uns sont occupés les autres sont inactifs
23. 两口子　　femme et mari
24. 家务　　　ménage, travaux ménagers
25. …着呢　　trés

26. 机构	organisme, unité de trovail, structure interne d'une machine
27. 器材	matériel
28. 仓库	dépôt, entrepôt
29. 规矩	coutume, convention, règle
30. 预约	convenir d'avance, commander à l'avance
31. 拜访	rendre visite à
32. 普及	régéraliser, populariser, largement diffusé
33. 省得	pour éviter
34. 措手不及	ne pas pouvoir faire face à une situation imprévue
35. 正经	sérieux
36. 变革	transformer, transformation
37. 规则	règle, règlement
38. 团圆	se réunir, se retrouver
39. 客厅	salon, salle de réception
40. 有两下子	avoir la capacité

练　习

| 1. 核对 | vérifier |

<h1 align="center">第十八课</h1>

1. 工间	la pausse de travail
2. 凑	rassembler, réunir
3. 足球	foot-ball
4. 分数	note, point
5. 赞助	aider, prêter assistance à

6. 特地　　　　exprès, à dessein, spécialement

7. 积蓄　　　　économies, économiser, réserver

8. 粗心　　　　négligent, inattentif

9. 初中　　　　école secondaire du premier cycle

10. 关头　　　　tournant au moment décisif, moment critique

11. 倒霉　　　　avoir de la malchance, avoir la guigne

12. 高考　　　　examen d'entrée universitaire

13. 恨不得　　　brτler d'envie de faire qch', comme je regrette

　　　　　　　de ne pas pouvoir

14. 残疾　　　　impotence, infirmité

15. 匆匆　　　　pressé, à la hâte

16. 弹　　　　　jouer

17. 钢琴　　　　piano

18. 家教　　　　éducation qu'on reнoit dans la famille

19. 投资　　　　investir des fonds, investissement

20. 熏陶　　　　influencer

21. 吃力　　　　pénible, difficile

22. 电脑　　　　ordinateur

23. 玩意儿　　　jouet, objet, truc

24. 高级　　　　de haute qualité, supérieur

25. 知识分子　　intellectuel

26. 招　　　　　recruter, embaucher

27. 高中　　　　deuxième cycle de l'école secondaire

28. 代价　　　　prix, coet

29. 洋　　　　　étranger, moderne, océan

30. 一心　　　　de tout câur

31. 地道　　　　véritable, excellent, de bonne qualité

32. 攒　　　　　économiser, collectionner

33. 储蓄　　　mettre de côté, épargner
34. 基金　　　fonds
35. 散　　　　disperser

第十九课

1. 协调　　　s'entendre, s'accorder
2. 均衡　　　équilibrer
3. 竭力　　　de toutes ses forces
4. 对了　　　oui, correct
5. 对称　　　symétrique
6. 古典　　　classique
7. 喜剧　　　comédie
8. 悲剧　　　tragédie
9. 典型　　　modèle, type, typique
10. 柔软　　　souple, mou
11. 刚　　　　ferme, énergique
12. 意念　　　conscience
13. 流畅　　　coulant, facile
14. 剧烈　　　violent, intense
15. 肌肉　　　muscle
16. 各种各样　toutes sortes de
17. 棍　　　　bâton, gourdin
18. 济　　　　aider, compléter, ajouter
19. 弛　　　　desserrer, relâcher
20. 处子　　　vierge, fille vierge
21. 中医　　　médecine traditionnelle chinoise médecin de

médecine traditionnelle chinoise

22. 核心　　　noyau

23. 假使　　　si

24. 患　　　　attraper, contracter (une maladie)

25. 疾病　　　maladie

26. 症状　　　symptôme

27. 黑夜　　　nuit

28. 广　　　　vaste, étendu, large

29. 转化　　　se transformer, changer

30. 对立　　　opposé

31. 医疗　　　traiter, soigner

32. 饮食　　　nourriture

33. 气质　　　tempérament, nature

34. 散文　　　prose

35. 向来　　　depuis toujours, jusqu'à présent

36. 整体　　　ensemble

37. 布局　　　disposition, arrangement

38. 连贯　　　lier, joindre

39. 固然　　　sans doute…mais…, bien str… cependant

40. 主流　　　cours principal, courant principal

41. 即将　　　être sur le point de, aller＋inf.

42. 花生　　　arachide

练　习

1. 驼　　　　devenir voûté

2. 嫉妒　　　jalousie

第二十课

1. 手势　　　signe de la main, geste
2. 体态　　　figure, conformation
3. 架子　　　grands airs
4. 软弱　　　faible, anémique
5. 迟疑　　　hésiter
6. 不禁　　　ne pas pouvoir s'empêcher de
7. 发觉　　　découvrir, s'apercevoir
8. 膝盖　　　genou
9. 皱　　　　froncer, se froisser
10. 眉头　　　sourcil
11. 放肆　　　impertinent, desinvolte
12. 自高自大　se donner de l'importance, faire infatué de
　　　　　　　soi-même
13. 家伙　　　mec, type
14. 融洽　　　cordial
15. 姿势　　　allure, position, geste
16. 拥挤　　　se bousculer, être encombré
17. 歉意　　　excuse, pardon, regret
18. 假如　　　si
19. 同伴　　　compagnon, copin, camarade
20. 随意　　　à son gré
21. 多余　　　superflu, reste
22. 意识　　　prendre conscience de, conscience
23. 丝毫　　　la moindre quantité, très peu

24. 容许	permettre, autoriser	
25. 耸	hausser, s'élever	
26. 撅	dresser, avancer	
27. 克制	dominer, maîtriser, contenir	
28. 迟钝	insensible, lourd	
29. 示意	faire signe à qn. de faire qch. faire connaître ses désirs, ses sentiments	
30. 含糊	imprécis	
31. 转移	déplacer, changer de place	
32. 姿态	allure, attitude, posture	
33. 拘谨	gêné, circonspect	
34. 扶手	rampe, accoudoir	
35. 任意	à sa guise, à sa fantaisie	
36. 含义	sens, signification	
37. 搂	embrasser, prendre dans les bras	
38. 面颊	visage	

附录 I 　　　　参考答案

第一课

二、1.误解　　a.误解她的意思　　　b.常常产生误解

2.直截了当　　a.直截了当地说出来　　　b.直截了当地说出自己的意见

3.谢绝　　a.谢绝了我的邀请　　b.谢绝了别人的帮助

4.串门儿　　a.串门儿　　b.去他那儿串串门，听听西藏的情况

5.聊天　　a.我常和别的旅客聊天　　b.而是聊天

6.预先　　a.预先买好票　　b.都预先做好了准备

7.知趣　　a.知趣　　b.知趣地告辞了

三、1.礼节　礼仪　　2.误解　误会　　3.招待　接待

4.赶忙　赶紧　　5.告别　告辞　　6.预先　事先

7.责怪　见怪　　8.礼让　谦让　　9.焦急　着急

五、[I]—③　　　[II]—①　　　[III]—④　　　[IV]—②

六、1.除了…以外　　还　或（者）　　如果　　而

2.如果　　但是　或（者）　　如果　　或

3.则　　并且　　如果　　或　　并且

4.再说

七、1.外面下着雨，布朗连伞也没带就出去了。

2.老太太眼睛不好，每天送来的报纸她连看也不看就扔了。

3.这只熊猫病了，不吃东西，送给它的食物它连看都不看。

4.你连尝也没尝过，怎么知道中国菜不好吃？

5.这种事我连听都没听说过，更别说看见了。

6.麦迪病得这么厉害,躺在床上连床都起不来，怎么能出去
　旅游?

第二课

二、1.②　　2.③　　3.②　　4.①　　5.③　　6.②

三、1.是否　　2.难怪　　3.询问　　4.善恶　　5.围观
　　6.管闲事　　7.长幼　　8.评头论足

四、高一矮（低）　　　长一短（幼）　　　深一浅　　黑一白
　　冷一热　　好一坏

五、[Ⅰ]—②　　[Ⅱ]—①

六、并　　在…看来　　而　　却　　对…来说　　却　　如果

第三课

二、1.不然　　2.丰富　　3.准则　　4.如果
　　5.误会　　6.显示　　7.鄙人　　8.明明

三、明明　　竟然　　幸亏　　再说　　不是…而是…

五、⑥　　②　　⑧　　④　　⑦　　⑤　　①　　③

六、[Ⅰ]—③　　[Ⅱ]—①　　[Ⅲ]—⑤　　[Ⅳ]—⑥　　[Ⅴ]—②
　　[Ⅵ]—④

第四课

一、生人一熟人　　亲一疏　　交情一友情　　打交道一交往
　　熟悉一陌生　　亲密一疏远　　吃不消一吃得消
　　组成一构成

二、①要的是　　②吃不了　　③急什么　　④想起床　　⑤很理解

四、1.对…来说　　甚至　　2.在…看来　　在…看来　　甚至
　　3.一方面…另一方面…　　再加上

五、②　　⑤　　①　　④　　③

六、[Ⅰ]—②　　　[Ⅱ]—①　　　[Ⅲ]—④　　　[Ⅳ]—③

第五课

一、1.喜悦　愤怒　悲哀　欢乐　表现　脸色　　2.露　　3.(略)

二、等候　　波浪　　悲哀　　愤怒

四、1.特别是　甚至　　2.尽管　　3.尽量　特别是　　4.甚至
　　连···也　　5.也就是说　　6.尽管　尽量

五、[Ⅰ]—④　　　[Ⅱ]—①　　　[Ⅲ]—②　　　[Ⅳ]—③

第六课

三、认真—马虎　　表扬—批评　　严厉—温和　　委婉—直截
　　了当　　看不起—看得起　　恶意—善意　　轻视—重视
　　冷淡—热情

五、1.①他的病终于好了，真是谢天谢地。
　　②谢天谢地，我丢失的书又找到了。
　　③那只漂亮的玻璃杯从桌上掉到地上，谢天谢地，没打
　　碎。
　　1.①B.不见得，天气预报说今晚有雨。
　　②B.我看不见得，光聪明不努力，学习还是不行。
　　③B.那可不见得，语言只是交际工具。
　　3.①难道你没看见麦迪正在学习吗？别去打扰他。
　　②小赵没来，难道他病了吗？
　　③明天同学们都要出去旅游，难道你不去吗？
　　4.①老师一般不严厉批评学生，除非这个学生实在让人生
　　气。
　　②除非做完作业，否则我是不会去玩的。
　　③除非动手术，不然就很难治好他的病。
　　5.①B: 这有什么，修修就可以了。

②B: 这有什么，我的酒量大着呢。

③B: 这有什么，别那么客气。

6.①即使下雨我们也去。

②你应该经常说汉语，即使说错了也没关系。

③你说你有很多照像机，我可不相信，即使有也不会多。

④即使你说的话是对的，也不应该用这种不礼貌的方式说。

第七课

四、1.①这人真是的，怎么这么不讲理?

②这么差的东西还这么贵，真是的!

③我说了半天你还没明白，真是的!

④昨天晚上，一个小伙子把我丢失的皮包送来给我，结果他连一口水也没喝就走了，也没留下姓名。唉，真是的!

2.①考试时，各人做各人的，不要看别人的答案。

②各人用各人的东西。

③各人有各人的性格。

④各国有各国的风俗习惯。

五、③ ① ⑤ ⑥ ② ④ ⑦

第八课

二、1.反感（不满）　2.名著　3.唠唠叨叨　4.委婉

5.言外之意　6.绕圈子　7.厌烦　8.出洋相

三、1.他光顾着看电视，忘了吃饭。

2.小王光顾着说话，没有听课。

3.他光顾着看小说，没有听见别人叫他。

4.他光顾着赶火车，却忘了拿行李。

5.他之所以起得晚，是因为睡得迟。

6.你之所以产生误解，是因为不了解中国人的文化心理。

7.他的感冒不但没好，反而严重了。

8.已经是春天了，气温不但没有升高，反而下降了。

9.光顾着　　没有　　之所以···是因为···　　反而

四、A. 1.未必　　2.万一　　3.幸亏　　4.况且　　5.嫌　嫌

　　　④　　　②　　　⑤　　　③　　　①

　　B. 1.幸亏　万一　　2.未必　况且　　3.嫌　③　　②

　　　①

第九课

一、1.两个人的爱情若是长久的话，难道非要时时刻刻在一起

　　吗?

　　2.希望世界上恋爱的人们最后都能成为一家人。

　　3.读许许多多的书，走许许多多的路。

二、黄昏—傍晚　　忍受—忍耐　　分手—分开 (分离)

　　愿望—希望　　友情—友谊

四、1.宁可　　2.也　　3.比如　　4.富有　　5.为了　　6.富有

　　7.为了　　8.需要　　9.又 如　　10.不 是　　11.而 是

　　12.因为　　13.精神

第十课

一、亲近—亲密　　如此—这样　　国营—私营　　保障—保护

二、1.大都　　2.因为　　3.优惠　　4.除了　　5.以外

　　6.国营　　7.条件　　8.对象　　9.单位　　10.收入

　　11.高　　12.长　　13.往往　　14.差

三、③　　　②　　　④　　　①　　　⑤　　　⑥

第十一课

一、容—允许　　时常—常常　　舒畅—愉快　　愚蠢—傻
类似—相像　　支配—影响　　导致—引起
大模大样—满不在乎

二、1.敢在世界上的人们前面做（某事）
2.人怕出名猪怕壮（猪壮了会被杀，人出名了容易受到打击）
3.我做我平时一向做的事，不管别人怎么说。
4.不接受别人的意见，坚决按自己的想法去做。
5.枪打出头鸟（比喻领导人、带头人容易受到打击）

三、1.宁肯　2.也不　3.这样一来　4.孤立　5.不解
6.离开　7.经过　8.日益　9.并且　10.毕竟

六、③　　①　　②　　⑥　　④　　⑦　　⑤　　⑧

第十二课

一、依赖—依靠　　谨慎—小心　　配偶—对象　　丑—美
实施—实行　　自愿—志愿　　娶—嫁　　　下降—上升

二、1.由父亲、母亲和孩子组成的家庭
2.只有父亲或只有母亲和孩子的家庭
3.拿自己的心与别人的心相比，比喻应考虑和照顾别人的感情和自尊心
4.从一而终指女人一生只嫁一个男人
5.治理家庭安定国家
6.不孝顺的表现有三种，没有后代是最大的不孝
7.养育儿子是为了防止在自己老了以后无人照顾
8.一开口说话就总是说与自己的行业（职业）有关系的话

三、1.虽说　2.孝顺　3.冲突　4.可是　5.依赖　6.娶

7.补贴　　8.阻碍　　9.面对　　10.但　　11.自愿　12.免得

第十三课

一、1.在外地遇见老朋友

　　2.比喻人老了以后总要回到故乡

　　3.像做客一样死在外地

　　4.穿着好衣服（锦缎的），光荣地回到故乡，比喻有地位、有财产以后回乡。

　　5.如果没有地位，没有发财就不回故乡。

三、1.表现在　　2.而且　　3.此　　4.表现为　　5.和　　6.这种

　　7.人（们）　　8.正面的　　9.它　　10.不过　　11.乡土观念

　　12.淡薄

四、②　④　⑤　①　⑥　③　⑦　⑨　⑧　⑩

第十四课

一、1.真正的英雄好汉在明显不利的情况下，知道退却，避免损失。

　　2.在与敌人打仗，无力抵抗时，（三十六种办法中）走开是最好的办法。

　　3.一个正直的人为了报仇，可以用很长的时间，十年也不算晚。

　　4.在道德礼节上和睦是最可贵的。

　　5.比喻从"忍"字的结构上可以看出"忍"是使人心里痛苦的事。

　　6.在小事上不能忍让就会破坏（自己的）长远计划。

　　7.敢生气（愤怒）却不敢说出来。

三、1.是的　　2.却　　3.打架　　4.可不是　　5.我　　6.他

　　7.不由得　　8.发脾气　　9.爆发　　10.后来　　11.哼

12.只得　　13.你看　　14.不快　　15.伤脑筋　　16.这样

17.下次　　18.吵　　19.或　　20.换

四、③　　⑥　　④　　①　　⑨　　②　　⑤　　⑩　　⑦

⑫　　⑧　　⑪　　⑬　　⑭

第十五课

一、1.孝敬顺从

2.按年龄分的等级

3.因为"老"是指比别人年纪大，并不是指年龄大、年纪老，所以是相对的。

4.敬"老"就是尊敬比自己年龄大一些的人

5.（别人）做过一天自己的老师，自己就应该一辈子像对待父亲一样尊重他。

二、1.其实　　2.年长的　　3.比如　　4.优先　　5.优先　　6.如

7.重　　8.年纪大的　　9.好　　10.年长的　　11.自己

12.等等　　13.年轻人　　14.尽可能（尽量）　　15.少

第十六课

一、1.男女之间传递（授）东西或接受（受）物品时手不应该接触。

2.保存伦理道德，消灭人的各种欲望。

3.在各种罪恶中（淫乱）乱搞男女关系是最大的罪恶。

4.色情下流的书籍和杂志刊物。

二、1.他们　　2.我们　　3.于是　　4.一边　　5.一边　　6.旅馆

7.怀疑　　8.过来　　9.主意　　10.而　　11.我们　　12.但

13.他们　　14.谁　　15.说不定　　16.无论如何

四、④　　⑨　　⑥　　⑬　　⑤　　⑩　　①　　⑫　　②　　⑦

③　　⑧　　⑪

第十七课

一、1.这是一条劝说汽车司机注意交通安全的标语，比喻办事拖拉。

2.忙的人很忙，闲的人很闲，指忙闲不均。

3.（因事情发生得很突然或准备不足）来不及应付和处理（措手）。

4.非常忙（特别忙）

5.大笑（笑得很厉害）

二、1.医院　　2.只好　　3.还　　4.又　　5.下班　　6.现在

7.规定　　8.要死　　9.药费　　10.拖拉

四、② ⑥ ⑨ ⑧ ③ ① ④ ⑦ ⑩ ⑪ ⑤

第十八课

一、1.希望孩子能成为一条龙，比喻很有出息。

2.电视大学、夜大学、职工大学、成人自学高等教育考试。

二、1.为了　　2.同样　　3.希望　　4.这些　　5.因为

6.而是　　7.这样　　8.基金会　　9.这位　　10.赞助

四、② ⑤ ① ③ ⑧ ⑦ ④ ⑥ ⑨

第十九课

一、1.使贫穷的和富有的平均起来

2.山的性格就是我的性格，山的感情就是我的感情

3.刚硬和柔和互相补充，一紧一松

4.动的时候像猛虎一样，静的时候像处女一样

5.对称；平仄；平指古代的平声，仄指除平声以外的上声、去声和入声。

二、1.互相　　2.首先　　3.对方　　4.没有　　5.比如　　6.否则

7.这种　　8.其次　　9.又如（比如、例如）　　　10.互相转化

四、③　　⑤　　⑧　　⑦　　④　　⑨　　②　　①　　⑥

第二十课

一、1.指能够表情达意、交流信息的面部表情、手势、身体的姿
　　态动作等。

　　2.形容人很多

　　3.形容很多人在一起，一群群一队队地（做某事）

　　4.话（辞）说得不清楚、不明确（含糊）

　　5.不说话（语：说话）

二、1.体态语　　2.而　　3.有时　　4.表示　　5.表示

　　6.意思（指的）　　7.而　　8.意思是　　9.表示

　　10.但　　11.因为　　12.同样

四、⑤　　③　　④　　⑦　　①　　⑨　　⑧　　⑩　　②

　　⑥　　⑪　　⑫　　⑭　　⑬

附录 Ⅱ　　　参考文献

1. "Beyond Language"
2. "From Sentence to Paragraph" by Robert G· Bander. Holt, Rinehart and Winston 1980.
3. "From Paragraph to Essay" by Maurice Imhoof and Herman Hudson. Longman Group Limited 1977.
4. "Intercultural Communication"，胡文仲编。上海译文出版社，1979 年。
5. 《文化人类学》[美]马文·哈里斯著，中译本，东方出版社，1988 年。
6. 《跨文化传通》[美] 萨姆瓦等著。中译本，生活·读书·新知三联书店，1988 年。
7. 《文化·社会·个人》[美] R·M·基辛著，中译本，辽宁人民出版社，1988 年。
8. 《文化模式》[美]露丝·本尼迪克特著，中译本，华夏出版社，1987 年。
9. 《多元文化与社会进步》[美] P·K·博克著，中译本，辽宁人民出版社，1988 年。
10. 《中国和英语国家非语言交际对比》[美] 莱杰·布罗斯纳安著，中译本，北京语言学院出版社，1991 年。

附录Ⅲ　　生词索引

说明：本索引括号内的阿拉伯数字指该生词第一次出现时的课文。

A

安	(动)	ān	(17)
安定	(形、动)	āndìng	(14)
安装	(动)	ānzhuāng	(17)
俺	(代)	ǎn	(13)
懊丧	(形)	àosàng	(11)

B

把握	(动、名)	bǎwò	(3)
罢了	(短语)	bà·le	(7)
白血病	(名)	báixuèbìng	(4)
拜访	(动)	bàifǎng	(17)
棒	(形)	bàng	(3)
保险	(名、形)	bǎoxiǎn	(10)
保障	(动、名)	bǎo zhàng	(10)
报	(动)	bào	(12)
报酬	(名)	bào·chou	(7)
暴露	(动)	bàolù	(5)
爆发	(动)	bàofā	(14)
悲哀	(形)	bēi'āi	(5)
悲伤	(形)	bēishāng	(12)

背景	(名)	bèijǐng	(2)
被动	(形)	bèidòng	(15)
辈	(名)	bèi	(2)
奔	(动)	bēn	(5)
本身	(代)	běnshēn	(14)
彼此	(代)	bǐcǐ	(7)
鄙	(形)	bǐ	(3)
比喻	(动)	bǐyù	(5)
必定	(副)	bìdìng	(14)
毕竟	(副)	bìjìng	(11)
弊病	(名)	bìbìng	(6)
编辑	(动、名)	biānjí	(3)
便利	(形)	biànlì	(14)
变革	(动、名)	biàngé	(17)
辩护	(动)	biànhù	(6)
辩论	(动)	biànlùn	(14)
表情	(名)	biǎoqíng	(1)
别提了	(短语)	bié tí · le	(16)
鬓	(名)	bìn	(13)
波浪	(名)	bōlàng	(5)
不安	(形)	bù'ān	(3)
不顾	(动)	búgù	(9)
不管三七二十一		bùguǎn sānqī èrshíyī	(13)
不见得		bù jiàn · de	(6)
不解	(动)	bùjiě	(11)
不觉	(动)	bùjué	(13)
不快	(形)	bùkuài	(14)
不愧	(副)	bùkuì	(12)

不满	(动)	bùmǎn	(5)
不是吗		bù shì·ma	(1)
不像话		bù xiànghuà	(7)
不由得	(副)	bùyóu·de	(14)
不择手段		bù zé shǒuduàn	(7)
不知不觉		bù zhī bù jué	(5)
不足	(名)	bùzú	(6)
布局	(名)	bùjú	(19)

C

猜想	(动)	cāixiǎng	(8)
才能	(名)	cáinéng	(9)
财富	(名)	cáifù	(12)
采购	(动)	cǎigòu	(4)
参考	(动)	cānkǎo	(3)
残疾	(名)	cánjí	(18)
仓库	(名)	cāngkù	(17)
操办	(动)	cāobàn	(11)
侧面	(名)	cèmiàn	(2)
差别	(名)	chābié	(3)
朝代	(名)	cháodài	(13)
吵架	(动)	chǎojià	(5)
炒	(动)	chǎo	(17)
撤退	(动)	chètuì	(14)
长久	(形)	chángjiǔ	(9)
长远	(形)	chángyuǎn	(14)
场合	(名)	chǎnghé	(5)
称呼	(动)	chēng·hu	(2)

处子	(名)	chùzi	(19)
串门	(动)	chuànmén	(1)
创立	(动)	chuànglì	(13)
吹了	(动)	chuī·le	(16)
吹捧	(动)	chuīpěng	(3)
次要	(形)	cìyào	(18)
匆匆	(副)	cōngcōng	(18)
凑	(动)	còu	(18)
粗心	(形)	cūxīn	(18)
催	(动)	cuī	(7)
错别字	(名)	cuòbiézì	(6)
措手不及		cuò shǒu bù jí	(17)

D

达	(动)	dá	(12)
打架	(动)	dǎjià	(14)
打交道	(动)	dǎjiāo·dao	(4)
打仗	(动)	dǎzhàng	(5)
大半	(名、副)	dàbàn	(14)
大都	(副)	dàdōu	(9)
大方	(形)	dà·fang	(7)
大模大样		dà mó dà yàng	(11)
大致	(形、副)	dàzhì	(14)
代价	(名)	dàijià	(18)
待业	(动)	dàiyè	(10)
待遇	(名)	dàiyù	(10)
淡薄	(形)	dànbó	(13)
淡化	(动)	dànhuà	(3)

当面	(副)	dāngmiàn	(12)
当事人	(名)	dāngshìrén	(11)
导演	(名、动)	dǎoyǎn	(16)
导致	(动)	dǎozhì	(11)
倒霉	(形)	dǎoméi	(18)
到…为止		dào…wéizhǐ	(15)
得了	(短语)	dé·le	(15)
得意	(副、动)	déyì	(8)
得罪	(动)	dézuì	(8)
等候	(动)	děnghòu	(5)
等级	(名)	děngjí	(10)
瞪	(动)	dèng	(15)
低下	(形)	dīxià	(7)
迪斯科	(名)	dísīkē	(15)
抵抗	(动)	dǐkàng	(16)
抵抗力	(名)	dǐkànglì	(16)
地步	(名)	dìbù	(15)
地道	(形)	dì·dao	(18)
典型	(名)	diǎnxíng	(19)
电脑	(名)	diànnǎo	(18)
电器	(名)	diànqì	(15)
电子	(名)	diànzǐ	(9)
调动	(动)	diàodòng	(4)
顶撞	(动)	dǐngzhuàng	(12)
订婚	(动)	dìnghūn	(16)
定居	(动)	dìngjū	(13)
独特	(形)	dútè	(1)
独子	(名)	dúzǐ	(2)

独自	(副)	dúzì	(2)
断绝	(动)	duànjué	(14)
堆	(动)	duī	(1)
对半分摊		duì bàn fēntān	(7)
对称	(动)	duìchèng	(19)
对得起		duì·de qǐ	(1)
对了		duì·le	(19)
对立	(动)	duìlì	(19)
顿时	(副)	dùnshí	(5)
多半	(副、名)	duōbàn	(14)
多余	(动、名)	duōyú	(20)

E

恶劣	(形)	èliè	(15)
恶意	(名)	èyì	(6)
恩	(名)	ēn	(12)
而已	(助)	éryǐ	(14)

F

发火	(动)	fāhuǒ	(6)
发觉	(动)	fājué	(20)
发脾气	(动)	fāpí·qi	(14)
法令	(名)	fǎlìng	(15)
法院	(名)	fǎyuàn	(7)
烦人	(动)	fánrén	(2)
凡是	(副)	fánshì	(12)
反驳	(动)	fǎnbó	(6)
反而	(连)	fǎn'ér	(3)

反正	(副)	fǎnzhèng	(10)
放肆	(形、动)	fàngsì	(20)
飞快	(副)	fēikuài	(15)
废话	(名、动)	fèihuà	(8)
分担	(动)	fēndān	(12)
分居	(动)	fēnjū	(9)
分离	(动)	fēnlí	(9)
分明	(副)	fēnmíng	(3)
分手	(动)	fēnshǒu	(9)
丰盛	(形)	fēngshèng	(3)
丰收	(动)	fēngshōu	(10)
风度	(名)	fēngdù	(5)
风格	(名)	fēnggé	(19)
风气	(名)	fēngqì	(4)
讽刺	(动)	fěngcì	(15)
扶手	(名)	fúshǒu	(20)
腐朽	(形)	fǔxiǔ	(16)
负担	(名、动)	fùdān	(4)
副食	(名)	fùshí	(10)
富有	(形)	fùyǒu	(9)
富裕	(形)	fùyù	(8)

G

干扰	(动)	gānrǎo	(20)
干涉	(动)	gānshè	(2)
感受	(名、动)	gǎnshòu	(20)
赶忙	(副)	gǎnmáng	(1)
敢于	(动)	gǎnyú	(15)

固定	(形、动)	gùdìng	(7)
固然	(副)	gùrán	(18)
固执己见		gù zhí jǐ jiàn	(6)
拐弯儿		guǎi wānr	(8)
怪不得		guài·bu·de	(10)
关头	(名)	guāntóu	(18)
官	(名)	guān	(18)
官僚主义		guānliáo zhǔyì	(6)
观念	(名)	guānniàn	(10)
管闲事		guǎn xiánshì	(2)
广	(形)	guǎng	(19)
归	(动)	guī	(3)
归属	(动)	guīshǔ	(13)
规矩	(名)	guī·jǔ	(17)
规则	(名)	guīzé	(17)
柜台	(名)	guìtái	(15)
棍	(名)	gùn	(19)
国营	(名)	guóyíng	(7)
过分	(副)	guòfèn	(6)
…过来	(趋动)	guò·lai	(16)

H

咳	(叹)	hāi	(2)
含糊	(形)	hán·hu	(20)
含蓄	(形)	hánxù	(5)
含义	(名)	hányì	(20)
行业	(名)	hángyè	(4)
好奇	(形)	hàoqí	(2)

何必	(副)	hébì	(7)
何况	(连)	hékuàng	(15)
核心	(名)	héxīn	(19)
合不来		hé·bu lái	(12)
和睦	(形)	hémù	(14)
和谐	(形)	héxié	(14)
和气	(形)	hé·qì	(4)
黑夜	(名)	hēiyè	(19)
恨不得		hèn·bu·de	(18)
后果	(名)	hòuguǒ	(14)
户口	(名)	hùkǒu	(10)
花费	(动)	huāfèi	(7)
花费	(名)	huā·fei	(7)
花生	(名)	huāshēng	(19)
怀疑	(动)	huáiyí	(16)
…坏了		huài·le	(17)
欢乐	(形)	huānlè	(5)
缓和	(形)	huǎnhé	(15)
缓慢	(形)	huǎnmàn	(11)
患	(动)	huàn	(19)
黄昏	(名)	huánghūn	(9)
黄色	(名、形)	huángsè	(16)
回	(量)	huí	(8)
汇报	(动)	huìbào	(17)
混合	(动)	hùnhé	(19)

J

机构	(名)	jīgòu	(17)

畸形	(形)	jīxíng	(12)
激起	(动)	jīqǐ	(13)
积蓄	(动、名)	jīxù	(18)
基金	(名)	jījīn	(18)
肌肉	(名)	jīròu	(19)
集镇	(名)	jízhèn	(10)
即便	(连)	jíbiàn	(6)
即将	(副)	jíjiāng	(19)
即使	(连)	jíshǐ	(6)
疾病	(名)	jíbìng	(19)
极点	(名)	jídiǎn	(14)
极端	(名)	jíduān	(14)
继承	(动)	jìchéng	(9)
济	(动)	jì	(19)
计较	(动)	jìjiào	(7)
忌讳	(动、名)	jìhuì	(15)
加入	(动)	jiārù	(13)
家教	(名)	jiājiào	(18)
家伙	(名)	jiā·huo	(20)
家务	(名)	jiāwù	(17)
假如	(连)	jiǎrú	(20)
假使	(连)	jiǎshǐ	(19)
假装	(动)	jiǎzhuāng	(6)
价钱	(名)	jiàqián	(4)
架子	(名)	jià·zi	(20)
艰难	(形)	jiānnán	(12)
简直	(副)	jiǎnzhí	(4)
见怪	(动)	jiànguài	(1)

见解	(名)	jiànjiě	(6)
见外	(动)	jiànwài	(4)
贱	(形)	jiàn	(3)
将军	(名)	jiāngjūn	(5)
讲究	(动、形)	jiǎng·jiu	(4)
焦急	(形)	jiāojí	(1)
交往	(动)	jiāowǎng	(3)
交情	(名)	jiāoqíng	(4)
教养	(名)	jiàoyǎng	(7)
阶层	(名)	jiēcéng	(2)
节奏	(名)	jiézòu	(17)
结	(动)	jié	(7)
竭力	(副)	jiélì	(19)
借机	(副)	jièjī	(6)
借口	(名、动)	jièkǒu	(16)
界限	(名)	jièxiàn	(10)
斤斤计较		jīnjīn jìjiào	(7)
金钱	(名)	jīnqián	(7)
谨慎	(形、副)	jǐnshèn	(12)
锦	(名)	jǐn	(13)
禁忌	(名)	jìnjì	(16)
惊慌	(形、动)	jīnghuāng	(16)
惊奇	(形)	jīngqí	(6)
惊讶	(形)	jīngyà	(5)
经营	(动)	jīngyíng	(10)
竟然	(副)	jìngrán	(2)
竞争	(动)	jìngzhēng	(11)
敬意	(名)	jìngyì	(3)

就	(动)	jiù	(12)
就业	(动)	jiùyè	(10)
居民	(名)	jūmín	(4)
居住	(动)	jūzhù	(10)
拘谨	(形)	jūjǐn	(20)
局面	(名)	júmiàn	(14)
聚	(动)	jù	(6)
据	(介)	jù	(16)
剧烈	(形)	jùliè	(19)
捐	(动)	juān	(4)
卷	(量)	juàn	(9)
眷属	(名)	juànshǔ	(9)
撅	(动)	juē	(20)
角色	(名)	juésè	(4)
均衡	(形)	jūnhéng	(19)
均匀	(形)	júnyún	(19)
军队	(名)	jūnduì	(5)

K

开怀	(副)	kāihuái	(5)
开口	(动)	kāikǒu	(8)
看重	(动)	kànzhòng	(7)
科室	(名)	kēshì	(10)
渴望	(动)	kěwàng	(11)
可见	(连)	kějiàn	(8)
可不是		kě·bu shì	(14)
可口	(形)	kěkǒu	(3)
客套	(名)	kètào	(1)

客厅	(名)	kètīng	(17)
克制	(动)	kèzhì	(20)
口气	(名)	kǒuqì	(8)
口音	(名)	kǒuyīn	(13)
夸	(动)	kuā	(3)
宽容	(动、形)	kuānróng	(14)
况且	(连)	kuàngqiě	(8)

L

来往	(动、名)	lái·wang	(3)
浪漫	(形)	làngmàn	(9)
唠叨	(动)	láo·dao	(8)
老乡	(名)	lǎoxiāng	(4)
类似	(形)	lèisì	(11)
冷淡	(形、动)	lěngdàn	(6)
冷盘	(名)	lěngpán	(17)
愣	(动)	lèng	(2)
礼节	(名)	lǐjié	(1)
礼让	(动)	lǐràng	(1)
礼尚往来		lǐ shàng wǎng lái	(4)
理	(动)	lǐ	(10)
力求	(副)	lìqiú	(19)
连贯	(动)	liánguàn	(19)
脸色	(名)	liǎnsè	(8)
良心	(名)	liángxīn	(12)
两口子	(名)	liǎngkǒu·zi	(17)
谅解	(动)	liàngjiě	(8)
零用钱	(名)	língyòngqián	(7)

令	(动)	lìng	(9)
流传	(动)	liúchuán	(3)
流动	(动、形)	liúdòng	(13)
流氓	(名)	liúmáng	(16)
流行	(动、形)	liúxíng	(13)
搂	(动)	lǒu	(20)
炉子	(名)	lú·zi	(17)
罗嗦	(形、动)	luō·suo	(8)
裸露	(动)	luǒlù	(16)
裸体	(形、名)	luǒtǐ	(16)
率	(名)	lǜ	(12)

M

满腔	(形)	mǎnqiāng	(7)
漫长	(形)	màncháng	(9)
慢腾腾	(形)	mànténgténg	(17)
忙的忙，闲的闲		máng·de máng, xián·de xián	(17)
冒失	(形)	màoshi	(16)
貌	(名)	mào	(9)
眉毛	(名)	méimáo	(20)
眉头	(名)	méitóu	(20)
没说的		méi shuō·de	(14)
美德	(名)	měidé	(3)
门卫	(名)	ménwèi	(16)
猛然	(副)	měngrán	(20)
免得	(动)	miǎn·de	(12)
免费	(动)	miǎnfèi	(15)
面对	(动)	miànduì	(12)

面红耳赤		miàn hóng ěr chì	(7)
面颊	(名)	miànjiá	(20)
面临	(动)	miànlín	(12)
面子	(名)	miàn·zi	(6)
面孔	(名)	miànkǒng	(7)
明白	(动)	míng·bai	(1)
明明	(副)	míngmíng	(3)
名声	(名)	míngshēng	(12)
名著	(名)	míngzhù	(8)
模特儿	(名)	mótèr	(16)
陌生	(形)	mòshēng	(4)
没收	(动)	mòshōu	(16)
谋	(名、动)	móu	(14)
目光	(名)	mùguāng	(5)
暮	(名)	mù	(9)

N

拿…来说		ná…láishuō	(9)
那会儿	(名)	nàhuìr	(17)
难得	(副)	nándé	(1)
难怪	(副)	nánguài	(2)
难题	(名)	nántí	(12)
难以	(副)	nányǐ	(5)
难	(名)	nàn	(12)
脑力	(名)	nǎolì	(10)
闹笑话		nào xiào·hua	(1)
宁静	(形)	níngjìng	(5)
宁可	(连)	nìngkě	(9)

| 虐待 | （动） | nüèdài | (12) |

O

| 偶尔 | （副） | ǒu'ěr | (16) |

P

排列	（动）	páiliè	(15)
攀比	（动）	pānbǐ	(11)
抛弃	（动）	pāoqì	(9)
培养	（动）	péiyǎng	(13)
配偶	（名）	pèi'ǒu	(12)
碰钉子		pèng dīng·zi	(4)
批	（动）	pī	(17)
偏偏	（副）	piānpiān	(11)
贫苦	（形）	pínkǔ	(9)
贫穷	（形）	pínqióng	(9)
品德	（名）	pǐndé	(7)
品质	（名）	pǐnzhì	(7)
凭	（介）	píng	(13)
平辈	（名）	píngbèi	(15)
平衡	（动、名）	pínghéng	(11)
评价	（动、名）	píngjià	(11)
评头论足		píng tóu lùn zú	(2)
迫害	（动）	pòhài	(12)
普及	（动）	pǔjí	(11)

Q

| 欺负 | （动） | qī·fu | (7) |

其实	(副)	qíshí	(3)
启事	(名)	qǐshì	(10)
岂止	(连)	qǐzhǐ	(13)
气功	(名)	qìgōng	(15)
气质	(名)	qìzhì	(19)
器材	(名)	qìcái	(17)
恰好	(副)	qiàhǎo	(16)
恰恰	(副)	qiàqià	(16)
千方百计		qiān fāng bǎi jì	(1)
迁	(动)	qiān	(10)
谦虚	(形)	qiānxū	(3)
前方	(名)	qiánfāng	(15)
钱财	(名)	qiáncái	(9)
谴责	(动)	qiǎnzé	(12)
歉意	(名)	qiànyì	(20)
强迫	(动)	qiǎngpò	(16)
亲	(形)	qīn	(4)
亲近	(形)	qīnjìn	(10)
亲密	(形)	qīnmì	(4)
亲情	(名)	qīnqíng	(9)
亲热	(形)	qīnrè	(2)
亲眼	(副)	qīnyǎn	(4)
侵犯	(动)	qīnfàn	(2)
勤劳	(形)	qínláo	(13)
轻视	(动)	qīngshì	(6)
轻易	(副)	qīngyì	(6)
青春	(名)	qīngchūn	(9)
清高	(形)	qīnggāo	(9)

清贫	(形)	qīngpín	(9)
蜻蜓	(名)	qīngtíng	(11)
情感	(名)	qínggǎn	(5)
情理	(名)	qínglǐ	(8)
情义	(名)	qíngyì	(7)
请教	(动)	qǐngjiào	(8)
请示	(动)	qǐngshì	(17)
区域	(名)	qūyù	(13)
娶	(动)	qǔ	(12)
权力	(名)	quánlì	(6)
权利	(名)	quánlì	(12)

R

绕圈子		rào quān·zi	(8)
人际	(名)	rénjì	(4)
人情	(名)	rénqíng	(14)
忍不住		rěn·bu zhù	(5)
忍耐	(动)	rěnnài	(9)
忍让	(动)	rěnràng	(14)
忍受	(动)	rěnshòu	(9)
任意	(副)	rènyì	(20)
日益	(副)	rìyì	(11)
容	(动)	róng	(11)
容许	(动)	róngxǔ	(20)
融洽	(形)	róngqià	(20)
柔软	(形)	róuruǎn	(19)
如此	(代)	rúcǐ	(10)
辱	(动)	rǔ	(6)

入迷	(动)	rùmí	(8)
软弱	(形)	ruǎnruò	(20)
若	(副)	ruò	(5)
若	(连)	ruò	(6)

S

撒谎	(动)	sāhuǎng	(8)
散文	(名)	sǎnwén	(19)
散	(动)	sàn	(18)
丧	(名)	sāng	(4)
丧失	(动)	sàngshī	(7)
色彩	(名)	sècǎi	(5)
色情	(名)	sèqíng	(16)
善恶	(形)	shàn'è	(2)
伤害	(动)	shānghài	(5)
伤脑筋		shāng nǎojīn	(14)
舍不得		shě·bu·de	(2)
舍得		shě·de	(2)
设法	(动)	shèfǎ	(16)
设施	(名)	shèshī	(10)
涉及	(动)	shèjí	(16)
身分	(名)	shēn·fen	(6)
神秘	(形)	shénmì	(16)
神情	(名)	shénqíng	(5)
神色	(名)	shénsè	(6)
甚至	(副、连)	shènzhì	(4)
慎重	(形)	shènzhòng	(6)
声誉	(名)	shēngyù	(7)

生存	(动)	shēngcún	(9)
生育	(名、动)	shēngyù	(12)
省得	(动)	shěng·de	(17)
失掉	(动)	shīdiào	(5)
施展	(动)	shīzhǎn	(11)
时常	(副)	shícháng	(11)
时时	(副)	shíshí	(2)
实施	(动)	shíshī	(12)
…似的	(助)	…shì·de	(7)
仕	(名、动)	shì	(18)
示意	(动)	shìyì	(20)
式样	(名)	shìyàng	(5)
适宜	(形、动)	shìyí	(15)
收集	(动)	shōují	(7)
手势	(名)	shǒushì	(20)
手头	(名)	shǒutóu	(8)
疏	(形)	shū	(4)
疏远	(动)	shūyuǎn	(5)
书法	(名)	shūfǎ	(15)
书籍	(名)	shūjí	(3)
舒畅	(形)	shūchàng	(11)
衰	(形)	shuāi	(13)
说不定		shuō·bu dìng	(16)
思念	(动)	sīniàn	(6)
丝毫	(名)	sīháo	(20)
似乎	(副)	sì·hu	(3)
四化	(名)	sìhuà	(17)
四面八方		sì miàn bā fāng	(13)

耸	(动)	sǒng	(20)
算不得		suàn·bu·de	(18)
随手	(副)	suíshǒu	(16)
随意	(形)	suíyì	(20)
缩小	(动)	suōxiǎo	(12)

T

太极拳	(名)	tàijíquán	(15)
弹	(动)	tán	(18)
坦率	(形)	tǎnshuài	(5)
倘若	(连)	tǎngruò	(13)
掏腰包	(动)	tāo yāobāo	(7)
讨价还价		tǎo jià huán jià	(7)
特地	(副)	tèdì	(18)
特征	(名)	tèzhēng	(8)
体力	(名)	tǐlì	(10)
体面	(副、形)	tǐmiàn	(8)
体态	(名)	tǐtài	(20)
体现	(动)	tǐxiàn	(14)
天下	(名)	tiānxià	(9)
挑选	(动)	tiāoxuǎn	(1)
同伴	(名)	tóngbàn	(20)
同工同酬		tóng gōng tóng chóu	(12)
同事	(名)	tóngshì	(1)
徒弟	(名)	tú·di	(15)
土	(形)	tǔ	(8)
团圆	(动)	tuányuán	(17)
推说	(动)	tuīshuō	(8)

推销	(动)	tuīxiāo	(8)
退休	(动)	tuìxiū	(10)
拖拉	(形)	tuōlā	(17)
妥当	(形)	tuǒdàng	(5)

W

外部	(名)	wàibù	(12)
玩具	(名)	wánjù	(2)
玩意儿	(名)	wányìr	(18)
万一	(连)	wànyī	(8)
为…所…		wéi…suǒ…	(5)
围观	(动)	wéiguān	(2)
围墙	(名)	wéiqiáng	(5)
违背	(动)	wéibèi	(15)
维持	(动)	wéichí	(12)
委婉	(形)	wěiwǎn	(6)
未必	(副)	wèibì	(8)
味	(名)	wèi	(8)
温和	(形)	wēnhé	(6)
温柔	(形)	wēnróu	(19)
文化宫	(名)	wénhuàgōng	(16)
文凭	(名)	wénpíng	(18)
吻	(动)	wěn	(5)
稳定	(形、动)	wěndìng	(10)
舞厅	(名)	wǔtīng	(10)
无可奈何		wú kě nài hé	(8)
无论如何		wúlùn rúhé	(16)
无所谓		wú suǒ wèi	(6)

无疑	(副)	wúyí	(8)
侮辱	(动)	wǔrǔ	(6)
误	(动)	wù	(18)
误解	(动)	wùjiě	(1)

X

西服	(名)	xīfú	(1)
膝盖	(名)	xīgài	(20)
媳妇	(名)	xífù	(15)
喜悦	(形)	xǐyuè	(5)
下降	(动)	xiàjiàng	(12)
下棋	(动)	xiàqí	(5)
鲜艳	(形)	xiānyàn	(5)
闲话	(名)	xiánhuà	(11)
嫌	(动)	xián	(8)
显示	(动)	xiǎnshì	(3)
限于	(动)	xiànyú	(15)
乡村	(名)	xiāngcūn	(12)
乡土	(名)	xiāngtǔ	(13)
相对	(动)	xiāngduì	(15)
向来	(副)	xiànglái	(19)
消极	(形)	xiāojí	(11)
孝敬	(动)	xiàojìng	(13)
孝顺	(动)	xiàoshùn	(12)
协会	(名)	xiéhuì	(15)
协调	(动、名)	xiétiáo	(19)
协助	(动)	xiézhù	(14)
协作	(动、名)	xiézuò	(14)

谢绝	(动)	xièjué	(1)
谢天谢地		xiè tiān xiè dì	(6)
心理	(名)	xīnlǐ	(8)
心意	(名)	xīnyì	(1)
辛勤	(副、形)	xīnqín	(13)
欣赏	(动)	xīnshǎng	(5)
信念	(名)	xìnniàn	(13)
信任	(动)	xìnrèn	(13)
信息	(名)	xìnxī	(13)
行为	(名)	xíngwéi	(1)
性	(名)	xìng	(12)
幸亏	(副)	xìngkuī	(8)
凶恶	(形)	xiōng'è	(14)
修养	(名)	xiūyǎng	(8)
熏陶	(动)	xūntáo	(18)
询问	(动)	xúnwèn	(2)

Y

压力	(名)	yālì	(11)
严厉	(形、副)	yánlì	(6)
厌烦	(动)	yànfán	(8)
洋	(形)	yáng	(18)
要好	(形)	yàohǎo	(7)
…(得)要死		yàosǐ	(17)
一旦	(副)	yīdàn	(11)
一律	(副)	yīlù	(10)
一旁	(名)	yīpáng	(5)
一心	(副)	yīxīn	(18)